UNIVERSITÀ DEGLI STUDI DI MILANO

FACOLTÀ DI GIURISPRUDENZA

Pubblicazione del Dipartimento di Scienze Giuridiche "Cesare Beccaria"

34

FISCO, RESPONSABILITÀ, SANZIONI

Una prospettiva multidisciplinare: accelerazione o *disruption*?

a cura di

GAETANO RAGUCCI

IUSTITIAM COLIMUS

G. Giappichelli Editore

VIA PO, 21 - TEL. 011-81.53.111

http://www.giappichelli.it

ISBN/EAN 979-12-211-0697-8
ISBN/EAN 979-12-211-5699-7 (ebook - pdf)

Volume pubblicato con fondo Unico Dipartimentale - Assegnazione 2024 - Dipartimento di Scienze Giuridiche "Cesare Beccaria", codice F_DOTAZIONE_2024_DIP_004.

Composizione: Voxel Informatica s.a.s. - Chieri (TO)

Stampa: Stampatre s.r.l. - Torino

INDICE

pag.

Gli Autori XI

Presentazione di Gaetano Ragucci XIII

LA CIRCOLAZIONE DELLA PROVA NEI RAPPORTI TRA PROCEDIMENTO TRIBUTARIO E PROCEDIMENTO PENALE

di Novella Galantini

1. Processo penale e processo tributario tra doppio binario e separatezza 1
2. La prova nel passaggio dal procedimento penale al rito tributario 2
3. La rilevanza probatoria nella sede penale dei dati acquisiti nel procedimento tributario 10
4. Il futuro nel rapporto tra i modelli 14

GIUDICATO PENALE E PROCESSO TRIBUTARIO (DOPO DUE RIFORME)

di Daniela Vigoni

1. La parabola evolutiva dei rapporti fra i due procedimenti 17
2. *Quid iuris* riguardo all'efficacia del giudicato penale nel processo tributario? 22
3. Il valore probatorio della sentenza penale 31
4. Analogie nel confronto fra discipline processuali 35
5. Prospettive future 37

pag.

SEQUESTRO PENALE TRIBUTARIO E "OBBLIGHI DI ACCERTAMENTO" DEL PUBBLICO MINISTERO. DALLA GIURISPRUDENZA "GUBERT" AL POSSIBILE SUPERAMENTO DELLA GIURISPRUDENZA "COPPOLA"

di Manfredi Bontempelli

1. L'assetto stabilito dalle sentenze "Gubert" e "Lucci". L'irrilevanza della prova della provenienza illecita delle somme di denaro 39
2. L'evoluzione giurisprudenziale successiva alla sentenza "Lucci". La rilevanza della prova della provenienza lecita delle somme di denaro 40
3. La prova dell'esistenza di somme di denaro dell'ente 42
4. L'elaborazione giurisprudenziale della Terza Sezione della Corte di cassazione, in tema di "obblighi di accertamento" del pubblico ministero sul patrimonio dell'ente 43
5. Ricadute dell'estensione del catalogo "231" alla materia penale tributaria 47
6. L'assetto del sequestro penale tributario successivo alla sentenza "Coppola" 48
7. Verso il superamento della giurisprudenza "Coppola"? 51

IMPOSTE, STATUS SOCIALE E "NOISY SIGNALING"

di Luca Micheletto

1. Introduzione 55
2. Il modello 58
3. Il gioco a due stadi 61
4. Osservazioni conclusive 68

IL WELFARE FISCALE E LA RIFORMA DEL TERZO SETTORE IN ITALIA

di Marco Alberto Quiroz Vitale

1. Verso una economia sociale in Italia 71
2. La frammentazione del Terzo Settore in monadi giuridico-fiscali 77

pag.

2.1. ETS Imprese e Cooperative sociali 79
2.2. ETS Diversi da imprese e cooperative sociali 81
3. L'ipotesi del Welfare fiscale: il costo delle scelte 84
4. Conclusioni 90

DELEGA DI FIRMA E DI FUNZIONI E ATTRIBUZIONE DI INCARICHI DI ELEVATA RESPONSABILITÀ: TUTTO CAMBIA PERCHÉ NULLA CAMBI?

di ALESSANDRO BOSCATI

1. Premessa. L'ambito di indagine 93
2. Il sistema delle deleghe. Generalità 95
3. La delega di funzioni amministrative 97
4. La delega di funzioni dirigenziali disciplinata dal d.lgs. n. 165/2001 101
5. La delega di firma 106
6. La disciplina della delega di firma e della delega di funzioni in materia tributaria. Generalità 108
7. Delega di firma in materia tributaria 108
8. L'attribuzione di incarichi dirigenziali ai funzionari e la delega di funzioni di cui all'art. 4-*bis*, comma 2, d.l. 19 giugno 2015, n. 78 112
9. *Segue*: l'attribuzione di incarichi dirigenziali ai funzionari ai sensi dell'art. 8, comma 24, d.l. n. 16/2012 113
10. *Segue*: la delega di funzioni di cui all'art. 4-*bis*, comma 2, d.l. 19 giugno 2015, n. 78 118
11. Istituzione delle posizioni organizzative di elevata responsabilità. La previsione normativa 121
12. *Segue*: le censure di illegittimità costituzionali avanzate nei confronti della norma 124
13. Rigetto da parte della Corte costituzionale delle questioni di illegittimità costituzionale prospettate 125
14. *Segue*: esclusione dell'attribuzione di vere e proprie funzioni dirigenziali in capo agli incaricati di posizioni organizzative di elevata responsabilità 126
15. *Segue*: esclusione della configurabilità delle posizioni organizzative di elevata responsabilità quale nuova area intermedia tra funzionari e dirigenti 132

pag.

16. *Segue*: legittimità costituzionale dell'esclusione dei funzionari interni dalle prove preselettive nelle procedure per l'accesso alla qualifica dirigenziale e del connesso riconoscimento della riserva a loro favore di posti 135
17. Delega di firma, delega di funzioni ed incarichi di elevata responsabilità: oggetto dell'obbligazione contrattuale e responsabilità 137
18. Conclusioni 141

LA PERCEZIONE SOCIALE DELLA TASSAZIONE. *ENFORCEMENT* E OTTEMPERANZA ALL'OBBLIGAZIONE D'IMPOSTA

di Luigi Cominelli

1. Le funzioni sociali del diritto tributario 143
2. Le ricerche empiriche sulla percezione e sull'attitudine verso il fisco 145
3. Ottemperanza e deterrenza 149
4. Coscienza fiscale e fiducia nelle istituzioni 154
5. Conclusioni 157
Bibliografia 158

GLI ILLECITI AMMINISTRATIVI TRIBUTARI: LE CAUSE DI NON PUNIBILITÀ, IL RAVVEDIMENTO OPEROSO, L'ESTINZIONE DELL'ILLECITO E DELLA SANZIONE

di Francesco V. Albertini

1. La riforma del 1997 e l'adozione del modello afflittivo per l'illecito amministrativo tributario 161
2. Le cause di non punibilità 163
   2.1. L'errore incolpevole sul fatto 165
   2.2. Le rilevazioni contabili e le valutazioni estimative 166
   2.3. L'incertezza normativa oggettiva 167
   2.4. La conformazione a indicazioni dell'amministrazione 170
   2.5. L'imputabilità del mancato pagamento a un terzo 172
   2.6. L'errore di diritto derivante da ignoranza inevitabile della legge tributaria 174
   2.7. La forza maggiore 176

pag.

2.8. Le mere violazioni formali senza alcun debito d'imposta 178
3. Le ipotesi di estinzione dell'illecito 180
3.1. Il ravvedimento operoso 182
3.2. *Segue*: il recepimento della novella del 2015 da parte della dottrina 185
3.3. *Segue*: effetti penali del ravvedimento: cenni 187
4. Le ipotesi di estinzione della sanzione 189

LA BIPOLARITÀ LEGISLATIVA NEL DIRITTO PENALE TRIBUTARIO, TRA RIFORME DI MATRICE OGGETTIVISTA E SOGGETTIVISTA: UN TENTATIVO DI SPIEGAZIONE

di Alex Ingrassia

1. Ambientamento. Tre tesi per *provare* a spiegare l'inesauribile desiderio di cambiamento del legislatore penale tributario 191
2. *Prima tesi*: la *bipolarità legislativa* tra riforme di matrice oggettivista e soggettivista (orientata sul tipo normativo di autore) 195
2.1. Le soglie di punibilità: la matrice oggettivista e la misura contesa 199
2.2. Le confische nella dicotomia oggettivismo-soggettivismo: dal recupero del *quantum* evaso all'apprensione del patrimonio (sproporzionato e non giustificato) dell'evasore 201
2.3. L'aggravamento delle cornici edittali: maggior bisogno o più intensa meritevolezza di pena? 203
2.4. Una sintesi degli opposti modelli: *diritto penale riscossivo vs manette agli evasori* 206
3. *Seconda tesi*: la compresenza di una eterogeneità di giudizi sull'evasione e sull'evasore fiscale nell'opinione pubblica come spiegazione della *bipolarità legislativa* 206
3.1. Disprezzare, nobilitare o persuadere l'evasore? Rileggere l'opinione pubblica a partire dai libri divulgativi e dalla comunicazione sociale sull'evasione fiscale 208
3.2. Cosa pensano gli italiani dell'evasione e degli evasori fiscali? Il contributo della psicologia fiscale 211
3.3. La '*lotta all'evasione fiscale*': da costo a potenziale dividendo elettorale? 214
4. *Terza tesi*: il *pas de deux* tra un legislatore alla ricerca di consenso ed un elettorato diviso 216

GLI AUTORI

ALBERTINI FRANCESCO V., Professore Associato di Diritto Tributario – *Università degli Studi di Milano.*

BONTEMPELLI MANFREDI, Professore Ordinario di Diritto Processuale Penale – *Università degli Studi di Milano.*

BOSCATI ALESSANDRO, Professore Ordinario di Diritto del Lavoro – *Università degli Studi di Milano.*

COMINELLI LUIGI, Professore Associato di Filosofia del Diritto – *Università degli Studi di Milano.*

GALANTINI NOVELLA, Professore Ordinario di Diritto Processuale Penale – *Università degli Studi di Milano.*

INGRASSIA ALEX, Dottore di ricerca in Diritto Penale Italiano, comparato e internazionale – *Università degli Studi di Milano.*

MICHELETTO LUCA, Professore Ordinario in Economia Politica – *Università degli Studi di Milano.*

QUIROZ VITALE MARCO ALBERTO, Professore Associato di Filosofia del Diritto – *Università degli Studi di Milano.*

VIGONI DANIELA, Professore Ordinario di Diritto Processuale Penale – *Università degli Studi di Milano.*

PRESENTAZIONE

Il volume raccoglie alcuni degli interventi al terzo Convegno annuale del Dipartimento di Scienze giuridiche "Cesare Beccaria", tenuto a Milano nel mese di ottobre 2022, dal titolo "*Accelerazione o disruption? Fisco e sanzioni alla prova delle riforme: una prospettiva multidisciplinare*". Gli argomenti che vi sono trattati rispecchiano gli interessi di autori di diversa estrazione e formazione, e sono caratterizzati da una grande varietà di approcci dal punto di vista dell'ordine delle fonti, del metodo e dell'argomentazione. Ciò non ostante, si organizzano con naturalezza attorno a tre principali nuclei tematici, sui quali il confronto tra studiosi di diverse discipline è di grande importanza per i cultori del diritto tributario, perché consente di verificare la tenuta di comuni riferimenti teorici e sistematici, atti a mantenere il diritto tributario nell'alveo dell'ordinamento giuridico generale.

Aprono la serie gli scritti di Novella Galantini sulla circolazione della prova fra i procedimenti tributario e penale, e di Daniela Vigoni sugli effetti del giudicato penale nel processo tributario, che fotografano lo stato dell'arte alla vigilia dell'attuazione dei criteri direttivi della Legge di delega per il riordino del sistema tributario n. 111/2023, in cui si prefigura una revisione dei rapporti tra il processo penale e tributario, anche con l'introduzione di regole per le quali, nei casi di sentenza irrevocabile di assoluzione perché il fatto non sussiste o l'imputato non lo ha commesso, i fatti materiali accertati in sede dibattimentale facciano stato nel processo tributario (art. 20, lett. a), n. 3 L. cit.). Entrambi gli scritti mettono in luce le criticità e i limiti di un sistema che, al riparo di una separatezza enunciata in via di principio da un art. 20, d.lgs. n. 74/2000 destinato a rimanere indenne dalla riforma, nei fatti ha lasciato proliferare una grande quantità di punti di contatto e di reciproca interferenza tra i due procedimenti e i relativi giudizi, che ne compensano pragmaticamente talune mancanze, senza però risolverle una volta per tutte in base a un criterio di coordinamento certo e coerente.

Allo stesso ambito tematico appartiene lo scritto di Manfredi Bontempelli sul sequestro penale ai danni della persona giuridica, nel cui interesse l'imputato abbia consumato un reato tributario. Anche questo argomento riguarda i rapporti tra procedimenti, perché può ben accadere, e di fatto molto spesso accade, che il sequestro colpisca le disponibilità finanziarie necessarie alla definizione dell'accertamento del tributo mediante adesione, o attraverso le procedure conciliative previste dall'ordinamento. Qui si manifesta un cortocircuito tra ragioni punitive ed erariali dello Stato, che non può essere risolto affidandosi a criteri di opportunità, e che dovrà ricevere soluzione in sede di attuazione della legge di riforma.

I due scritti di Luca Micheletto sulle imposte sui consumi ostentativi, e di Marco Alberto Quiroz Vitale sulla riforma del terzo settore, muovono all'interno di una diversa area tematica, declinando in senso redistributivo il tema della imposizione dei tributi in un contesto di crisi fiscale dello Stato, e sono testimonianza dell'interesse degli studiosi delle discipline economiche e sociali per una linea di ricerca messa in ombra dalla prevalente esigenza del sostegno alla crescita di un sistema produttivo nazionale, anche da questo punto di vista in ritardo rispetto agli *standards* europei. Il punto di incontro può essere individuato nella comune convinzione che gli effetti redistributivi del tributo siano meglio perseguiti sul lato delle entrate, attraverso un'opportuna scelta dei presupposti imponibili e la graduazione del prelievo a parità di imponibile lordo, che non con l'erogazione di sussidi di dubbia efficacia sul piano del conseguimento degli scopi perseguiti, e pericolosi per la tenuta dei conti pubblici, come l'esperienza dei c.d. *bonus* edilizi sta portando a solare evidenza. A fronte delle pulsioni collettive che hanno improvvidamente aperto la strada a questo genere di sperimentazioni, gli interventi dei due studiosi valgono come un opportuno richiamo al profilo costituzionale del tributo, oggetto di un dovere di solidarietà politica e sociale, il cui consapevole adempimento conferisce realtà e consistenza a un rapporto politico fondamentale, troppo spesso asservito a calcoli di breve periodo, quando non di aperta convenienza elettorale.

Lo scritto di Alessandro Boscati sulla delega di firma e di funzioni nell'ambito dell'esercizio dell'attività delle Agenzie delle entrate è un'accurata e completa ricostruzione critica della disciplina di un istituto all'origine di un rilevantissimo contenzioso anche avanti ai Giudici tributari, per la frequente attribuzione di deleghe a funzionari interni privi di qualifica dirigenziale. Il tema viene ricondotto all'appropriato alveo di appartenenza nell'ambito del rapporto di lavoro pubblico contrattualizzato; ne sono quindi indicati i profili di specialità emersi nel settore tributario, e sono indicate le soluzioni di volta in volta offerte dalla giurisprudenza anche costituzionale, dirette a non ostacolare l'azione delle Agenzie per il recupero dei tributi evasi.

L'ultimo gruppo di scritti si colloca nell'alveo della riflessione sulle forme di potere che si manifestano nell'ambito dell'attuazione della legge di imposta, e affrontano argomenti di stretta attualità anche per l'apertura di credito compiuta dal legislatore della riforma in favore delle tecnologie dirette alla profilazione dei contribuenti, alla selezione del rischio e alla promozione della collaborazione, in modi che possono arrivare anche alla proposta di concordato di redditi futuri, che dall'attuazione dei criteri della legge delega n. 111/2023 sono usciti rafforzati.

Lo compongono tre contributi. Luigi Cominelli esamina il tema dal punto di vista della percezione sociale della tassazione, mettendo in evidenza la virtuosità di un approccio basato sul riconoscimento di una razionalità sociale di lungo periodo, capace di rendere consapevoli degli svantaggi dell'infedeltà fiscale del singolo contribuente, e indicandone i possibili precipitati nella composizione del necessario *mix* di rimedi compresi nell'arco che dalla coercizione porta alla *moral suasion*. Francesco Albertini trae spunto dalla disciplina di alcuni istituti generali in materia di illeciti e sanzioni amministrative tributarie, per recuperare una delle linee di forza della riforma del 1997, rappresentata dall'averli ricalcati sul modello dei corrispondenti istituti di diritto penale. Si tratta di una scelta fatta a spese della concezione antagonista risalente alla teorizzazione di Zanobini delle c.d. "sanzioni civili", recepita nella l. n. 4/1929; e che i più recenti sviluppi della giurisprudenza delle Corti europee e della Corte costituzionale italiana hanno definitivamente legittimato con il riconoscimento dell'applicazione integrale delle garanzie dovute nella "*matière pénale*" anche alle sanzioni amministrative di diritto comune (ancora recente, all'epoca del Convegno, la sentenza Corte cost. n. 63/2019 – red. Viganò, in tema di retroattività delle *lex mitior*). Alex Ingrassia prendere realisticamente atto della debolezza del consenso sociale che assiste la materia dei tributi, per metterla in relazione con l'instabilità della politica legislativa nel campo della punizione dei reati, e con le oscillazioni che la caratterizzano, tra i due estremi della repressione mossa dalla riprovazione morale nei confronti dell'evasore, da un lato, e dall'altro della prevalenza dell'interesse al recupero dell'imposta sull'attuazione della pretesa punitiva dello Stato.

Nel complesso, gli scritti qui raccolti restituiscono alcuni tratti di un settore dell'ordinamento che si offre con naturalezza, e quasi di necessità, a un'analisi di tipo multidisciplinare. Un'analisi che, per il carattere empirico, e non di rado contraddittorio, delle discipline che lo compongono, non può ancora evolvere in forme compiute di interdisciplinarità, ma che non per questo può fare a meno, se vuole giungere a nuovi e più avanzati approdi, del dialogo interno all'intera comunità accademica.

Gaetano Ragucci
Università degli Studi di Milano

LA CIRCOLAZIONE DELLA PROVA NEI RAPPORTI TRA PROCEDIMENTO TRIBUTARIO E PROCEDIMENTO PENALE

di NOVELLA GALANTINI

SOMMARIO: 1. Processo penale e processo tributario tra doppio binario e separatezza. – 2. La prova nel passaggio dal procedimento penale al rito tributario. – 3. La rilevanza probatoria nella sede penale dei dati acquisiti nel procedimento tributario. – 4. Il futuro nel rapporto tra i modelli.

1. *Processo penale e processo tributario tra doppio binario e separatezza*

Il rapporto strutturale tra i due procedimenti è segnato dal principio di separatezza *ex* art. 20, d.lgs. n. 74/2000, cui si correla la differente configurazione della disciplina, caratterizzata nel processo penale da principi peculiari quali il criterio del ragionevole dubbio o il diritto al silenzio. Nel rito tributario vige al contrario, da un lato, la logica delle presunzioni e, dall'altro, si privilegia fondamentalmente la collaborazione del contribuente [1].

Il modello del 'doppio binario' [2], opposto alla regola della 'pregiudiziale tributaria' [3], con la finalità di stabilire un sistema di autonomia tra i due procedimenti è destinato a separare, in teoria, moduli di accertamento e re-

---

[1] Tuttavia, per la rivisitazione dei presupposti del diritto al silenzio in sede tributaria, *infra*, par. 3.

[2] O. MAZZA, *I controversi rapporti tra processo penale e tributario*, in *Rass. trib.*, 2020, 233; S. GOLINO, B. LO GIUDICE, *Principio del doppio binario: interferenze tra contenzioso tributario e procedimento penale*, in *Il Fisco*, 2013, 18, 2729; G. TABET, *Collegamento tra fattispecie tributaria e fattispecie penale: riflessi di diritto processuale*, in *Rass. trib.*, 2015, 2, 203.

[3] Circa le interferenze generate dall'art. 12, l. n. 516/1982, già M. NOBILI, *Il rapporto tra procedimenti (art. 12 l. n. 516/1982)*, in AA.VV., *Responsabilità e processo penale nei reati tributari*, Milano, 1986, 446.

lativi risultati. In concreto il modello è stato tuttavia attuato in termini relativi e ha sortito una reciproca 'integrazione'[4], così da determinare l'utilizzo speculare dei risultati conoscitivi. In questa prospettiva, gli atti ovvero i provvedimenti sono passibili di utilizzo per favorire l'attività amministrativa di accertamento e sottrarre alla sede penale la complessità delle verifiche. Inoltre, la possibile 'integrazione' consente l'applicazione di istituti di favore quali il pagamento del debito come causa di non punibilità o quale circostanza attenuante (artt. 13 e 13-*bis*, comma 1, d.lgs. n. 74/2000; art. 23, l. n. 56/2023)[5] o come condizione di accesso al patteggiamento (art. 13-*bis*, comma 2, d.lgs. n. 74/2000). Ciò ha determinato interferenze probatorie reciproche, che talvolta non sono risultate conformi al principio di legalità sul piano dei presupposti e delle condizioni di utilizzabilità.

2. *La prova nel passaggio dal procedimento penale al rito tributario*

Un primo aspetto può essere ravvisato nell'uso, quale prova nel giudizio tributario, della sentenza penale definitiva, indipendentemente dalla previsione generale della inefficacia, sancita dalla norma sui limiti di efficacia esterna del giudicato penale (art. 654 c.p.p.)[6]. La giurisprudenza tende infatti a prescindere dal profilo della inefficacia e dal correlato aspetto delle limitazioni probatorie della 'legge civile', ora tra l'altro rivisitate con la modifica dell'art. 7, comma 4, d.lgs. n. 546/1992, in sede di riforma[7]. Al di

---

[4] M. Ceresa Gastaldo, *L'accertamento dei tributi tra disciplina amministrativa, penale e processuale. Circolazione dei materiali istruttori ed autonomia dei giudizi*, in *Il diritto tributario nella prospettiva penale e civile*, SSM, *Quaderno 14*, Roma, 2022, 45; A. Comelli, *Circolazione dei materiali probatori dal processo penale al processo tributario, autonomia decisoria e libero convincimento del giudice*, *ivi*, 13; G. Bocellari, *La reciproca utilizzabilità degli atti nell'accertamento tributario e nel procedimento penale*, in AA.VV., *La nuova giustizia penale tributaria*, a cura di A. Giarda, A. Perini, G. Varraso, Piacenza-Padova, 2016, 497.

[5] F. Cagnola, F. Boncompagni, *Reati tributari: la 'nuova' causa di non punibilità introdotta dal d.l. 30 marzo 2023, n. 34.*

[6] P. Corvi, *I rapporti tra accertamento tributario e accertamento penale*, in *La nuova giustizia penale tributaria*, cit., 484. V., in relazione tuttavia alla giurisprudenza costituzionale, O. Mazza, *I perduranti effetti del giudicato penale nel processo tributario e nei confronti dell'amministrazione finanziaria*, in *Riv. giur. trib.*, 2002, 8, 732.

[7] L. 31 agosto 2022, n. 130, in G.U. 1° settembre 2022, n. 204 che all'art. 4, comma 1, lett. *c)* modifica l'art. 7, comma 4, d.lgs. n. 546/1992 che risulta così sostituito: «4. *Non è ammesso il giuramento. La corte di giustizia tributaria, ove lo ritenga necessario ai fini della decisione e anche senza l'accordo delle parti, può ammettere la prova testimoniale, assunta con le forme di cui all'articolo*

là degli effetti che potranno derivare dalla 'prova testimoniale scritta' ai fini degli effetti del giudicato penale, si propende per l'acquisizione, anche d'ufficio, della sentenza penale irrevocabile di assoluzione per insussistenza del fatto: in sostanza la identità dei fatti oggetto dell'accertamento amministrativo e del giudizio penale pare consentire l'utilizzabilità non come automatica estensione del giudicato penale, ma come '*eccezione di giudicato esterno non soggetta a preclusioni per quanto riguarda la sua allegazione in sede di merito*', prescindendo "*da qualsiasi volontà dispositiva della parte*" e considerando la rilevabilità d'ufficio sotto il profilo del "*suo rilievo pubblicistico*" [8]. L''efficacia' viene dunque ravvisata in termini di natura probatoria per via del fatto che la sentenza di assoluzione deve essere presa in considerazione come "*possibile*" fonte di prova ed il "*giudice tributario nell'esercizio dei propri poteri di valutazione deve verificarne la rilevanza nell'ambito specifico in cui detta decisione è destinata ad operare*" [9]. A cambiare tuttavia è ora il ruolo della sentenza di patteggiamento che, nella parallela riforma del codice di procedura penale, si conferma nella sua inefficacia e inoltre "*non può essere utilizzata a fini di prova nei giudizi civili, disciplinari, tributari o amministrativi*" (art. 445, comma 1-*bis*, c.p.p.) [10]. Si

---

257-bis del codice di procedura civile. Nei casi in cui la pretesa tributaria sia fondata su verbali o altri atti facenti fede fino a querela di falso, la prova è ammessa soltanto su circostanze di fatto diverse da quelle attestate dal pubblico ufficiale». In tema, C. Glendi, *La novissima stagione della giustizia tributaria riformata*, in *Diritto e pratica trib.*, n. 4/2022, 1140; Id., *L'istruttoria del processo tributario riformato. Una rivoluzione copernicana*, in *Ipsoa.it*, 24 settembre 2022; R. Succio, *In vigore la riforma del processo tributario: prova testimoniale e definizione delle controversie*, in QG, 16 settembre 2022; L. Ambrosi, A. Iorio, *Liti fiscali, prova testimoniale con il modello del processo civile*, in *Il Sole24Ore*, 30 gennaio 2023. Circa la costituzionalità del divieto di testimonianza in sede tributaria, si era espressa Corte Cost. 12 gennaio 2000, n. 18 che ha dichiarato non fondate le questioni di legittimità costituzionale dell'art. 7, commi 1 e 4, d.lgs. 31 dicembre 1992, n. 546 (Disposizioni sul processo tributario in attuazione della delega al Governo contenuta nell'art. 30 della legge 30 dicembre 1991, n. 413), sollevate, in riferimento agli artt. 3, 24 e 53 Cost.

[8] Cass. civ., sez. V, 22 settembre 2021, n. 25632, in *amtrassegnatributaria.it.* In senso conforme: Cass. civ., ord., 27 ottobre 2019, n. 3094, in *Ipsoa.it.*

[9] Cass. civ., sez. V, 27 giugno 2019, n. 17258, rv. 654693 e Cass. civ., sez. V, 22 maggio 2015, n. 10578, rv. 635637. V. Cass. 2 ottobre 2020, n. 21126, in *Ipsoa.it*, che ha richiamato il principio per cui non è ammissibile attribuire in via automatica l'autorità di giudicato alla sentenza penale irrevocabile per reato fiscale anche se ha ad oggetto i medesimi fatti, per via della sostanziale differenza nella disciplina probatoria che in sede tributaria consente di utilizzare semplici indizi insufficienti a fondare la responsabilità penale. Sul punto, L. Ferrajoli, *Rapporto tra sentenza penale e processo tributario*, in *Euroconference News*, 4 maggio 2018.

[10] Secondo l'art. 445, comma 1-*bis*, c.p.p., introdotto dall'art. 25, comma 1, lett. *b*), d.lgs. 10 ottobre 2022, n. 150, "*la sentenza prevista dall'art. 444 comma 2, anche quando è pronunciata dopo la chiusura del dibattimento, non ha efficacia e non può essere utilizzata a fini di prova nei*

dovrà allora verificare l'approccio della giurisprudenza nel confronto tra la nuova disposizione e il precedente inquadramento della sentenza pronunciata *aliunde* quale prova atipica [11].

Al di là di questo peculiare aspetto, l'incidenza del procedimento penale si manifesta già nel momento della sua instaurazione in relazione agli obblighi comunicativi, anche da parte della polizia giudiziaria, di fatti che rivestano rilevanza penale e che configurino violazioni tributarie [12]. Da qui l'inevitabile passaggio di elementi, dati e risultati investigativi dalla fase preliminare del procedimento penale agli uffici finanziari in relazione al principio di collaborazione della Guardia di finanza con l'amministrazione (art. 63, d.p.r. n. 633/1972; art. 33, d.p.r. n. 600/1973) [13].

Quanto ai potenziali limiti all'utilizzo dei dati trasmessi là dove sia mancata l'autorizzazione prevista ai fini della deroga al segreto investigativo [14] e premessa la *ratio* della disposizione, finalizzata a consentire al pubblico ministero di valutare la necessità di tutelare le indagini rispetto alla comunicazione dei dati, ci si chiede quale effetto possa determinare la mancata autorizzazione sugli atti non ancora conoscibili. La giurispruden-

---

giudizi civili, disciplinari, tributari o amministrativi, compreso il giudizio per l'accertamento della responsabilità contabile".

L'approccio della giurisprudenza prima della modifica normativa era nel senso per cui "*in tema di tassabilità dei proventi da attività illecita, a norma dell'art. 14, comma 4 bis, della l. n. 537 del 1993 (nella formulazione introdotta dall'art. 8, comma 1, del d.l. n. 16 del 2012, conv. in l. n. 44 del 2012), la sentenza di applicazione della pena ex art. 444 c.p.p., avendo natura di sentenza di condanna, è idonea ad escludere la deducibilità dei costi e delle spese dei beni o delle prestazioni di servizi direttamente utilizzati per il compimento di atti o attività qualificabili come delitto non colposo, ben potendo le sue risultanze essere utilizzate come prova dal giudice tributario*" (Cass. civ., sez. V, 20 ottobre 2021, n. 29142, rv. 662620).

[11] S. Loconte, I. Barbieri, *La circolazione delle prove tra il processo tributario e il processo penale*, in *Il processo*, 2020, 2, 493.

[12] Art. 14, comma 4, l. 24 dicembre 1993, n. 537: "*in caso di violazione che comporta obbligo di denuncia ai sensi dell'art. 331 c.p.p. per qualsiasi reato da cui possa derivare un provento o vantaggio illecito, anche indiretto, le competenti autorità inquirenti ne danno immediatamente notizia all'Agenzia delle entrate, affinché proceda al conseguente accertamento*".

[13] A. Marcheselli, *La circolazione dei materiali istruttori dal procedimento penale a quello tributario*, in *Rass. trib.*, 2009, 1, 85; S. Loconte, I. Barbieri, *La circolazione delle prove tra il processo tributario e il processo penale*, cit., 500.

[14] Secondo l'art. 63, comma 1, d.p.r. n. 633/1972 la Guardia di finanza, "*previa autorizzazione dell'autorità giudiziaria, che può essere concessa anche in deroga all'art. 329 c.p.p.*", utilizza e trasmette agli uffici documenti, dati e notizie acquisiti, direttamente o riferiti ed ottenuti dalle altre Forze di polizia, nell'esercizio dei poteri di polizia giudiziaria. Analogamente dispone l'art. 33, comma 3, d.p.r. n. 600/1973.

In tema, A. Maresca, *Tutela del segreto istruttorio e indagini fiscali*, in *Rass. trib.*, 2015, 1, 175.

za tende a consentire l'utilizzabilità dei dati trasmessi e ad ammettere la validità dell'atto impositivo basato su di essi, sostenendo semmai soltanto la sussistenza di effetti di carattere penale e disciplinare nei confronti dell'operante in quanto l'autorizzazione si porrebbe soltanto a tutela della riservatezza dell'indagine [15] e non a garanzia dei soggetti coinvolti nel procedimento penale o di terzi, così che la sua mancanza non preclude l'utilizzabilità dei dati trasmessi [16]. Diverso si profila il caso in cui si effettui un accesso domiciliare in mancanza del provvedimento autorizzatorio previsto dall'art. 52, commi 2 e 3, d.p.r. n. 633/1972 [17]: in questo caso la giurisprudenza tende a sancire la illegittimità degli elementi acquisiti anche nel caso in cui il contribuente abbia consegnato spontaneamente la documentazione [18]. La 'perquisizione illegale' determinerebbe così l'inutilizzabilità degli esiti anche senza una espressa disposizione sanzionatoria, derivando dalla regola generale secondo cui l'assenza del presupposto di un procedimento amministrativo infirma tutti gli atti nei quali si articola. In sostanza, a prescindere dalla verifica dell'esistenza o meno di un principio generale di inutilizzabilità delle prove illegittimamente acquisite analogo a quello fissato per il processo penale dall'art. 191 c.p.p., l'inutilizzabilità in questione discende dal valore stesso dell'inviolabilità del domicilio solennemente consacrato dall'art. 14 Cost. [19].

---

[15] Cass. civ., sez. V, 1° ottobre 2006, n. 22035, rv. 595132; Cass. civ., sez. V, 5 febbraio 2007, n. 2450, rv. 596248; Cass. civ., sez. V, 23 dicembre 2005, n. 28695, rv. 586919. L'atto di autorizzazione alla trasmissione degli atti di indagine penale non va allegata all'avviso di accertamento, '*trattandosi di atto che mira a salvaguardare gli interessi protetti dal segreto istruttorio ma non a rendere conoscibili le ragioni della pretesa tributaria così che la sua mancata conoscenza da parte del contribuente non viola l'art. 7 della l. 212/2000*' (Cass. civ., sez. V, 17 giugno 2016, n. 12549, rv. 640072).

[16] Cass. civ., sez. VI, 28 settembre 2017, n. 22788, rv. 646133; Cass. civ., sez. V, 16 aprile 2007, n. 8990, rv. 598195.

[17] Secondo l'art. 52, d.p.r. n. 633/1972 "*l'accesso in locali diversi da quelli indicati nel precedente comma* ((locali destinati all'esercizio di attività commerciali, agricole, artistiche o professionali)), *può essere eseguito, previa autorizzazione del procuratore della Repubblica, soltanto in caso di gravi indizi di violazioni delle norme del presente decreto, allo scopo di reperire libri, registri, documenti, scritture ed altre prove delle violazioni. È in ogni caso necessaria l'autorizzazione del procuratore della Repubblica o dell'autorità giudiziaria più vicina per procedere durante l'accesso a perquisizioni personali e all'apertura coattiva di pieghi sigillati, borse, casseforti, mobili, ripostigli e simili e per l'esame di documenti e la richiesta di notizie relativamente ai quali è eccepito il segreto professionale ferma restando la norma di cui all'articolo 103 del codice di procedura penale*".

[18] Cass. civ., sez. VI, 15 gennaio 2019, n. 673, rv. 652388; Cass. civ., sez. V, 17 gennaio 2018, n. 959, rv. 646693.

[19] Cass. civ., sez. V, 15 gennaio 2020, n. 612, in *altalex.com.* sulla tutela della inviolabilità del domicilio privato e la conseguente illegittimità dell'atto di accesso che tuttavia si ripercuote sulle prove per le quali l'atto di accesso abbia costituito una condizione necessaria.

Questo approccio giurisprudenziale si pone in linea con quello inerente il generale richiamo ai diritti costituzionali la cui violazione genera l'invalidità dei dati, sia acquisiti in sede penale sia nello stesso procedimento tributario[20], mentre, al di là di questo profilo, l'assenza nelle norme tributarie della disposizione coincidente con l'art. 191 c.p.p. è di per sé indicativa della mancanza della specie di invalidità in via generale per gli atti del procedimento tributario, fissata solo in sede penale[21].

Il rilievo delle prerogative costituzionali sembra tuttavia smentito in relazione al diritto di difesa là dove si ammette che, dovendosi osservare la disciplina tributaria, si esclude l'applicabilità dell'art. 24, comma 2, Cost., senza che vi sia alcuna violazione 'in forza del principio di autonomia del procedimento penale rispetto a quello tributario'[22]. Su questo piano deve essere evidenziata la disposizione dell'art. 220 disp. att. c.p.p.[23] che impo-

---

[20] Cass. civ., sez. V, 29 novembre 2019, n. 31243, rv. 655944; Cass. civ., sez. V, 7 dicembre 2021, n. 38750, rv. 663201. Circa l'acquisizione presso istituti di credito di copia delle movimentazioni dei conti bancari in assenza di autorizzazione *ex* art. 51, comma 2, n. 7, d.p.r. n. 633/1972; Cass. civ., sez. VI, 28 maggio 2018, n. 13353, rv. 648619, che rileva la utilizzabilità salvo si verifichi un concreto pregiudizio per il contribuente ovvero emerga la violazione di diritti costituzionali quali la tutela del domicilio. Analogamente, Cass. civ., sez. V, 18 aprile 2018, n. 9480, rv. 647827.

[21] Cass. civ., sez. VI, 15 gennaio 2019, n. 673, cit. Per un commento, M.B. Magro, *L'inutilizzabilità della prova nel processo penale e nel processo tributario: verso un sistema di convergenze parallele?*, in *Novità fiscali, l'attualità del diritto tributario svizzero e internazionale*, 2019, n. 11, 381. Circa il nuovo art. 7-*quinquies*, introdotto nello Statuto del contribuente dal d.lgs. n. 219/2023, sulla *inutilizzabilità "ai fini dell'accertamento amministrativo o giudiziale del tributo"*, degli "*elementi di prova acquisiti oltre i termini di cui all'articolo 12, comma 5, o in violazione di legge*", A. Cusinato, *I vizi dell'attività istruttoria*, in *Questione Giustizia,* 18 aprile 2024.

[22] Cass. civ., sez. V, 6 marzo 2019, n. 6486, in *dirittoegiustizia.it* e, prima, Cass. civ., sez. V, 24 novembre 2017, n. 28060, rv. 646225. Secondo Cass., sez. V, 7 dicembre 2021, n. 38750, rv. 66320 "*in materia tributaria, gli elementi raccolti a carico del contribuente dalla Guardia di finanza senza il rispetto delle formalità delle garanzie difensive specificamente prescritte per il procedimento penale sono inutilizzabili in tale sede ai sensi dell'art. 191 c.p.p., ma sono pienamente utilizzabili nel procedimento di accertamento fiscale, stante l'autonomia del procedimento penale rispetto a quello di accertamento tributario, non dovendo essere violate, però, le disposizioni degli artt. 33 del d.p.r. n. 600/1973 e 52 e 63 del d.p.r. n. 633 del 1972. Pertanto, non qualsiasi irritualità nell'acquisizione di elementi rilevanti ai fini dell'accertamento tributario comporta, di per sé, l'inutilizzabilità degli stessi, in mancanza di una specifica previsione in tal senso, esclusi i casi in cui viene in discussione la tutela di diritti fondamentali di rango costituzionale*".

[23] Cass. civ., sez. V, 29 maggio 2003, n. 8602, rv. 563730: la disposizione di cui all'art. 220 disp. att. c.p.p., secondo cui "quando nel corso di attività ispettive o di vigilanza previste da leggi o decreti emergano indizi di reato, gli atti necessari per assicurare le fonti di prova e raccogliere quant'altro possa servire per l'applicazione della legge penale sono compiuti con l'osservanza delle disposizioni del codice", è prevista unicamente ai fini del processo penale. (Nel fare applicazione del suindicato principio, la S.C. ha ritenuto infondata la doglianza del

ne l'obbligo del rispetto delle norme del codice quando, nel corso di attività ispettive o di vigilanza, emergano indizi di reato. La giurisprudenza ammette tendenzialmente la utilizzabilità degli elementi raccolti dalla Guardia di Finanza senza le garanzie, a fronte non solo della già rilevata autonomia dei procedimenti, ma anche in relazione al fatto per cui l'osservanza della disposizione è dovuta 'soltanto ai fini della applicazione della legge penale' [24].

Se su un piano generale questi sono i criteri utilizzati, vanno peraltro esaminati gli aspetti relativi a singoli atti svolti in sede penale che per loro caratteristiche procedurali implicano un regime di utilizzabilità specifico. Il trasferimento di atti eseguiti in sede penale da utilizzare ai fini della prova della pretesa fiscale, se implica la acquisizione 'legittima' [25], quanto meno a fronte di alcuni diritti fondamentali, comporta infatti anche la verifica della sussistenza di particolari condizioni. Con riguardo ad esempio alle intercettazioni si pone il quesito del relativo utilizzo nel procedimento tributario che, in quanto 'diverso procedimento', porta a evidenziare i limiti di cui all'art. 270 c.p.p. Tralasciando l'ampio dibattito seguito alla interpretazione giurisprudenziale del criterio della 'diversità' in ambito penale [26], la sede tributaria sembra ammettere l'ingresso degli esiti intercettativi non dovendosi, da un lato, applicare in tributario l'art. 270 c.p.p. [27] e, dall'altro, essendo i risultati acquisiti l'esito della verifica dei presupposti di ammissibilità presente nei provvedimenti giudiziari di origine. Diverso dovrebbe porsi il profilo della utilizzabilità degli atti di captazione illegittimi

ricorrente che aveva lamentato come la Commissione tributaria provinciale avesse "del tutto disatteso la disposizione che impone l'assistenza di un difensore prima di assumere sommarie informazioni dalla persona nei cui confronti vengono svolte indagini").

[24] Cass. civ., sez. V, 12 novembre 2010, n. 22984, rv. 615821.

[25] Cass. civ., sez. V, 5 aprile 2019, n. 9593, rv. 653649.

[26] Per un'ampia bibliografia sul tema, D. Albanese, *Sull'utilizzabilità dei risultati nell'ambito del 'medesimo procedimento': il tribunale di Milano prende le distanze dalle Sezioni Unite 'Cavallo'*, in *Sistema penale*, 1° dicembre 2020.

[27] Cass. civ., sez. V, 7 febbraio 2013, n. 2916, rv. 625254 secondo cui "*un atto legittimamente assunto in sede penale – nella specie, sommarie informazioni testimoniali della Guardia di Finanza ed intercettazioni telefoniche – e trasmesso all'amministrazione tributaria entra a far parte, a pieno titolo, del materiale probatorio che il giudice tributario di merito deve valutare, così come previsto dall'art. 63 del d.p.r. n. 633 del 1972; tale norma, infatti, non contrasta né con il principio di segretezza delle comunicazioni di cui all'art. 15 Cost., perché le intercettazioni che hanno permesso il reperimento dell'atto sono autorizzate da un giudice, né con il diritto di difesa di cui all'art. 24 Cost., perché, se è vero che il difensore non partecipa alla formazione della prova, è anche vero che nel processo tributario l'atto acquisito ha un minor valore probatorio rispetto a quello riconosciutogli nel processo penale*". In tema, A. Borgoglio, *Utilizzabilità delle intercettazioni telefoniche nel contenzioso tributario*, in *Il Fisco*, 2013, 8, 1174.

che, secondo parte della giurisprudenza non dovrebbe essere consentita, avendo la inutilizzabilità originaria un effetto tale da travolgerne gli effetti in qualsisia tipo di giudizio[28]. In ogni caso si ravvisa l'apertura garantista della giurisprudenza sulla invalidità dell'accertamento che si basi su intercettazioni non rese conoscibili al contribuente alla data di notifica dell'atto impositivo[29], in linea con quanto affermato dalla giurisprudenza della Corte di Giustizia sul diritto del contribuente di accedere ai dati sui quali si fonda l'accertamento, per un corretto esercizio del diritto di difesa[30].

Se l'intercettazione non veniva già vista come fonte di violazione del divieto di prova testimoniale *ex* art. 7, comma 4, d.lgs. n. 546/1992, prima della sua riformulazione[31], il quesito si sposta sulla ammissibilità delle dichiarazioni rese nel procedimento penale e inserite in processi verbali trasposti in sede tributaria. Sul punto, in una logica di valenza indiziaria degli elementi acquisiti *aliunde*, le dichiarazioni entrano a far parte del bagaglio conoscitivo dell'autorità tributaria che può utilizzarne i contenuti anche se, ad esempio in relazione alle dichiarazioni di terzi, la valutazione deve essere supportata da riscontri oggettivi[32]. Quanto alle dichiarazioni rese in ambito penale dal contribuente quale persona sottoposta alle indagini, se ne riteneva già consentita, da un lato, la utilizzabilità in quanto non riconducibili alla testimonianza e, dall'altro, la successiva valutazione secondo il libero apprezzamento del giudice[33]. È peraltro evidente che la diversità

---

[28] S.U. 25 marzo 2010, n. 13426, rv. 246271 che afferma la inutilizzabilità delle intercettazioni illegittime anche nel procedimento di prevenzione. Non si ritiene tuttavia escluso l'utilizzo ai fini della acquisizione della *notitia criminis* o dell'indagine per altri reati: Cass., sez. V, 10 ottobre 2019, n. 44114, rv. 277432.

[29] Cass. civ. 2 febbraio 2021, n. 2223, in *ntplusfisco.ilsole24ore.com*, con nota di L. Ambrosi, *Accertamento, non basta il rinvio per le intercettazioni.*

[30] Corte Giustizia 16 ottobre 2019, C-189/18, *Glencore*, su cui A. Fazio, *I rapporti tra processo tributario e processo penale: la crisi del doppio binario nella prospettiva dello scambio internazionale di informazioni fiscali*, in *Diritto e pratica tributaria*, 2020, n. 5, 1955. V., inoltre, Corte Giustizia 4 giugno 2020, C-430/19, *C.F.* Circa le restrizioni all'accesso integrale al fascicolo in relazione alla presenza di interessi generali, Corte Giustizia 13 settembre 2018, C-358/16, *UBS Luxembourg s.a. e altri.*

[31] V., *supra*, nota 7. In tema di rapporti tra intercettazione e prova testimoniale, S. Loconte, I. Barbieri, *La circolazione delle prove tra il processo tributario e il processo penale*, cit., 494.

[32] Cass. civ., sez. V, 7 febbraio 2013, n. 2916, rv. 625254; Cass. civ. 8 luglio 2016, n. 18065, in *altalex.com*; Ctr. Piemonte 6 febbraio 2020, n. 181/2.

[33] Cass. civ., sez. V, 14 novembre 2012, n. 19862, rv. 624289.

Secondo Cass., sez. V, 21 dicembre 2005, n. 28316, rv. 586225 "*in tema di contenzioso tributario, le dichiarazioni rese in sede di verifica (nella fattispecie, ai fini dell'IVA) dal legale rappre-*

strutturale sul piano probatorio dei due sistemi non può che generare contraddizioni irrisolvibili là dove, ad esempio, siano state rese in interrogatorio dichiarazioni sul fatto altrui tali da determinare il mutamento eventuale di *status* del dichiarante (artt. 64, comma 3, lett. *c*), 197, comma 1, lett. *b*), 197-*bis*, 210 c.p.p.). D'altra parte, se la mancata osservanza degli avvertimenti *ex* art. 64 c.p.p. genera in sede penale la inutilizzabilità delle dichiarazioni (art. 64, comma 3-*bis*, c.p.p.), si ritorna al quesito degli effetti, in ambito tributario, della irritualità processuale, anche alla luce del fatto per cui il diritto al silenzio così come tutelato nel procedimento penale non trova riscontro nel rito tributario, dove le recenti aperture giurisprudenziali ne operano una costruzione con particolari precisazioni[34].

Emerge in ogni caso come i diversi criteri valutativi accolti in sede tributaria consentano talvolta il superamento della illegittimità della prova, evidente nel noto caso della cosiddetta lista Falciani che, come altre liste di contribuenti veicolate attraverso rapporti informativi[35], ha consentito l'utilizzazione di dati acquisiti attraverso una condotta illecita[36]. Senza voler affrontare qui l'ampio tema della utilizzabilità oppure no della prova derivante da

---

sentante di una società non assumono contenuto testimoniale, in quanto il rapporto di immedesimazione organica che lega il rappresentante legale alla società rappresentata esclude che il primo possa essere qualificato come testimone, in riferimento ad attività poste in essere dalla seconda; tali dichiarazioni possono invece essere apprezzate come una confessione stragiudiziale, e costituiscono pertanto prova non già indiziaria, ma diretta del maggior imponibile eventualmente accertato nei confronti della società, non abbisognevole, come tale, di ulteriori riscontri".

[34] V, *infra*, par. 3.

[35] S. Armella, *Utilizzabilità della lista Vaduz e prove illegittime nel processo tributario*, in *Corr. trib.*, 2016, 9, 69; A. Borgoglio, *La 'lista Pessina' ottiene il placet della Cassazione per gli accertamenti*, in *Il Fisco*, 2015, 36, 3474. In tema, P. De Martino, *Lista Falciani: il fine giustifica i mezzi? Note a margine di due provvedimenti innovativi*, in *Dir. pen. contemporaneo*, 2015; P. Mastellone, *Tutela del contribuente nei confronti delle prove illecitamente acquisite all'estero*, in *Dir. prat. trib.*, 2013, 4, 791; A. Marinello, *Prove illecitamente acquisite all'estero e tutela del contribuente: disorientamenti giurisprudenziali*, in *Riv. dir. trib.*, 2015, 485.

[36] In ambito tributario, la giurisprudenza è ormai consolidata nel ritenere "*utilizzabili, nel contraddittorio con il contribuente, i dati bancari acquisiti dal dipendente infedele di un istituto bancario, senza che assuma rilievo l'eventuale reato commesso dal dipendente stesso e la violazione del diritto alla riservatezza dei dati bancari che non gode di tutela nei confronti del fisco*": Cass. civ., sez. VI, 28 aprile 2015, nn. 8605 e 8606, rv. 635558. Secondo Cass. 18 settembre 2020, n. 19446, in *ipsoa.it.*, sia in sede di accertamento che di contenzioso sono utilizzabili i dati del contribuente contenuti nella lista Falciani, anche se da valutarsi sulla base di ulteriori riscontri, essendo irrilevante la condotta illecita del soggetto dipendente dall'istituto di credito. V., inoltre, Cass., sez. V, 28 aprile 2021, n. 11162, rv. 661227; Cass., sez. V. 25 febbraio 2020, n. 4984, rv. 657352; Cass., sez. V, 19 dicembre 2019, n. 33893, rv. 656380; Cass., sez. V, 5 dicembre 2019, n. 31779, rv. 56014. V., inoltre, Cass. civ. 7 giugno 2022, n. 18359, in *lavorofisco.it.*

reato e della individuazione della natura dei divieti probatori[37], si percepisce la difficoltà a recepire nel procedimento tributario categorie estranee delle quali peraltro si riconosce in alcuni casi la rilevanza se, come si è già sottolineato, ne deriva una incidenza sul piano di alcuni diritti fondamentali[38].

3. *La rilevanza probatoria nella sede penale dei dati acquisiti nel procedimento tributario*

Le criticità che si sono evidenziate possono riproporsi sul fronte inverso, dove emergono analoghe interferenze tra i due riti. La maggiore facilità nella acquisizione dei dati in sede tributaria favorisce il passaggio di elementi conoscitivi dalla procedura amministrativa o dal contenzioso tributario, così da determinarne la valenza nel procedimento penale. Già in fase preliminare gli atti formati dagli organi di accertamento in sede di verifica[39] possono trasmigrare nel fascicolo del pubblico ministero. Con il processo verbale di constatazione e l'avviso di accertamento entrano nella conoscenza della autorità giudiziaria gli elementi idonei a fondare le scelte finali. Mentre già prima l'obbligo di denuncia *ex* art. 331 c.p.p. ha potuto determinare l'iscrizione della *notitia criminis* e la conoscibilità delle prime fonti circa i risultati ottenuti, l'uso di dati usciti dalle attività di accesso, ispezione o verifica costituiti da dati bancari, documenti contabili o relativi a rapporti con terzi del contribuente, comporta anche qui la verifica dell'osservanza dell'art. 220 disp. att. c.p.p. circa l'attuazione delle garanzie difensive all'emergere di indizi di reato, con la conseguente verifica *ex post*

---

[37] A fronte di una vastissima bibliografia sul tema, ci si limita a indicare per una sintesi, volendo, N. Galantini, *Inutilizzabilità della prova e diritto vivente*, in *questa rivista*, 2012, 64. Il tema della 'prova illecita' è stato oggetto degli studi dei più autorevoli autori quali F. Carrara, *Programma. Del giudizio criminale* (ed. 1886) *ed Opuscoli*, Bologna, 2004, 493 ss., F. Cordero, *Prove illecite*, in *Tre studi sulle prove penali*, Milano, 1963, 162 ss., Id., *Procedura penale*, Milano, 2012, 613 e M. Nobili, *L'immoralità necessaria*, *III Prove, accertamento, errori*, Bologna, 2009, 189.

[38] In tema, P. Corso, *Esiste. ancora il principio di legalità?*, in *Corr. trib.*, 2001, 17; S. Sebastiano, *L'inutilizzabilità delle risultanze penali nel procedimento tributario*, in *Riv. giur. trib.*, 2002, 4, 355; G. Gambogi, *Utilizzo di prove raccolte in sede penale e principio di legalità*, in *Corr. trib.*, 2001, 28; G. Porcaro, *Profili ricostruttivi del fenomeno della (in)utilizzabilità degli elementi probatori illegittimamente raccolti. La rilevanza anche tributaria delle (sole) prove 'incostituzionali'*, in *Dir. prat. trib.*, 2005, 22; E.A. Sepe, *L'inutilizzabilità delle prove irritualmente acquisite e la valenza degli elementi emersi in sede penale*, in *Il Fisco*, 2009, 1, 66.

[39] G. Varraso, *Procedimento penale e reati tributari*, in *Trattato di procedura penale*, a cura di G. Spangher, vol. VII, II, Milano, 2011, 884.

del momento in cui le tutele avrebbero dovuto essere apprestate ai fini della utilizzabilità degli esiti. Il che, come si è prima rilevato, comporta spesso un difficile controllo su un passaggio lasciato in sostanza alla discrezionalità dell'organo che procede [40]. Il superamento o no della barriera degli indizi *ex* art. 220 disp. att. c.p.p. può generare ulteriori possibili effetti sul piano penale in relazione ad esempio alle dichiarazioni etero-accusatorie rese alla Guardia di finanza dalla persona soggetta all'accertamento amministrativo senza l'osservanza dell'art. 63 c.p.p., che obbliga l'autorità che procede alla interruzione dell'atto assuntivo delle dichiarazioni nel momento dell'emergere degli indizi: si è infatti ritenuta l'utilizzabilità delle stesse dichiarazioni in sede penale quando non sia ancora accertato il superamento della soglia di punibilità del reato tributario nel momento in cui sono state rese [41].

Inoltre, quanto alle eventuali dichiarazioni del contribuente o a quanto acquisito nell'ambito dei suoi doveri collaborativi [42], non può non rilevarsi la criticità del rapporto tra due sistemi non omologati sul riconoscimento del diritto al silenzio che solo di recente è stato ritenuto sussistente, quale espressione della garanzia del giusto processo, se pure con precisi distinguo, in ambito tributario [43], in assonanza con quanto stabilito in relazione al procedimento Consob per abusi di mercato [44], qualora nel giudizio ven-

---

[40] Secondo la giurisprudenza si può anche ipotizzare l'utilizzabilità della parte del documento '*compilata prima dell'insorgere degli indizi*' e non quella redatta successivamente senza l'adozione delle garanzie difensive (Cass., sez. III, 4 giugno 2019, n. 31223, rv. 276679).

[41] Cass., sez. III, 4 giugno 2019, n. 31223, cit. V., inoltre, Cass., sez. III, 15 luglio 2022, n. 27448.

[42] G. Ragucci, *Gli istituti della collaborazione fiscale. Dai comandi e controlli alla Tax Compliance*, Torino, 2018.

[43] Cass., sez. V, 1° marzo 2022, n. 6786, in *dirittoegiustizia.it*. Sul tema, A. Giovannini, *Note sul diritto al silenzio in diritto tributario*, in *giustiziainsieme.it*, 2 marzo 2022. V., inoltre, Cass., sez. III, 17 maggio 2022, n. 32027, in *njus.it*, 31 agosto 2022.

[44] Corte di giustizia, Grande Sezione 2 febbraio 2021, C-481/19, *D.B. c. Consob* secondo cui "*l'articolo 14, paragrafo 3, della direttiva 2003/6/CE del Parlamento europeo e del Consiglio, del 28 gennaio 2003, relativa all'abuso di informazioni privilegiate e alla manipolazione del mercato (abusi di mercato), e l'articolo 30, paragrafo 1, lettera b), del regolamento (UE) n. 596/2014 del Parlamento europeo e del Consiglio, del 16 aprile 2014, relativo agli abusi di mercato (regolamento sugli abusi di mercato) e che abroga la direttiva 2003/6 e le direttive 2003/124/CE, 2003/125/CE e 2004/72/CE della Commissione, letti alla luce degli articoli 47 e 48 della Carta dei diritti fondamentali dell'Unione europea, devono essere interpretati nel senso che essi consentono agli Stati membri di non sanzionare una persona fisica, la quale, nell'ambito di un'indagine svolta nei suoi confronti dall'autorità competente a titolo di detta direttiva o di detto regolamento, si rifiuti di fornire a tale autorità risposte che possano far emergere la sua responsabilità per un illecito passibile di sanzioni amministrative aventi carattere penale oppure la sua responsabilità penale*". In tema,

gano applicate sanzioni sostanzialmente di carattere penale e destinatario del trattamento sanzionatorio sia lo stesso titolare del diritto al silenzio e non altro soggetto di diritto [45]. In ogni caso è evidente, anche alla luce delle precisazioni giurisprudenziali circa l'ambito oggettivo del diritto, riservato a situazioni di costrizione [46] e con effetti sanzionatori per il suo esercizio [47], come la costruzione del diritto al silenzio non elimini il problema della mancanza di tutela del soggetto ora sottoposto alle indagini che, anche se avvisato del diritto dopo l'emergere degli indizi, può avere già prima rilasciato nel contesto fiscale dichiarazioni destinate ad essere trasmesse in sede penale. Senza considerare inoltre che la disciplina tributaria, imperniata

---

I. Sforza, *Il* nemo tenetur se detegere *nelle audizioni Consob e Banca d'Italia: uno statuto ancora da costruire*, in *Sistema penale*, 2022, n. 2, 85. Sulla base della pronuncia resa in sede di rinvio pregiudiziale (Corte Cost. ord. n. 117/2019), si è pronunciata Corte Cost. 30 aprile 2021, n. 84 su cui A. Marcheselli, *Il diritto al silenzio tra diritti fondamentali e doveri fondamentali in materia tributaria. Spunti critici a margine di Corte Cost. n. 84/2021*, in *Consulta online*, 2021, II, 454. Per una recente pronuncia in tema di diritto al silenzio nel procedimento per reati in materia di stupefacenti, Corte Cost. 25 maggio 2022, n. 148 dove la questione di illegittimità dell'art. 64, comma 3, c.p.p. «*nella parte in cui non prevede che gli avvisi ivi indicati debbano essere rivolti alla persona cui sia contestato l'illecito amministrativo di cui all'art. 75 co. 1 d.p.r. 309/1990, o che sia già raggiunta da elementi indizianti di tale illecito, allorché la stessa sia sentita in relazione ad un reato collegato ai sensi dell'art. 371, co. 2, lettera b) c.p.p.*», è stata ritenuta infondata non essendo le sanzioni disciplinate dall'art. 75 t.u. stupefacenti "*connotate da natura e finalità punitiva*". Per un commento, L. Masera, *La Corte costituzionale ritiene che le sanzioni amministrative previste per i consumatori di stupefacenti abbiano finalità preventiva e non punitiva*, in *Sistema penale*, 14 luglio 2022. Sul piano dell'accesso a dispositivi digitali si pone inoltre il problema della collaborazione del soggetto sottoposto alle verifiche sul quale F.N. Ricotta, *Obblighi di collaborazione con l'autorità giudiziaria nella decrittazione dei dispositivi informatici e privilegio contro l'autoincriminazione*, in *Cass. pen.*, 2022, n. 2, 880.

[45] Cass., sez. V, 10 febbraio 2022, n. 6786 cit., dove, riferendosi alle pronunce della Corte di giustizia e della Corte costituzionale, ha precisato che "*dette Corti, infatti, si sono pronunciate in casi pacificamente rientranti nel diritto delle sanzioni penali ed equiparate oppure allorché al "silenzio" è direttamente correlata una sanzione, ma sempre quando destinatario del trattamento sanzionatorio è lo stesso titolare del diritto al silenzio e non altro soggetto di diritto*".

[46] V. anche Cass., sez. VI, 28 settembre 2020, n. 20358, rv. 659307 secondo cui per l'attuazione dell'art. 47 Carta UE, '*pacificamente applicabile anche ai giudizi tributari*', è necessario che le autorità, nel determinare la responsabilità degli individui, non ricorrano ad elementi di prova ottenuti attraverso la minaccia di sanzioni o in forza di pressioni nei confronti dell'accusato'.

In questo senso si è espressa la Corte Edu nel ritenere non violato l'art. 6 Cedu nel caso in cui l'autorità che procede abbia richiesto al soggetto documenti preesistenti, della cui esistenza era già a conoscenza, non obbligandolo alla consegna di documenti di cui si sospetta la esistenza (Corte Edu, IV Sez., *De Legé c. Olanda*, 4 ottobre 2022, *Application n. 58342/15*.

[47] Per la ricostruzione delle sequenze giurisprudenziali, A. Marinello, *Primi echi del diritto al silenzio in materia fiscale. La Corte di cassazione riconosce in via di principio il* nemo tenetur se detegere *nei procedimenti tributari*, in *Riv. dir. trib. on line*, 28 aprile 2022.

sulla collaborazione tra contribuente e amministrazione, prevede addirittura la inutilizzabilità *a contrario* dei dati ovvero atti e documenti non esibiti o non trasmessi in risposta agli inviti degli uffici, realizzando così una sorta di 'sanzione impropria' (art. 32, comma 4, d.p.r. n. 600/1973). In sede fiscale la regola opposta al principio del diritto al silenzio genera l'aggiramento della garanzia[48].

D'altra parte, non può dirsi che le tutele siano operative a fronte di ritenere ammissibile la testimonianza dell'ufficiale o agente di polizia giudiziaria che riferisca in ordine agli accertamenti compiuti attraverso i dati risultanti dall'anagrafe tributaria o da altre banche dati[49]. La giurisprudenza ritiene infatti che la deposizione non costituisce 'testimonianza indiretta', così da attribuire alla serie di dichiarazioni una piena efficacia probatoria[50] al di là di un divieto, peraltro pressoché inapplicato, rinvenibile nell'art. 195, comma 4, c.p.p. che stabilisce la inammissibilità della testimonianza indiretta in ordine alla 'comunicazione del fatto in forma diversa da quella orale' (art. 195, comma 5, c.p.p.). Il punto richiama d'altra parte anche il tema della testimonianza sul contenuto delle intercettazioni, già oggetto di pronunce giurisprudenziali[51].

Sul piano poi della utilizzabilità della prova, anche se acquisita irritualmente o illecitamente, è speculare alla sede tributaria l'acquisizione in sede penale di dati acquisiti in violazione di norme penali se si considera l'assunto giurisprudenziale secondo cui, al fine della acquisizione di dati da *personal computer*, la eventuale condotta abusiva *ex* art. 615-*ter* c.p. "*non appare configurabile nei confronti dei militari operanti in forza di poteri ispettivi e di controllo previsti dalle legge*" nell'ambito delle attività di polizia amministrativa[52]. La legittima acquisizione può avvenire da remoto, tramite apparecchiature informatiche installate nei locali dell'impresa sottoposta a verifica fiscale, anche se la documentazione risultasse conservata

---

[48] S. DORIGO, *La rilevanza del diritto tributario nel processo penale concernente illeciti fiscali*, in *Giurisprudenza penale web*, 2017, 7-8, 5. Sul tema della 'preclusione probatoria' quale 'sanzione impropria', A. MARCHESELLI, *Diritto al silenzio e obblighi di collaborazione del contribuente, un equilibrio – delicato ma possibile e necessario – tra interesse pubblico e diritti fondamentali*, in *Il diritto tributario nella prospettiva penale e civile*, cit., 65.

[49] Cass., sez. IV, 13 luglio 2021, n. 30238, rv. 281742.

[50] Cass., sez. III, 11 dicembre 2015, n. 12026, rv. 263002.

[51] Cass., sez. III, 20 febbraio 2018, n. 603. In tema, G. VISONE, *Le intercettazioni tra perizia trascrittiva e prova testimoniale*, in *Proc. pen. e giust.*, 2018, n. 5, 916. Sul punto, O. MAZZA, *Le insidie al primato della prova orale rappresentativa. L'uso dibattimentale di materiale probatorio precostituito*, in *Riv. it. dir. proc. pen.*, 2011, 1524; N. GALANTINI, *L'inutilizzabilità effettiva della prova tra tassatività e proporzionalità*, in *Dir. pen. contemporaneo*, n. 4/2019, 69.

[52] Cass., sez. III, 6 maggio 2021, n. 24885, in *Giurisprudenza penale web*, 5 luglio 2021.

nel *server* di società con sede all'estero, senza che ciò incida sulla utilizzabilità nel procedimento penale[53].

Il tema della prova illecita, emblematicamente rappresentato dal già richiamato caso 'Falciani' e dai casi omologhi delle liste trafugate contenenti nominativi di contribuenti, torna inevitabilmente anche sul fronte del procedimento penale dove, al di là di alcune iniziali pronunce di merito nel senso della inutilizzabilità delle informazioni, si sono confermate in sede di legittimità posizioni intese, se pure con qualche distinguo, a ritenerle al contrario acquisite lecitamente[54].

4. *Il futuro nel rapporto tra i modelli*

Le similitudini sul piano della utilizzabilità incrociata o reciproca dei dati conoscitivi, riscontrate sui due piani, penale e tributario, indurrebbero a sospettare che il modello del doppio binario sia ormai insussistente[55]. Le irritualità si stemperano infatti a fronte della ampia area dimostrativa consentita dal ricorso alle presunzioni, valutabili liberamente anche se con necessari elementi di riscontro[56] o in relazione al ritenere prova documentale[57] quan-

---

[53] V., inoltre, per l'utilizzo del captatore informatico ai fini della prova di frode fiscale, Cass., sez. I, 7 ottobre 2021, n. 3591, in *Sistema penale*, 2 giugno 2022, con nota di G. FROVA, *La Cassazione sulla riconducibilità all'art. 266 c.p.p. degli screenshot tramite captatore informatico.*

[54] Sul tema, D. COLOMBO, *Sull'utilizzabilità ai fini penali dei dati contenuti nella Lista Dubai: il lascito giurisprudenziale della Lista Falciani e spunti di riflessione su prospettive inedite.* in *Giurisprudenza penale web* 2021, 11.

[55] In tema, O. MAZZA, *I controversi rapporti tra processo penale e tributario*, cit.; S. DORIGO, *Il 'doppio binario' nella prospettiva penale: crisi del sistema e spunti per una riforma*, in *Rass. trib.*, 2017, 2, 436. Inoltre, F. PISTOLESI, *Crisi e prospettive del principio del doppio binario nei rapporti fra processo e procedimento tributario e giudizio penale*, in *Riv. dir. trib.*, 2014, 48. V., tuttavia, F. TESAURO, *Ammissibilità nel processo tributario delle prove acquisite in sede penale*, in *Rass. trib.*, 2015, 323 per la tesi secondo cui il passaggio di elementi probatori tra i due riti non è contrario al principio di separatezza, essendo possibile la circolazione probatoria tra giurisdizioni separate.

[56] Cass. civ., sez. V, 14 gennaio 2021, n. 1290, rv. 660242. Secondo Cass. pen., sez. III, 22 dicembre 2020, n. 36915, rv. 280269 le presunzioni tributarie possono costituire elementi sui quali il giudice penale può fondare il libero convincimento, ma non pronunciare una condanna in assenza di altri elementi probatori anche costituiti da altre presunzioni purché gravi precise e concordanti. Il ricorso alle presunzioni è consentito in ambito cautelare reale ai fini del sequestro, a condizione della presenza di altre prove del fatto (Cass., sez. II, 14 gennaio 2021, n. 1083, in *processopenaleegiustizia.it*).

[57] Per la natura di prova documentale del processo verbale di constatazione, atto amministrativo extraprocessuale, Cass., sez. III, n. 31223, cit.

to invece non potrebbe rientrare nella struttura del mezzo di prova o, ancora, nella applicazione delle garanzie difensive solo all'emergere di un non bene definito presupposto indiziario[58], senza tralasciare la mancanza di tutela del diritto al silenzio nella sua autentica accezione che non sembra trovare riscontro nelle pronunce già menzionate[59]. Al di là dell'ingresso come prove atipiche in sede tributaria di nuove forme captative di dati informatici[60], gli stessi vizi che colpiscono gli atti di accertamento sono ritenuti irrilevanti in sede penale "*atteso che le patologie dell'avviso di accertamento si esauriscono nell'ambito del rapporto giuridico tributario e non incidono sulla attitudine dell'atto a veicolare nel processo penale le informazioni che se ne possono trarre*"[61].

Tuttavia, a sostegno della separatezza tra i procedimenti dovrebbe permanere la già rilevata inefficacia del giudicato penale, se pure nei limiti indicati, oltre che la rivendicazione di autonomia del giudice tributario che si ritiene "*non vincolato dalle imputazioni formulate nel processo penale, ma tenuto a valutare per proprio conto se le prove acquisite in quella sede siano idonee a fondare il proprio convincimento circa la sussistenza dei fatti costitutivi dell'obbligazione tributaria*"[62]. Da parte del giudice penale la riaffermazione della propria indipendenza si ravvisa poi nel suo "*compito di determinare l'ammontare dell'imposta evasa valorizzando un diverso materiale probatorio assunto in sede penale rispetto all'apparato conoscitivo utilizzato in sede tributaria*", anche se la verifica può portare a contraddire quella effettuata dal giudice tributario[63]. In ogni caso il sistema sembra afflitto da

Inoltre, le sentenze del giudice tributario, anche se non definitive, possono essere valutate ai fini della prova del fatto, secondo i parametri degli artt. 187 e 192 c.p.p. V. Cass. pen., sez. III, 18 gennaio 2016, n. 1628, rv. 266328. In tema, Cass. pen., sez. III, 19 marzo 2019, n. 17855, rv. 275702.

[58] Sul punto si erano già espresse S.U. 28 novembre 2004, n. 45477, rv. 220291.

[59] V., *supra*, note 44-47.

[60] Sulla utilizzabilità in sede penale dei messaggi *whatsapp*, la giurisprudenza si è già espressa nel senso che "*la relativa attività acquisitiva non soggiace né alle regole stabilite per la corrispondenza, né tantomeno alla disciplina delle intercettazioni telefoniche*" (Cass., sez. V, 16 gennaio 2018, n. 1822, in *processopenaleegiustizia.it*), mentre in ambito tributario si riscontra un approccio contrario (Comm. Trib. Reggio Emilia, sentenza n. 105/2021) che sembra negare la loro attendibilità in relazione alla mancanza di regole a garanzia della estrazione certificata su supporto informatico. Sul punto, S. GIORGI, *Prove digitali e processo tributario: orientamenti giurisprudenziali sull'utilizzabilità di messaggi istantanei e foto di schermate*, in *Riv. dir. trib. suppl. on line* 14 giugno 2022.

[61] Cass., sez. III, 12 aprile 2016, n. 35294, rv. 267544; Cass., sez. III, 26 giugno 2019, n. 36941, rv. 276702.

[62] Cass. civ., sez. V, 21 febbraio 2020, n. 4645, rv. 657347.

[63] Cass., sez. III, 14 aprile 2020, n. 12050, in *processopenaleegiustizia.it*.

quella che si è definita una 'crisi' difficilmente risolvibile anche alla luce della riforma recentemente varata [64] che, al di là di alcune opportune correzioni in tema di onere probatorio e di regole di giudizio [65] sembra non toccare le più evidenti criticità, visti i negativi commenti che tuttavia nel contempo sono di auspicio ad un vero coordinamento tra i due procedimenti [66]. L'esigenza di una rivisitazione del rapporto tra i due modelli si pone del resto nella logica di un futuro dove anche il procedimento tributario dovrà misurarsi con i modelli predittivi della c. d. intelligenza artificiale [67].

[64] L. 31 agosto 2022, n. 130, cit.

[65] L'art. 6, l. n. 130/2022 aggiunge all'art. 7, d.lgs. n. 546/2022 il comma 5-*bis*:
«*5-bis. L'amministrazione prova in giudizio le violazioni contestate con l'atto impugnato. Il giudice fonda la decisione sugli elementi di prova che emergono nel giudizio e annulla l'atto impositivo se la prova della sua fondatezza manca o è contraddittoria o se è comunque insufficiente a dimostrare, in modo circostanziato e puntuale, comunque in coerenza con la normativa tributaria sostanziale, le ragioni oggettive su cui si fondano la pretesa impositiva e l'irrogazione delle sanzioni*».

[66] M. LEO, *La giustizia fiscale deve essere raccordata con il sistema penale*, in *Il Sole 24Ore*, 15 giugno 2022; C. GLENDI, *Riforma della giustizia tributaria: perché è a rischio di incostituzionalità*, in *Diritto e pratica tributaria*, n. 4, 2022, 1357.

[67] L.R. CORRADO, *L'intelligenza artificiale entra nello Statuto del contribuente*, in *Ipsoa.it*, 1° luglio 2022; M. PISU, *La giustizia tributaria scommette sulla AI*, in *Il Sole24Ore*, 25 agosto 2022.

GIUDICATO PENALE E PROCESSO TRIBUTARIO (DOPO DUE RIFORME)*

di Daniela Vigoni

Sommario: 1. La parabola evolutiva dei rapporti fra i due procedimenti. – 2. *Quid iuris* riguardo all'efficacia del giudicato penale nel processo tributario? – 3. Il valore probatorio della sentenza penale. – 4. Analogie nel confronto fra discipline processuali. – 5. Prospettive future.

1. *La parabola evolutiva dei rapporti fra i due procedimenti*

La prospettiva d'indagine impone di tener conto non solo delle peculiarità di ciascun sistema – la diversità dei modelli processuali, e, in particolare, le differenze di regime probatorio e criteri di giudizio – ma anche degli sviluppi normativi.

Sono due le linee di fondo che caratterizzano l'attuale assetto: da un lato, l'assenza di vincoli di pregiudizialità; dall'altro lato, l'indipendenza di azione e l'autonomia dei giudizi penale e tributario [1].

---

* Questo lavoro, che riprende la relazione al Convegno, con le opportune integrazioni e il necessario corredo di note, è stato pubblicato anche nella Rivista *Diritto penale e processo*, 2023, n. 4, 554 ss.

[1] Per alcuni riferimenti bibliografici essenziali all'inquadramento delle interrelazioni fra i due procedimenti, prima delle riforme in materia tributaria (l. 31 agosto 2022, n. 130) e sulla giustizia penale (d.lgs. 10 ottobre 2022, n. 150), v., a livello generale, Scuola Superiore della Magistratura, *Il diritto tributario nella prospettiva penale e civile*, Quaderno 14, Roma, 2022 (in particolare A. Comelli, *Circolazione dei materiali probatori dal processo penale al processo tributario, autonomia decisoria e libero convincimento del giudice*, 13 ss.; M. Ceresa Gastaldo, *L'accertamento dei tributi tra disciplina amministrativa, penale e processuale. Circolazione dei materiali istruttori ed autonomia dei giudizi*, 45 ss.) e, fra i contributi più recenti, O. Mazza, *I controversi rapporti fra processo penale e tributario*, in *Rass. trib.*, 2020, n. 1, 233 ss.; G. Biscardi, *Processo per reati tributari: tramonto o ascesa del doppio binario?*, in *Proc. pen. e giust.*, 2019, n.

All'interno di queste linee la disciplina va ricostruita, considerando che non vi è una disposizione che riguarda congiuntamente sia i rapporti fra i due procedimenti, sia l'efficacia del giudicato penale nel processo tributario e che, a quest'ultimo riguardo, i segnali normativi sono, almeno sul piano generale, piuttosto incerti. Per dir meglio, non vi è più una disposizione che regola i due profili da quando l'art. 12, d.l. 10 luglio 1982, n. 429, convertito con modificazioni dalla l. 7 agosto 1982, n. 516 (c.d. "manette agli evasori"), è stato abrogato.

Sul piano dei rapporti fra i due procedimenti, l'art. 12[2] segnava l'eclissi della c.d. pregiudiziale tributaria prevista dall'art. 21, ultimo comma, l. 7 gennaio 1929, n. 4. In quella disposizione si stabiliva che per i reati individuati «dalle leggi sui tributi diretti l'azione penale ha corso dopo che l'accertamento dell'imposta e della relativa sovrimposta è divenuto definitivo a norma delle leggi regolanti tale materia». Nella risalente previsione, ispirata al criterio di unità della funzione giurisdizionale, s'invertivano i tradizionali criteri di precedenza e prevalenza del giudicato penale, per privilegiare, invece, il processo tributario e il suo esito. S'imponeva, infatti, la sospensione del processo penale – e del termine di prescrizione del reato – in attesa dell'accertamento e dell'epilogo del processo tributario che avrebbe fatto stato nel processo penale. Giustificavano la scelta legislativa ragioni legate alla complessità e alle difficoltà tecniche nell'accertamento dei tributi.

Le regole di pregiudizialità tributaria rispetto all'azione penale e di sospensione del corso della prescrizione, che subivano ad opera della l. 5 gennaio 1956, n. 1 un certo ridimensionamento, venivano poi ribadite dall'art. 58, comma 5, d.p.r. 26 ottobre 1972, n. 633 (abrogato da d.lgs. 18 dicembre 1997, n. 471), riguardante l'imposta sul valore aggiunto, e dall'art. 56, ultimo comma, d.p.r. 29 settembre 1973, n. 600 (abrogato da d.l. 10 luglio 1982, n. 429 convertito con modificazioni dalla l. 7 agosto 1982, n. 516), relativo alle imposte sui redditi.

5, 1188 ss.; P. Corvi, *I rapporti tra accertamento tributario e accertamento penale*, in AA.VV., *La nuova giustizia penale tributaria. I reati – Il processo*, a cura di A. Giarda, A. Perini, G. Varraso, Milano-Padova, 2016, 461 ss.; F. Pistolesi, *Crisi e prospettive del principio del "doppio binario" nei rapporti fra processo e procedimento tributario e giudizio penale*, in *Riv. dir. trib.*, 2014, I, 29 ss.; A. Lombardi, G. Biscardi, R. Invernizzi, *Interferenze tra processi. Civile, penale, amministrativo e tributario*, Milano, 2014; G. Varraso, *Procedimento penale e reati tributari*, in *Trattato di procedura penale*, a cura di G. Spangher, vol. VII, tomo 2, *Modelli differenziati di accertamento*, a cura di Garuti, Milano, 2011, 898 ss.

[2] In merito v. G. Spangher, *Commento all'art. 12, 1° comma*, in *Diritto e procedura penale tributaria, Commentario alla legge 7 agosto 1982, n. 516*, a cura di I. Caraccioli, Giarda, A. Lanzi, Padova, 1989, 441 ss.

La scelta legislativa adottata prestava il fianco a condivisibili critiche, in ragione dell'assenza di limiti soggettivi, a garanzia del diritto di difesa, e della mancata previsione di vincoli probatori, a tutela dei principi che regolano l'accertamento penale.

Peraltro, prima dell'abrogazione, gli artt. 21, comma 3, e 60[3], l. n. 4/1929 andarono incontro a una dichiarazione di illegittimità costituzionale (sentenza n. 88/1982[4]) «nella parte in cui prevedono che l'accertamento dell'imposta e della relativa sovrimposta, divenuto definitivo in via amministrativa, faccia stato nei procedimenti penali per la cognizione dei reati preveduti dalle leggi tributarie in materia di imposte dirette». Le leve costituzionali, rappresentate dagli artt. 101, comma 2, 24 e 3 Cost., consentirono di individuare, di fronte a regole di un esito amministrativo in materia tributaria che fa stato nel giudizio penale, rispettivamente: una compressione del libero convincimento del giudice penale in ordine all'accertamento dei fatti; una lesione dell'esercizio del diritto di difesa; una irragionevole distinzione a seconda che si tratti di imputazione conseguente a un accertamento amministrativo tributario o no e, nell'ambito degli accertamenti amministrativi tributari, che riguardi imposte dirette o indirette.

Anche l'art. 56, ultimo comma, d.p.r. n. 600/1973 fu dichiarato costituzionalmente illegittimo (sentenza n. 247/1983)[5], per contrasto con l'art. 24 Cost., «nella parte in cui comporta che l'accertamento dell'imposta divenuto definitivo in conseguenza della decisione di una commissione tributaria vincoli il giudice penale, nella cognizione dei reati previsti in materia di

---

[3] Tale disposizione, prevedendo che l'art. 22, l. n. 4/1929 non si applica ai tributi diretti, veniva nella sostanza a ribadire quanto previsto dall'art. 21, ultimo comma, della stessa legge, che, come ricorda la Corte Costituzionale nella sentenza n. 88/1982, «secondo la costante giurisprudenza, attribuisce a tale accertamento, anche quando si sia verificato in fase amministrativa, un'efficacia vincolante per il giudice penale, certamente incompatibile con il principio del libero convincimento, tanto più rigoroso in sede di giudizio penale».

[4] Alla sentenza d'illegittimità costituzionale Corte Cost. 27 aprile 1982, n. 88, si aggiunge, nella stessa data, la sentenza n. 89, che dichiara la illegittimità costituzionale dell'art. 58, d.p.r. 26 ottobre 1972, n. 633, per violazione dell'art. 112 Cost., «nella parte in cui dispone che l'azione penale ha corso dopo che l'accertamento è divenuto definitivo anche nel caso del reato indicato nel quarto comma dell'art. 50 dello stesso d.p.r. n. 633», trattandosi di reato «del tutto indipendente dall'entità del tributo», per cui non troverebbe giustificazione «il divieto di procedere fino a quando l'accertamento della imposta non sia divenuto definitivo».

[5] Così la sentenza d'illegittimità costituzionale Corte Cost. 15 luglio 1983, n. 247 (intervenuta dopo l'abrogazione della disposizione), che si pone in linea con altre precedenti pronunce volte a valorizzare la posizione di terzi impossibilitati a intervenire o ad essere parte di fronte a diverse giurisdizioni extrapenali: v. le sentenze Corte Cost. 11 marzo 1971, n. 55; Corte Cost. 14 giugno 1973, n. 99; Corte Cost. 17 giugno 1975, n. 165; Corte Cost. 29 aprile 1981, n. 102.

imposte sui redditi, contestati a chi sia rimasto estraneo al giudizio tributario, perché non posto in condizione di intervenirvi o di parteciparvi».

La l. n. 516/1982, con l'art. 13, abroga espressamente gli artt. 21, ultimo comma, l. n. 4/1929, 58, ultimo comma, d.p.r. n. 633/1972 e 56 d.p.r. n. 600/1973: innova sul piano dei rapporti fra i due processi, ispirandosi al diverso criterio di autonomia. A questa diversa opzione ha contribuito la durata "irragionevole" del processo tributario che rischiava di lasciare impuniti gli evasori.

In tema di imposte sui redditi e sul valore aggiunto l'art. 12, l. n. 516/1982 prevede che «in deroga a quanto disposto dall'articolo 3 del codice di procedura penale 1930» – il quale detta la regola sulla precedenza del processo penale e sospensione del processo civile o amministrativo – «il processo tributario non può essere sospeso», aggiungendo che «tuttavia la sentenza irrevocabile di condanna o di proscioglimento pronunciata in seguito a giudizio relativa a reati previsti in materia di imposte sui redditi e di imposta sul valore aggiunto ha autorità di cosa giudicata nel processo tributario per quanto concerne i fatti materiali che sono stati oggetto del giudizio penale».

Si rinuncia così a dettare vincoli di pregiudizialità, ma, al contempo, s'introduce anche una regola diretta a riconoscere l'efficacia del giudicato penale, nel caso in cui il processo penale, approdato prima alla sua definitiva conclusione, fosse stato più rapido del processo tributario. Sullo sfondo, restava la verifica dell'applicabilità dell'art. 20 c.p.p. 1930 [6] riguardante la sospensione facoltativa del giudizio penale quando «la decisione sull'esistenza di un reato dipenda dalla risoluzione di una controversia di competenza di un giudice civile o amministrativo».

L'art. 12 era però destinato, per così dire, a fare presto i conti con l'attuale codice di procedura penale: infatti, si discuteva allora della sua permanente vigenza o tacita abrogazione per effetto dell'art. 207 disp. coord. c.p.p., in base al quale «le disposizioni del codice si osservano nei procedimenti relativi a tutti i reati anche se previsti da leggi speciali, salvo quanto diversamente stabilito in questo titolo e nel titolo III». Se avanzava l'idea – in giurisprudenza (risultata prevalente) [7] e in parte della

---

[6] In proposito, e anche per ogni indicazione delle diverse opinioni in dottrina e giurisprudenza, v. G. SPANGHER, *Commento all'art. 12, 1° comma*, cit., 448 ss.; A. AVANZINI, *Pregiudizialità tributaria ed efficacia del giudicato penale nei rapporti tra processo penale, processo tributario e attività amministrativa degli uffici finanziari*, in AA.VV., *I reati in materia fiscale*, coordinato da P. Corso e L. Stortoni, Torino, 1990, 858 ss.

[7] Per l'implicita abrogazione dell'art. 12, l. n. 516/1982, Cass. civ., sez. V, sent. 17 febbraio

dottrina [8] – che dovesse operare la nuova disciplina codicistica sugli effetti extrapenali del giudicato, per contro, la sopravvivenza dell'art. 12, l. n. 516/1982 veniva sostenuta – da altra parte della dottrina – rilevando l'improprio richiamo all'art. 207 disp. att. c.p.p., non pertinente all'ipotesi *de qua*, e ricordando il principio espresso dal brocardo *lex posterior generalis non derogat priori speciali* [9].

A risolvere definitivamente la questione è intervenuto il d.lgs. 10 marzo 2000, n. 74: mentre l'art. 25 abroga espressamente il titolo I, che comprende anche l'art. 12, l. n. 516/1982, l'art. 20 dispone che «il procedimento amministrativo di accertamento ed il processo tributario non possono essere sospesi per la pendenza del procedimento penale avente ad oggetto i medesimi fatti o fatti dal cui accertamento comunque dipende la relativa definizione».

Ribadita l'assenza di vincoli di pregiudizialità, e confermata l'autonomia tra processo penale e processo tributario, si prevede, senza disporre circa l'efficacia del giudicato penale, che non possa essere sospeso non solo il processo tributario, ma anche il procedimento amministrativo di accertamento, così confermando un assetto che si fonda sul c.d. doppio binario [10].

2010, n. 3724, in *CED Cass.*, n. 611826; Cass. civ., sez. V, sent. 29 settembre 2004, n. 19481, in *CED Cass.*, n. 577401; Cass. civ., sez. V, sent. 21 giugno 2002, n. 9109, in *CED Cass.*, n. 555271 (in *Rass. trib.*, 2003, fasc. 3, 1136, con nota di G. Papiri, *Brevi note sul rapporto tra processo penale e processo tributario*); Cass. civ., sez. V, sent. 25 gennaio 2002, n. 889, in *CED Cass.*, n. 551842 (in *Rass. trib.*, 2003, n. 1, 274, con nota di F. Ardito, *Ancora qualche riflessione sul rapporto tra processo penale e procedimento tributario*). Cfr. anche Cass. civ., sez. V, sent. 24 maggio 2005, n. 10945, in *CED Cass.*, n. 581406; Cass. civ., sez. V, sent. 3 maggio 2002, n. 6337, in *CED Cass.*, n. 554075. Sulle oscillazioni giurisprudenziali relative all'abrogazione o alla vigenza dell'art. 12 v. A. Sciello, *Abolizione dell'art. 12 l. n. 516/1982 e influenza del giudicato penale nel processo tributario*, in *Dir. e pratica trib.*, 2001, II, 301 ss.; S. Guadalupi, *Efficacia del giudicato penale nel procedimento tributario tra abrogazione dell'art. 12 l. n. 516/1982 e principio di specialità*, in *Riv. giur. trib.*, 2001, 1105.

[8] V. in particolare P. Corso, *Azione civile e processo penale*, in AA.VV., *Lezioni sul processo penale*, Milano, 1990, 301; S. Gennai, A. Traversi, *Il giudicato penale nel processo tributario*, in *Corr. trib.*, 1995, suppl. al n. 40; A. Mambriani, *I reati tributari – Profili sostanziali e disciplina processuale*, Torino, 1993, 139 ss.; M. Nussi, *Sulla non vincolatività del giudicato penale nel processo tributario*, in *Giur. it.*, 1995, I, 1, 1983.

[9] In particolare, v. A. Ghiara, sub *art. 654*, in *Commento al nuovo codice di procedura penale*, coordinato da M. Chiavario, vol. VI, Torino, 1991, 471-472; v. anche F. Cordero, sub *art. 654*, in *Codice di procedura penale commentato*, II ed., Torino, 1992, 786; C. Consolo, *Nuovo processo penale, procedimenti tributari e rapporti tra giudicati*, in *Giur. it.*, 1990, 322; Id., *Il giudicato penale è ancora vincolante per il giudice tributario?*, in *Corr. trib.*, 1990, n. 10, 672 ss.

[10] Completano il quadro normativo le disposizioni relative ai rapporti fra sistemi sanzionatori, informate al principio di specialità espresso nell'art. 19 («1. Quando uno stesso fatto è punito

Esclusa la pregiudizialità penale[11] e superato il divieto di sospensione il vaglio di legittimità costituzionale[12], al giudice tributario spetta decidere *incidenter tantum* ogni questione che rappresenta un'antecedente logico-giuridico rispetto alla decisione da adottare.

Quindi, venuta meno la norma speciale già nel 1989, per tacita abrogazione dell'art. 12 ad opera della disposizione di coordinamento del codice di rito, o nel 2000, per espressa abrogazione, a fronte dell'assenza di una norma *ad hoc* sull'efficacia del giudicato penale nel procedimento tributario (ingiustamente) si ritiene applicabile l'art. 654 c.p.p.

2. **Quid iuris** *riguardo all'efficacia del giudicato penale nel processo tributario?*

È un assetto complesso e articolato, a geometria variabile, quello che emerge dagli artt. 651-654 c.p.p., il gruppo normativo inerente all'efficacia extrapenale del giudicato che manifesta la relatività, anche nello spazio, della sentenza penale irrevocabile[13]. L'incidenza della pronuncia penale è

---

da una delle disposizioni del titolo II e da una disposizione che prevede una sanzione amministrativa, si applica la disposizione speciale. 2. Permane, in ogni caso, la responsabilità per la sanzione amministrativa dei soggetti indicati nell'articolo 11, comma 1, del decreto legislativo 18 dicembre 1997, n. 472, che non siano persone fisiche concorrenti nel reato»). Riguardo all'eseguibilità della sanzione tributaria per le violazioni penalmente rilevanti dispone l'art. 21 («1. L'ufficio competente irroga comunque le sanzioni amministrative relative alle violazioni tributarie fatte oggetto di notizia di reato. 2. Tali sanzioni non sono eseguibili nei confronti dei soggetti diversi da quelli indicali dall'articolo 19, comma 2, salvo che il procedimento penale sia definito con provvedimento di archiviazione o sentenza irrevocabile di assoluzione o di proscioglimento con formula che esclude la rilevanza penale del fatto. In quest'ultimo caso, i termini per la riscossione decorrono dalla data in cui il provvedimento di archiviazione o la sentenza sono comunicati all'ufficio competente; alla comunicazione provvede la cancelleria del giudice che li ha emessi. 3. Nei casi di irrogazione di un'unica sanzione amministrativa per più violazioni tributarie in concorso o continuazione fra loro, a norma dell'articolo 12 del decreto legislativo 18 dicembre 1997, n. 472, alcune delle quali soltanto penalmente rilevanti, la disposizione del comma 2 del presente articolo opera solo per la parte della sanzione eccedente quella che sarebbe stata applicabile in relazione alle violazioni non penalmente rilevanti»). Sulle interrelazioni fra gli artt. 19-21, d.lgs. n. 74/2000 v. Cass. civ., sez. V, 8 ottobre 2020, n. 21694, in *CED Cass.*, n. 659071.

[11] V. S. LOCONTE, *La sospensione del processo tributario*, in *Il processo*, 2019, fasc. 2, 359.

[12] Corte Cost., ord., 15 novembre 2010, n. 335; v. in proposito G. STEA, *Diritto penale e processo tributario. Vecchie problematiche e recenti soluzioni*, in *Riv. pen.*, 2011, 616.

[13] La relatività nel tempo del giudicato dipende invece, al di là dei mezzi d'impugnazione straordinari esperibili contro il provvedimento irrevocabile, dai poteri del giudice dell'ese-

infatti differenziata in base ai diversi ambiti giurisdizionali, dipende dal tipo di pronuncia ed è calibrata in modo diverso, mediante limiti oggettivi e soggettivi. Dei cinque articoli, tre sono dedicati all'efficacia della sentenza di condanna, di proscioglimento per particolare tenuità del fatto, di assoluzione nel giudizio civile o amministrativo di danno (artt. 651, 651-*bis* e 652 c.p.p.); uno riguarda l'efficacia della sentenza penale di assoluzione o di condanna nel giudizio disciplinare di fronte alle pubbliche autorità (art. 653 c.p.p.); un altro ancora è relativo all'efficacia della sentenza di condanna o di assoluzione «in altri» giudizi civili o amministrativi (art. 654 c.p.p.), e cioè, esemplificando, quelli in materia di contratti, di successione, di diritto di famiglia, di lavoro, ecc. Ma fra questi «altri» giudizi è compreso anche il processo tributario?

a) Secondo un'autorevole dottrina [14] non è possibile includere fra gli altri giudizi civili o amministrativi anche il processo tributario, in quanto tale giudizio non è "un altro" giudizio civile o amministrativo diverso da quello di danno, ma piuttosto «è "altro" rispetto al processo civile e al processo amministrativo». Muovendo da questa condivisibile impostazione, a cui ora offre conforto anche il dato testuale di cui all'art. 445, comma 1-*bis*, c.p.p. che menziona espressamente i giudizi tributari, accanto quelli civili, disciplinari e amministrativi, non resterebbe che prendere atto della lacuna normativa, non essendovi alcuna specifica disposizione circa l'efficacia del giudicato penale nel processo tributario.

b) Se, viceversa, come da indirizzo consolidato della giurisprudenza civile [15], si assume che norma di riferimento sia l'art. 654 c.p.p., occorre tener conto dei molteplici indici legislativi che vanno a definire l'operatività della disposizione.

Innanzitutto, ai fini dell'art. 654 c.p.p. rileva il rapporto di dipendenza,

---

cuzione che possono incidere in vario modo sulla pronuncia: v. quanto già scritto in *Relatività del giudicato ed esecuzione della pena detentiva*, Milano, 2019.

[14] F. TESAURO, *Ammissibilità nel processo tributario delle prove acquisite in sede penale*, in *Rass. trib.*, 2015, 323.

[15] Anche nella Circolare del 4 agosto 2000, n. 154 – Min. Finanze – Dip. Entrate Aff. Giuridici Uff. del Dir. Centrale, relativa alle innovazioni apportate dal d.lgs. n. 74/2000, si legge che «Il regime adottato del 'doppio binario' presenta il duplice vantaggio di evitare un'eccessiva dilatazione dei tempi delle decisioni e di rispettare le differenze, sul piano probatorio, tra l'ambito penale e quello amministrativo. In mancanza di una normativa derogatoria, troveranno applicazione le disposizioni ordinarie relative all'efficacia del giudicato penale e, in particolare, l'articolo 654 c.p.p.».

in quanto importa che nel giudizio civile o amministrativo si «controvert(a) intorno a un diritto o a un interesse legittimo il cui riconoscimento dipende dall'accertamento degli stessi fatti materiali che furono oggetto del giudizio penale». L'accertamento penale si pone perciò quale antecedente logico-giuridico, che può giustificare, prima, la sospensione del giudizio civile o amministrativo e, poi, l'autorità del giudicato, in deroga al criterio generale di indipendenza dei procedimenti civili e amministrativi che legittimerebbe un autonomo giudizio: per esempio, il giudizio civile relativo all'indegnità a succedere di un erede, rispetto al giudicato che abbia accertato l'avvenuta falsificazione del testamento; l'annullamento di un contratto di vendita di un immobile per vizio del consenso, rispetto al giudicato penale che abbia accertato la minaccia al proprietario dell'immobile.

Stante il divieto di sospensione e l'autonomia di giudizi, l'incidenza del giudicato penale sul processo tributario si prospetterebbe, invece, nell'eventualità che il processo penale pervenga prima al suo esito definitivo.

Va inoltre rimarcata la clausola di salvaguardia di carattere probatorio contenuta nell'art. 654 c.p.p., in cui si richiede che «la legge civile non ponga limitazioni alla prova della posizione soggettiva controversa». È un limite che si rinviene anche in altre disposizioni (art. 479 c.p.p., in materia di questioni pregiudiziali civili o amministrative; art. 193 c.p.p., in tema di prova): esso si spiega in ragione del differente regime probatorio nei diversi ambiti giurisdizionali ed è volto a preservare le peculiari regole di settore (in particolare quelle del diritto civile, in cui si ammettono presunzioni legali (artt. 2727-2729 c.c.), si escludono o si ammettono limiti alla prova testimoniale (artt. 2721-2726 c.c.) e si riconosce all'atto pubblico o alla scrittura privata valore di piena prova fino alla querela di falso (artt. 2700 e 2702 c.c.).

Riguardo al contenzioso tributario, prima della riforma operata con l. 31 agosto 2022, n. 130, la giurisprudenza della Cassazione civile ha puntato sul requisito in discorso per escludere l'applicabilità dell'art. 654 c.p.p. anche se i fatti oggetto del giudizio penale siano gli stessi che fondano l'accertamento degli uffici finanziari, in ragione dei limiti probatori e della diversità di criteri valutativi. In particolare, si è ritenuto che nessun vincolo possa attribuirsi al giudicato penale, dal momento che nel processo tributario trovano ingresso anche presunzioni semplici che non potrebbero porsi a fondamento di una pronuncia di condanna e vigono in materia di prova i limiti posti dall'art. 7, comma 4, d.lgs. 31 dicembre 1992, n. 546, che non ammette la prova testimoniale[16]. Di conseguenza, chi sia stato assolto

[16] V. Cass. civ., sez. VI-V, ord. 24 novembre 2017, n. 28174, in *CED Cass.*, n. 646971.

nel processo penale, anche con formula piena perché il fatto non sussiste o per non aver commesso il fatto, potrà essere ritenuto responsabile fiscalmente quando sussistono elementi insufficienti a fondare un giudizio di responsabilità penale, ma idonei nel giudizio tributario [17].

L'orientamento consolidato della cassazione civile, in sostanza, pur ritenendo che l'art. 654 c.p.p. sia la norma di riferimento, ne ricava tuttavia la sua inoperatività in ragione della clausola probatoria di salvaguardia delle peculiarità del sistema extrapenale.

Per effetto della riforma del processo tributario, operata con l. 31 agosto 2022, n. 130, si colgono significative novità normative che riguardano l'onere della prova, l'ammissibilità della testimonianza e le regole di giudizio.

In base al comma 5-*bis* [18], aggiunto nell'art. 7, d.lgs. n. 546/1992, è l'amministrazione che dovrà provare «in giudizio le violazioni contestate con l'atto impugnato», mentre il contribuente dovrà «fornire le ragioni della richiesta di rimborso, quando non sia conseguente al pagamento di somme oggetto di accertamenti impugnati». Ma già la Corte di cassazione [19] al riguardo non ha mancato di rilevare che la modifica legislativa ha ribadito l'onere probatorio che grava in giudizio sull'amministrazione finanziaria, in ordine alle violazioni contestate al contribuente, sempre che «non vi siano presunzioni legali che comportino l'inversione dell'onere probatorio» [20]; peraltro, non viene posto a carico dell'amministrazione finanziaria «un onere probatorio diverso o più gravoso rispetto ai principi

---

[17] Così, fra le tante, Cass. civ., sez. V, sent. 23 maggio 2012, n. 8129, in *CED Cass.*, n. 62268, richiamata poi da Cass. civ., sez. VI-V, ord. 28 giugno 2017, n. 16262, in *CED Cass.*, n. 644927.

[18] Al riguardo v. C. Glendi, *La novissima stagione della giustizia tributaria riformata*, in *Riv. giur. trib.*, 2022, n. 10, 759 ss.; C. Caumont Caimi, N. Pardini, *Nuova disciplina dell'onere della prova: la riscoperta del passato per un futuro più giusto*, in *Corr. trib.*, 2023, n. 1, 66 ss.; A. Savorana, F. Vismara, *Onere della prova in materia tributaria alla luce dei principi unionali*, in *Il Fisco*, 2023, n. 7, 641 ss.; P. Formica, C. Guarnaccia, *Riforma del processo tributario: intendimenti apprezzabili, ma istruttoria processuale da migliorare*, in *Il Fisco*, 2022, n. 41, 3915 ss.; E. Della Valle, *La "nuova" disciplina dell'onere della prova nel rito tributario*, in *Il Fisco*, 2022, n. 40, 3807 ss.; D. Deotto, L. Lovecchio, *L'Amministrazione prova in giudizio i rilievi contenuti nell'atto impugnato*, in *Il Fisco*, 2022, n. 39, 3713 ss.

[19] Cass. civ., sez. V, ord. 27 ottobre 2022, n. 31878, in *CED Cass.*, n. 666100, in *Il Fisco*, 2022, nn. 47-48, 4573, con nota di C. Are, *L'onere della prova nel processo tributario: per la Cassazione nihil sub sole novi*.

[20] È, ad esempio, la presunzione relativa prevista dall'art. 12, d.l. 1° luglio 2009, n. 78, convertito con modif. dalla l. 3 agosto 2009, n. 102 (a proposito di investimenti e attività di natura finanziaria in paradisi fiscali e non dichiarati in Italia nel quadro RW della dichiarazione dei redditi) o la presunzione assoluta stabilita dall'art. 5 T.U.I.R. (riguardante l'imputazione ai soci dei redditi delle società di persone).

già vigenti in materia», ma la previsione «è coerente con le ulteriori modifiche legislative in tema di prova, che assegnano all'istruttoria dibattimentale un ruolo centrale»[21].

Quanto alla testimonianza, la precedente e rigida esclusione normativa veniva attenuata dalla giurisprudenza, che aveva riconosciuto anche al contribuente – in attuazione ai principi di giusto processo, parità delle armi e diritto di difesa – la possibilità di introdurre "dichiarazioni rese da terzi in sede extraprocessuale"[22], dal «valore indiziario», che devono essere valutate dal giudice sulla base del «complessivo contesto probatorio emergente dagli atti», «al fine di riscontrare la credibilità» dei dichiaranti «in base ad elementi oggettivi e soggettivi».

Ora, in base alla nuova formulazione del comma 4 dell'art. 7, anche la testimonianza si può ammettere quando la corte di giustizia tributaria «lo ritenga necessario ai fini della decisione e anche senza l'accordo delle parti», in forma scritta secondo quanto previsto dall'art. 257-*bis* c.p.c.[23], ma «nei casi in cui la pretesa tributaria sia fondata su verbali o altri atti facenti fede fino a querela di falso, la prova è ammessa soltanto su circostanze di fatto diverse da quelle attestate dal pubblico ufficiale». È quindi cauta l'apertura normativa alla testimonianza: subordinata alla valutazione del giudice di necessità ai fini della decisione; assunta in forma scritta secondo le modalità prescritte dalla disposizione processuale civile richiamata, che solo consente al giudice, «esaminate le risposte o le dichiarazioni», di chiamare il testimone a «deporre davanti a lui o davanti al giudice delegato»; esclusa per quei fatti in verbali o atti redatti da pubblici ufficiali e dotati di fede privilegiata, ossia riguardo ai fatti oggetto del verbale di constatazione, nei limiti in cui esso sia assistito da fede privilegiata[24].

---

[21] La nuova disposizione verrebbe a configurare un onere della prova "rafforzato" a carico dell'amministrazione finanziaria: così si esprime G. DURANTE, *Prova testimoniale condizionata nel nuovo processo tributario*, in *Il Tributario*, 2 novembre 2022, 1 ss.

[22] V., sottolineando che tali dichiarazioni potranno comunque ancora essere acquisite quali mezzi di prova atipica, M. ANTONINI, P. PIANTAVIGNA, *La valenza delle dichiarazioni dei terzi nella nuova istruzione probatoria*, in *Corr. trib.*, 2023, n. 2, 140 ss.

[23] Cfr. A. RUSSO, *Prova testimoniale scritta: distinzioni tra processo tributario e processo civile*, in *Il Fisco*, 2023, n. 5, 451 ss.; G. DURANTE, *Prova testimoniale condizionata*, cit., 2 ss.; M. SCUFFI, *Le innovazioni processuali nel giudizio tributario riformato dalla l. 130/2022*, in *Il Tributario*, 20 dicembre 2022, 4 ss.; M. CONIGLIARO, *Cade il divieto di prova testimoniale nel rito tributario: un passo avanti verso il giusto processo*, in *Il Fisco*, 2022, n. 40, 3812 ss.

[24] A proposito del valore probatorio del verbale di constatazione nell'ambito degli accertamenti tributari v. Cass. civ., sez. V, ord. 5 ottobre 2018, n. 24461, in *CED Cass.*, n. 651211; Cass. civ., sez. V, ord. 24 novembre 2017, n. 28060, in *CED Cass.*, n. 646225.

Ai sensi del nuovo comma 5-*bis* dell'art. 7, il giudice «fonda la decisione sugli elementi di prova che emergono nel giudizio», annullando l'atto impositivo «se la prova della sua fondatezza manca o è contraddittoria o se è comunque insufficiente a dimostrare, in modo circostanziato e puntuale, comunque in coerenza con la normativa tributaria sostanziale, le ragioni oggettive sui cui si fondano la pretesa impositiva e l'irrogazione delle sanzioni»: dunque, prospettandosi una regola di giudizio risolutrice del dubbio in certo modo parallela a quella che si ritrova nell'art. 530, comma 2, c.p.p.

Tali importanti innovazioni, tutte da sperimentare nella prassi, non pare che possano ridurre, però, le grandi distanze che persistono, sul piano delle regole probatorie, fra il sistema processuale penale e quello tributario, né potrebbero indurre a pronosticare mutamenti d'indirizzo della giurisprudenza tributaria volti a valorizzare in maggior misura il giudicato penale in ragione del variato quadro normativo che ha investito il processo tributario.

c) Una parte della dottrina[25] rappresentava un'altra soluzione interpretativa, volta a evitare di neutralizzare *in toto* l'operatività dell'art. 654 c.p.p.

Il vincolo conseguente alla clausola probatoria andrebbe considerato non in astratto, ma in concreto, valutando, nel caso di specie, le prove assunte nel processo penale in rapporto ai limiti derivanti dal diritto tributario, per cui qualora abbia avuto rilievo solo la prova documentale[26], il giudicato, sussistendo tutte le altre condizioni previste dall'art. 654 c.p.p., avrebbe efficacia anche nel processo tributario. Si pensi all'ipotesi, di rara

---

[25] V., riproponendo l'argomento speso in dottrina a favore della sospensione per pregiudizialità tributaria, dove pure rileva la clausola di salvaguardia probatoria, O. Mazza, *I limiti all'efficacia in sede tributaria del giudicato penale formatosi sotto la vigenza del codice di procedura abrogato*, in *Riv. giur. trib.*, 2003, n. 3, 257; Id., *Ancora una pronuncia che neutralizza l'operatività dell'art. 654 c.p.p.*, in *Riv. giur. trib.*, 2003, n. 9, 858, in cui si sottolinea che tale soluzione consentirebbe «di evitare un'inutile duplicazione delle attività istruttorie, magari prodromica a un conflitto teorico di giudicati» e si richiama F. Cordero, *Procedura penale*, VI ed., Milano, 2001, 1205. V. anche E. Manoni, *Riflessioni sul rapporto tra sistema penale e sistema tributario*, in *Rass. trib.*, 2014, n. 5, 1044-1045; P. Corvi, *I rapporti tra accertamento tributario e accertamento penale*, cit., 485-486.

[26] V. però sul punto P. Corso, *Giudicato penale, giudizio tributario e ruolo della Suprema Corte*, in *Corr. trib.*, 2009, n. 37, 3026-3027, il quale esclude l'efficacia vincolante della sentenza penale nel giudizio tributario, rilevando che «anche una sentenza penale basata esclusivamente sulla prova documentale non è vincolante in sede tributaria sia perché rimane ferma la limitazione alla prova della posizione soggettiva controversa fissata dalla "legge civile" sia perché il non utilizzo della prova testimoniale è, in sede penale, frutto di una scelta del caso concreto e, in sede tributaria, frutto di un divieto vincolante anche per il giudice che non lo condivide».

frequenza, in cui nel processo penale non siano state assunte delle prove dichiarative – non sia stato sentito l'agente/ufficiale della guardia di finanza, il commercialista, non vi sia stato l'esame dell'imputato, non vi sia stata consulenza tecnica e neppure sia stata disposta perizia – o, comunque, la sentenza si sia fondata soltanto sui documenti acquisiti.

Occorre, a questo punto, richiamare però le altre condizioni previste dall'art. 654 c.p.p.

Innanzitutto, nella disposizione si considera, partitamente, sia la sentenza di condanna, sia quella di assoluzione. Viene escluso qualunque rilievo *extra moenia* della sentenza di non doversi procedere *ex* artt. 529 e 531 c.p.p. e della sentenza di proscioglimento predibattimentale (art. 469 c.p.p.). Non rileverebbero comunque il provvedimento di archiviazione e la sentenza di non luogo a procedere che non hanno natura di giudicato, trattandosi di epiloghi connotati da instabilità: è consentita nel primo caso la riapertura delle indagini (art. 414 c.p.p.) e nel secondo caso la revoca della sentenza (artt. 434-437 c.p.p.).

L'efficacia è poi subordinata a diverse condizioni. Una prima condizione riguarda la pronuncia: deve trattarsi di una sentenza dibattimentale. Il riferimento include le pronunce in esito al giudizio ordinario, direttissimo e immediato.

È invece da escludere l'efficacia della sentenza di patteggiamento o del decreto penale di condanna anche in base alle specifiche disposizioni di cui agli artt. 445, comma 1-*bis* e 460, comma 5, c.p.p.

In particolare, quanto al patteggiamento, prima della riforma operata con d.lgs. 10 ottobre 2022, n. 150 (c.d. Riforma Cartabia), l'art. 445, comma 1-*bis*, c.p.p. prevedeva che – «anche quando è pronunciata dopo la chiusura del dibattimento» e perciò pure in sede di controllo sulla ragionevolezza del dissenso del p.m. o del rigetto del giudice, allorché, nella decisione di primo grado o del giudizio d'impugnazione, il giudice pronuncia condanna a pena ridotta – la sentenza fosse inefficace «nei giudizi civili o amministrativi». L'attuale formulazione della norma menziona specificamente i «giudizi civili, disciplinari, tributari o amministrativi» non solo ribadendo l'inefficacia della sentenza di patteggiamento, ma anche specificando che essa «non può essere utilizzata a fini di prova»[27]. Tale innovazione, che configura un ulteriore incentivo al rito, oltre a negare l'efficacia di giudicato della sentenza *ex* art. 444 c.p.p., ne esclude anche la rilevanza

---

[27] In merito agli sviluppi normativi v. P. Corso, *Il divieto di utilizzo probatorio del patteggiamento penaltributario*, in *Riv. giur. trib.*, 2023, n. 2, 105.

probatoria, e si propone così di obliterare indirizzi giurisprudenziali, di segno contrario, che in ambito extrapenale equiparano la sentenza di patteggiamento a quella di condanna o ne riconoscono il valore di elemento di prova[28]. Peraltro, l'espresso e autonomo riferimento ai giudizi tributari verrebbe a confortare, come si è detto (v. *sub* a), l'opinione che ne sottolinea l'autonomia e diversità ontologica che li rende difficilmente sussumibili all'interno di una dilatata categoria di giudizi civili e amministrativi.

Va detto che ogni questione relativa al rilievo che possa assumere la sentenza di applicazione della pena su richiesta delle parti (e alla sua natura cognitiva o non cognitiva) pareva già, almeno in parte, superata dalla disposizione di cui all'art. 13-*bis*, comma 2, d.lgs. n. 74/2000 (inserito dal d.lgs. 24 settembre 2015, n. 158)[29], per cui il patteggiamento, almeno per i più gravi reati dichiarativi di cui agli artt. 2, 3, 4 e 5, richiamati dall'art. 13, comma 2, dello stesso decreto[30], è subordinato all'estinzione integrale del debito tributario (sanzioni amministrative e interessi compresi), prima della dichiarazione di apertura del dibattimento di primo grado, anche a seguito delle speciali procedure conciliative e di adesione all'accertamento previste dalle norme tributarie, e al ravvedimento operoso. La clausola di cui all'art. 445, comma 1-*bis*, c.p.p., che prevede nel giudizio tributario l'inefficacia di giudicato e l'inutilizzabilità probatoria della sentenza di patteggiamento, potrebbe così riferirsi ai reati meno gravi di omesso versa-

---

[28] V., ad esempio, Cass. civ., sez. V, ord. 20 ottobre 2021, n. 29142, in *CED Cass.*, n. 662620, in cui si ammette che la sentenza di patteggiamento «avendo natura di sentenza di condanna» possa essere utilizzata come prova dal giudice tributario; Cass. civ., sez. V, ord. 24 maggio 2017, n. 13034, in *CED Cass.*, n. 644241, dove si legge che la sentenza di patteggiamento «costituisce indiscutibile elemento di prova per il giudice di merito, il quale, ove intenda disconoscere tale efficacia probatoria, ha il dovere di spiegare le ragioni per cui l'imputato avrebbe ammesso una sua insussistente responsabilità ed il giudice penale vi abbia prestato fede».

[29] Una questione di costituzionalità riguardante la limitazione al patteggiamento prevista dall'art. 13, comma 2-*bis*, aggiunto dal d.l. 13 agosto 2011, n. 138, che aveva modificato il d.lgs. n. 74/2000, è stata ritenuta infondata da Corte Cost., sent. 14 maggio 2015, n. 95.

[30] Così, almeno secondo la giurisprudenza più recente, v.: Cass. pen., sez. III, sent. 12 gennaio 2021, n. 9083, in *CED Cass.*, n. 281709. In proposito v. anche Cass. pen., sez. III, sent. 27 maggio 2022, n. 25656, in *CED Cass.*, n. 283344; Cass. pen., sez. III, sent. 2 ottobre 2019, n. 47287, in *CED Cass.*, n. 277897 (in *Il Fisco*, 2020, n. 4, 367, con nota di C. Santoriello, *Omessa o infedele dichiarazione: applicabile il patteggiamento dopo il pagamento del debito fiscale*; in *Cass. pen.*, 2020, 2445, con nota di V. Citraro, *Reati di omessa o infedele dichiarazione: la Cassazione chiarisce il rapporto tra la non punibilità per il pagamento del debito tributario e l'accesso al rito del "patteggiamento"*). In dottrina, di recente A. Pasta, *La politica del diritto della Corte di cassazione in tema di patteggiamento nei procedimenti per reati tributari*, in *Cass. pen.*, 2022, 346 ss.

mento previsti dagli artt. 10-*bis*, 10-*ter* e 10-*quater*, richiamati dall'art. 13, comma 1, d.lgs. n. 74/2000, per i quali l'estinzione del debito, in quanto determina la non punibilità, non potrebbe valere quale condizione per il patteggiamento, il quale resterebbe, quindi, in questi casi consentito.

L'inefficacia di giudicato «nel giudizio civile o amministrativo» è poi espressamente prevista per il decreto di condanna, che finora ha avuto contenuto rilievo in ambito tributario, in considerazione dei suoi limiti applicativi; maggiori spazi di operatività si prefigurano, tuttavia, per effetto della innovata disciplina del rito.

Nell'art. 654 c.p.p. non vi è alcun riferimento al giudizio abbreviato, cosicché il giudicato che ne rappresenta l'epilogo è inefficace in altri ambiti giurisdizionali, a differenza di quanto previsto per i giudizi di danno [31].

Ulteriori condizioni concernono il profilo oggettivo: la portata del vincolo extrapenale riguarda gli «stessi fatti materiali che furono oggetto del giudizio penale», purché «i fatti accertati» siano stati ritenuti «rilevanti ai fini della decisione penale». Per «fatti materiali» s'intende la realtà storica, oggettiva e fenomenica. Rilevano quindi gli elementi costitutivi del fatto (condotta, nesso di casualità, evento), non la sua antigiuridicità` e qualificazione giuridica, e neppure le valutazioni del giudice riguardanti l'elemento soggettivo. Il giudice civile o amministrativo, quindi, pur essendo vincolato ai fatti materiali così come accertati in sede penale potrà valutarli e qualificarli in modo differente.

Il richiamo all'«accertamento» da` poi rilievo all'effettiva valutazione del fatto operata dal giudice penale e ha indotto a disconoscere il vincolo nella sede extrapenale quando l'insufficienza e contraddittorietà della prova abbia portato all'assoluzione *ex* art. 530, comma 2, c.p.p. perché, si dice, non c'è stato un effettivo, specifico e concreto accertamento dei fatti materiali. Se è evidente, in questa prospettiva, l'intento corrosivo dell'effetto vincolante del giudicato penale, l'innovazione costituita dalla regola risolutiva del dubbio comparsa nell'art. 7, comma 5-*bis*, d.lgs. n. 546/1992 (come riformulato dalla l. n. 130/2022) potrebbe indurre a una diversa conclusione.

Ancora, la «rilevanza ai fini della decisione penale» sottolinea il legame fra il fatto oggetto dell'imputazione e la pronuncia, venendo ad escludere che abbiano valore extrapenale degli accertamenti di carattere incidentale.

---

[31] Per gli «altri» giudizi civili e amministrativi, la diversa soluzione normativa rispetto ai giudizi di danno è stata giustificata da Cass. civ., S.U., sent. 19 gennaio 2010, n. 674, in *Giust. civ.*, I, 565, in base alla considerazione che non si realizza corrispondenza dell'oggetto della controversia civile nella sede penale e in quella civile o amministrativa.

Quanto alla condizione soggettiva, a differenza di quanto previsto nel giudizio di danno, l'efficacia vincolante del giudicato penale riguarda soltanto le parti del processo penale: a seconda degli esiti, l'imputato, il danneggiato che si sia costituito parte civile, il responsabile civile che si sia costituito o sia intervenuto nel processo penale. Quindi ciò che importa è l'effettiva partecipazione e la possibilità di difendersi, e non – come nel giudizio di danno – il fatto che il danneggiato o il responsabile civile siano stati posti in grado di intervenire. Nella prospettiva del processo tributario, occorre quindi che l'amministrazione finanziaria sia parte nel processo penale[32], cosicché, proprio al fine di neutralizzare l'efficacia vincolante del giudicato penale, a prescindere dalla sussistenza di ogni altro presupposto indicato dall'art. 654 c.p.p., tale amministrazione potrebbe decidere di non costituirsi parte civile[33].

3. *Il valore probatorio della sentenza penale*

Esclusa l'efficacia vincolante della sentenza – di assoluzione o di condanna – nonostante i fatti accertati nella sede penale siano gli stessi per i quali l'amministrazione finanziaria ha promosso l'accertamento nei confronti del contribuente, il giudice tributario non può limitarsi soltanto a rilevare l'esistenza della sentenza penale in materia di reati fiscali e recepire acriticamente il *dictum* del giudice penale, ma dovrà invece procedere a un'autonoma valutazione, e perciò a un apprezzamento del contenuto della decisione.

---

[32] In giurisprudenza si ammette la costituzione di parte civile oltre che dell'amministrazione finanziaria, anche dell'agenzia delle entrate: Cass. pen., sez. II, sent. 10 dicembre 2021, n. 4583, in *CED Cass.*, n. 282812; Cass. pen., sez. II, sent. 22 novembre 2011, n. 7739, in *CED Cass.*, n. 252018. In dottrina v. A. Comelli, *Circolazione dei materiali probatori dal processo penale al processo tributario*, cit., 18, secondo il quale «è problematica la configurabilità di un danno risarcibile a favore di un soggetto che già dispone di rilevanti poteri autoritativi, i quali consentono di recuperare le imposte evase e di irrogare le relative sanzioni amministrative, pur essendo astrattamente ipotizzabile il danno (ritenuto di ordine morale) costituito essenzialmente dalla "lesione dell'interesse pubblico sotteso alle norme tributarie"» (citando, per quest'ultima espressione, S. La Rosa, *Principi di diritto tributario*, VI ed., Torino, 2020, 422). V. anche, sulla difficoltà di individuare un danno risarcibile, già le osservazioni di E. Amodio, *Il processo penale nella parabola dell'emergenza*, in *Cass. pen.*, 1983, 2125-2126; M. Nobili, *Il rapporto fra procedimenti (art. 12, legge n. 516/1982)*, in AA.VV., *Responsabilità e processo penale nei reati tributari, Legge 7 agosto 1982, n. 516*, a cura di C.F. Grosso, Milano, 1986, 464 ss.

[33] V. Cass. civ., sez. V, sent. 16 novembre 2001, n. 14397, in *CED Cass.*, n. 550332; Cass. civ., sez. V, sent. 3 maggio 2002, n. 6327, in *CED Cass.*, n. 554068.

Secondo la giurisprudenza della Corte suprema, la sentenza penale irrevocabile, prodotta dalle parti o acquisita d'ufficio[34], è «fonte di prova», «semplice indizio» o «elemento di prova critica»[35], e andrà valutata con ogni altro materiale probatorio acquisito al giudizio[36]. Nel contenzioso tributario, perciò, sia il contribuente, sia l'amministrazione finanziaria potranno far valere o contestare le conclusioni del giudice penale espresse in sentenza.

L'autonomia di giudizio esclude ogni automatismo[37] e, anche quando si tratti di assoluzione[38], qualora il giudice tributario ritenga di discostarsi potrà farlo, adeguatamente motivando, tenuto conto che lo stesso fatto può assumere differente rilievo ed essere diversamente valutato nell'ambito del contenzioso tributario.

Analoga conclusione, a quel punto, dovrebbe però valere anche per quelle pronunce che chiudono il procedimento penale senza aver natura di giudicato: il provvedimento di archiviazione e la sentenza di non luogo a procedere, pur privi di efficacia vincolante nella sede extrapenale, potrebbero essere comunque suscettibili di acquisizione quale prova documentale ed essere oggetto di valutazione[39].

---

[34] Cass. civ., sez. V, sent. 22 settembre 2021, n. 25632, in *www.amtrassegnatributaria.it*; Cass. civ., sez. II, ord. 25 ottobre 2018, n. 27161, in *CED Cass.*, n. 651017.

[35] Nella giurisprudenza costante della Corte di Cassazione, fra le tante, nel senso di ritenere la sentenza penale irrevocabile «possibile fonte di prova di cui deve essere verificata la rilevanza nell'ambito specifico in cui detta sentenza è destinata ad operare» Cass. civ., sez. V, sent. 22 maggio 2005, n. 10578, in *CED Cass.*, n. 635637; «elemento di prova, liberamente valutabile in rapporto alle ulteriore risultanze istruttorie» Cass. civ., sez. V, sent. 13 febbraio 2015, n. 2938, in *CED Cass.*, n. 634894; «semplice indizio od elemento di prova critica in ordine ai fatti in essa eventualmente accertati» Cass. civ., sez. V, sent. 27 febbraio 2013, n. 4924, in *CED Cass.*, n. 625233.

[36] Ad esempio, Cass. civ., sez. VI-V, ord. 24 novembre 2017, n. 28174, in *CED Cass.*, n. 646971.

[37] V. Cass. civ., sez. V, ord. 4 dicembre 2020, n. 27814, in *CED Cass.*, n. 659817, sottolineando le diversità sul piano probatorio e dei criteri valutativi.

[38] Con riferimento alla sentenza di assoluzione v. R. Lancia, *La posizione della recente giurisprudenza di legittimità sul valore del giudicato penale di assoluzione nel processo tributario*, in *Dir. pen. globalizzazione*, 2022, 55; F. Capasso, *Giudicato penale e processo tributario: le condizioni ed i limiti di efficacia delle sentenze di assoluzione*, in *Riv. Guardia di Finanza*, 2011, 254.

[39] Esclude il rilievo del provvedimento di archiviazione, in quanto non rientra fra quelli cui è riconosciuta autorità di cosa giudicata, cosicché lo stesso fatto può essere «diversamente definito, valutato e qualificato dal giudice tributario» Cass. civ., sez. V, ord. 4 agosto 2020, n. 16649, in *CED Cass.*, n. 658694. Nel senso che debba essere oggetto di valutazione un provvedimento, qual è quello di archiviazione che, pur non facendo stato, «costituisce però un elemento probatorio che il giudice di merito non poteva esimersi dal considerare nel quadro indiziario com-

In sintesi, la sentenza penale può costituire prova documentale: a) se si esclude che vi sia una norma *ad hoc*; b) se pur ritenendo che norma di riferimento sia l'art. 654 c.p.p., se ne deduce l'inapplicabilità, in ragione dei limiti alla prova che si riscontrano nel giudizio tributario, oppure c) quando, nel caso concreto, il giudice penale abbia assunto prove dichiarative o comunque non sussistono tutti presupposti di operatività per l'efficacia del giudicato penale *ex* art. 654 c.p.p.

Due pronunce sono paradigmatiche dell'autonomia di giudizio, specchio del diverso rilievo che il fatto può assumere e segno delle differenti regole che governano la prova nei giudizi penale e tributario.

Sul versante della giurisprudenza della Corte di cassazione penale[40], in materia di interesse dell'imputato ad impugnare una sentenza di assoluzione perché il fatto non sussiste – i casi riguardavano l'omesso versamento del debito IVA di cui all'art. 10-*ter*, d.lgs. n. 274/2000 che non integrava reato per mancato raggiungimento della soglia di punibilità – si richiama l'art. 652 c.p.p.[41], sottolineando che la decisione ha efficacia di giudicato nel procedimento tributario nei termini previsti dalla citata norma, ma resta impregiudicata la questione dell'eventuale mancato versamento delle ritenute operate in misura inferiore alla soglia di punibilità, potendo l'amministrazione finanziaria procedere in via amministrativa all'accertamento della violazione e ad irrogare le relative sanzioni. Se non sussiste un fatto penalmente illecito, può tuttavia esservi una violazione tributaria, suscettibile di sanzione.

---

plessivo» Cass. civ., sez. V, sent. 19 ottobre 2007, n. 21953, in *CED Cass.*, n. 599228; v. anche Cass. civ., sez. VI-V, ord. 28 marzo 2012, n. 5024, in *CED Cass.*, n. 622001. In tema v. P. Corso, *L'archiviazione penale non esonera il giudice tributario da una motivazione adeguata*, in *Corr. trib.*, 2010, n. 13, 1040.

[40] Cass. pen., sez. III, sent. 2 luglio 2020, n. 27007, in *CED Cass.*, n. 279917, affermando che si tratta di un «fatto diverso, penalmente irrilevante e sanzionabile in via amministrativa»; v. anche Cass. pen., sez. III, sent. 20 settembre 2016, n. 48585, in *CED Cass.*, n. 268193, ritenendo che «resta impregiudicata, per assenza di accertamento in sede penale, la questione dell'eventuale mancato versamento delle ritenute operate in misura inferiore alla soglia di punibilità».

[41] Al difficile inquadramento del processo tributario nell'ambito di un giudizio di danno – danno all'erario? – si aggiungono alcuni riferimenti normativi che rendono ardua l'applicazione delle regole processuali penali di cui agli artt. 651-652 c.p.p. relative all'efficacia del giudicato penale nel giudizio tributario. Riguardo alla sentenza di condanna, gli artt. 651 e 651-*bis* c.p.p. si riferiscono al giudizio civile o amministrativo «promosso nei confronti del condannato» e, riguardo alla sentenza di assoluzione l'art. 652 c.p.p. si riferisce al giudizio «promosso dal danneggiato o nell'interesse dello stesso»: in tutti i casi, dunque, deve trattarsi di un'azione contro l'imputato, assolto o condannato nel procedimento penale, mentre invece nel processo tributario il ricorrente è l'imputato assolto o condannato.

Sull'altro versante della giurisprudenza della Corte di cassazione civile[42], in materia di contenzioso tributario si rimarca che, nell'identità dei fatti oggetto del giudizio penale e dell'accertamento degli uffici finanziari, vi è diversità del regime probatorio, per cui l'assoluzione con formula piena dal reato – nel caso di specie si trattava del reato di emissione e utilizzazione di fatture per operazioni inesistenti – non esclude la responsabilità fiscale quando gli elementi che sono emersi dalle verifiche fiscali, la condotta delle parti e il materiale probatorio acquisito in atti inducono a ritenere fondata nel giudizio tributario la pretesa creditoria espressa dell'atto impositivo. Il giudicato penale, in sostanza, anche quando riguardi gli stessi fatti per i quali è stata promossa l'azione di accertamento nei confronti del contribuente non impedisce che il giudice tributario possa ritenere fiscalmente responsabile anche chi sia stato assolto nel processo penale con formula piena.

Paradossalmente, forse maggiori *chance* per arrestare la procedura di accertamento sono riposte nell'operatività di una norma assai remota, ma ritenuta tuttora vigente: l'art. 4, all. E), l. 20 marzo 1865, n. 2268, che impone all'amministrazione – e quindi anche quella finanziaria – di conformarsi «al giudicato dei tribunali in quanto riguarda il caso deciso»[43]. E tale obbligo può essere sollecitato dal contribuente; ma lo stesso art. 21, d.lgs. n. 74/2000, in chiave complementare al principio di specialità enunciato nell'art. 19, d.lgs. n. 74/2000, prevede una comunicazione quando «il procedimento penale sia definito con provvedimento di archiviazione o sentenza irrevocabile di assoluzione o di proscioglimento con formula che esclude la rilevanza penale del fatto» (e che consenta, quindi, la contestazione dell'illecito fiscale)[44].

---

[42] Cass. civ., sez. VI-V, ord. 28 giugno 2017, n. 16262, in *CED Cass.*, n. 644927, che ripete giurisprudenza costante sul punto.

[43] V. Cass. civ., sez. I, sent. 25 maggio 1999, n. 5064, in *CED Cass.*, n. 550886. V. anche Corte Cost., sent. 23 luglio 1997, n. 264 in cui, richiamando la sentenza 5 marzo 1992, n. 120, si osserva che «il potere attribuito all'amministrazione finanziaria di verificare l'eventuale rilevanza fiscale del fatto penalmente accertato, ai fini dei conseguenti provvedimenti, va esercitato in conformità al principio, desumibile dall'art. 4 della legge 20 marzo 1865, n. 2248, all. E, secondo cui la pubblica amministrazione ha l'obbligo di conformarsi al giudicato dei tribunali»; si aggiunge che «l'adeguamento della fattispecie tributaria all'accertamento dei fatti operato dal giudice penale va compiuto, dietro eventuale sollecitazione del contribuente», «né assume rilevanza la mancata partecipazione dell'amministrazione al giudizio penale, stante il diverso ambito decisionale di questo rispetto al procedimento amministrativo». Fa riferimento all'art. 5, all. E, l. n. 2248/1865 anche P. Corso, *L'archiviazione penale*, cit., 1043.

[44] In merito S. Maffei, *«Inedito obbligo» di comunicazione di pronunce penali*, in *Corr. trib.*, 2000, n. 42, 3064.

Se sostenere che, in virtù dell'obbligo di conformarsi, la procedura amministrativa di accertamento neppure dovrebbe avviarsi significherebbe ripristinare di nuovo surrettiziamente l'efficacia del giudicato assolutorio limitatamente alla formula che esclude l'illiceità penale del fatto, si potrebbe piuttosto ritenere che il giudice tributario non possa non tener conto dell'esito liberatorio penale, cosicché l'onere motivazionale risulterebbe tanto più impegnativo quando intenda concludere in modo diverso.

4. *Analogie nel confronto fra discipline processuali*

Nell'ambito del processo penale, riguardo alle sentenze del giudice tributario, e quindi nell'ipotesi in cui sia quest'ultimo processo a pervenire prima all'esito definitivo e nelle ipotesi marginali di sospensione del processo penale (qualora la si ritenga ammissibile), opera l'art. 238-*bis* c.p.p., che consente di acquisire le sentenze irrevocabili – qualunque decisione, non solo penale, che abbia tale carattere – come prova documentale[45]. Criticatissima, sia sul piano letterale-testuale, laddove si riferisce alla «prova di fatto in esse accertato», sia per il pleonastico richiamo all'art. 187 c.p.p., è significativa, per quanto qui interessa, nel rinvio all'art. 192, comma 3, c.p.p., perché si tratta di una prova documentale che pretende riscontri. Il parallelo con l'incidenza del giudicato penale nel processo tributario risulta evidente.

La possibilità di sospensione del procedimento penale è invece rimessa all'applicabilità dell'art. 479 c.p.p., che si riferisce alla sospensione del dibattimento fino a quando la decisione sulla questione pregiudiziale civile o amministrativa (diversa da quella sullo stato di famiglia o di cittadinanza per cui opera l'art. 3 c.p.p.) non sia stata decisa con sentenza passata in giudicato. Se pur possibile, in ragione della «particolare complessità» degli accertamenti fiscali, di fatto potrebbe escludersi la sospensione, sia per gli altri limiti operativi (può essere disposta solo in «dibattimento»; deve essere «già in corso un procedimento presso il giudice competente»), sia, e soprattutto, per la clausola probatoria che ricompare («se la legge non ponga limitazioni alla prova della posizione soggettiva controversa»). Come nel passato, riguardo all'art. 20 c.p.p. 1930, che prevedeva una pregiudiziale

---

[45] Nel senso della possibilità di acquisire sentenze definitive del giudice tributario come prova documentale *ex* art. 238-*bis* c.p.p. v. Cass. pen., sez. III, sent. 28 ottobre 2015, n. 1628, in *CED Cass.*, n. 266328; Cass. pen., sez. III, sent. 24 settembre 2008, n. 39358, in *CED Cass.*, n. 241038.

facoltativa, sempre condizionata al fatto che la legge non ponesse «limitazioni alla prova del diritto controverso», anche oggi la clausola di riserva probatoria potrebbe essere interpretata nel senso che l'apprezzamento in astratto del diverso regime precluda di per sé la sospensione del dibattimento, considerato il possibile utilizzo di elementi non tollerati dal sistema processuale penale[46]. Un recupero dell'operatività dell'art. 479 c.p.p. anche nella materia *de qua* passa attraverso l'attribuzione al giudice di un vaglio in concreto ed *ex ante* circa l'opportunità, anche in base allo stato del procedimento, della sospensione in ragione della particolare questione controversa *sub judice*, e di una valutazione *ex post* della decisione nel contenzioso tributario in rapporto agli elementi su cui si fonda, dato che, a differenza dell'art. 3 c.p.p., relativo alle questioni sullo stato di famiglia o di cittadinanza, non viene attribuita alla sentenza extrapenale efficacia di giudicato.

Di fatto, riguardo ai reati tributari, è evidente che rilevano, e in misura maggiore sul piano pratico rispetto ai temi relativi all'incidenza dell'esito del contenzioso tributario, delicate e problematiche questioni inerenti all'utilizzabilità nel processo penale di dati emergenti da verifiche fiscali, relative ai criteri di accertamento dell'imposta evasa[47] e al valore delle presunzioni legali[48], anche in ragione dei canali che manifestano la mutua permeabilità di documenti, dati, atti e notizie[49].

---

[46] In proposito, per una sintesi degli argomenti prospettati in dottrina circa la possibilità di sospendere il dibattimento per la pregiudiziale tributaria v. A. Mambriani, voce *Processo penale per reati tributari*, in *Digesto pen.*, Torino, 1995, vol. X, 187 ss.; v. inoltre Id., *I reati tributari*, cit., 129 ss. Concludono per l'inapplicabilità, più recentemente, A. Comelli, *Circolazione dei materiali probatori dal processo penale al processo tributario*, cit., 42; O. Mazza, *I controversi rapporti fra processo penale e tributario*, cit., 234, P. Corvi, *I rapporti tra accertamento tributario e accertamento penale*, cit., 467; G. Varraso, *Procedimento penale e reati tributari*, cit., 898.

[47] V. Cass. pen., sez. V, sent. 13 giugno 2019, n. 40412, in *CED Cass.*, n. 277120; Cass. pen., sez. III, sent. 17 aprile 2019, n. 36207, in *CED Cass.*, n. 277581.

[48] In proposito, nel senso di ritenere che esse assumano valore di indizi e che necessitino di elementi di riscontro è giurisprudenza costante v., da ultimo, Cass. pen., sez. III, sent. 21 settembre 2022, n. 42916, in *CED Cass.*, n. 283705. Recentemente in merito v. E. Manoni, *La discutibile rilevanza delle presunzioni e degli accertamenti presuntivi nel giudizio penale*, in *Corr. trib.*, 2022, n. 2, 160.

[49] In proposito, di recente, v., anche per ogni ulteriore riferimento a dottrina e giurisprudenza, N. Galantini, *La circolazione della prova nei rapporti tra procedimento tributario e procedimento penale*, in *Riv. it. dir. e proc. pen.*, 2022, 999 ss.

5. *Prospettive future*

L'autonomia, l'indipendenza e la separazione dei giudizi porta a prevedere – e lo ricorda la stessa Corte costituzionale nella sentenza n. 222/2019[50] – obblighi di reciproche informative, ad ammettere la circolazione della prova[51] e della sentenza. Quest'ultima, se non assume efficacia di giudicato, può comunque costituire un significativo elemento del patrimonio cognitivo giudiziale.

Al di là del possibile contrasto fra giudicati (l'assoluzione in sede penale e la condanna in sede tributaria), i problemi derivano, soprattutto, sia dal cumulo di procedimenti, e dei conseguenti oneri per lo Stato e per l'interessato, sia dal possibile cumulo di sanzioni, con i riflessi che ne derivano quanto alla possibile violazione del *ne bis in idem*[52], alla luce della nota giurisprudenza europea della Corte europea dei diritti dell'uomo[53] e della Corte di giustizia dell'Unione europea[54].

---

[50] Corte Cost. sent. 15 luglio 2019, n. 222; v. anche le ordinanze Corte Cost. 20 maggio 2020, n. 114; Corte Cost. 10 giugno 2021, n. 136.

[51] Nella sentenza n. 222/2019 si ricorda che per «assicurare una sostanziale contestualità dell'avvio dell'accertamento tributario e di quello penale» è prevista la comunicazione dell'illecito tributario sia da parte della Guardia di finanzia nei termini di obbligo di denuncia all'autorità di polizia e al pubblico ministero (art. 331 c.p.p.) sia da parte delle autorità inquirenti e giudiziarie alla Guardia di finanzia (fornendo la relativa documentazione) (art. 36, d.p.r. 29 settembre 1973, n. 600) e all'agenzia delle entrate (art. 14, comma 4, l. 24 dicembre 1993, n. 537). Quanto agli elementi probatori, è stabilito che la Guardia di finanza «previa autorizzazione dell'autorità giudiziaria, che può essere concessa anche in deroga all'articolo 329 del codice di procedura penale, utilizza e trasmette agli uffici documenti, dati e notizie acquisiti, direttamente o riferiti ed ottenuti dalle altre Forze di polizia, nell'esercizio dei poteri di polizia giudiziaria» (artt. 63, comma 1, d.p.r. 26 ottobre 1972, n. 633 e 33, comma 3, d.p.r. 29 settembre 1973, n. 600) e, in modo corrispondente, sul fronte della disciplina processuale, che «quando nel corso di attività ispettive o di vigilanza previste da leggi o decreti emergono indizi di reato, gli atti necessari per assicurare le fonti di prova e raccogliere quant'altro possa servire per l'applicazione della legge penale sono compiuti con l'osservanza delle disposizione del codice» (art. 220 disp. att.).

[52] V., di recente, A. Procaccino, *I* bis in idem *tra diritti individuali e discrezionalità dell'apparato. Il doppio processo come pena*, Milano-Padova, 2022, 330 ss.; R.A. Ruggiero, *Proscioglimento e* ne bis in idem *nel doppio binario sanzionatorio*, Torino, 2022, in particolare 177 ss.; T. Rafaraci, Ne bis in idem *e doppio binario sanzionatorio (reati tributari)*, in AA.VV., Il *ne bis in idem*, a cura di A. Mangiaracina, Torino, 2021, 191 ss.

[53] È appena il caso di menzionare quantomeno Corte edu, GC, 8 giugno 1976, Engel e altri c. Paesi Bassi e Corte edu, GC, 15 novembre 2016, A e B c. Norvegia.

[54] In materia tributaria v. Corte di giustizia U.E., GS, 5 maggio 2022, causa C-570/20, BV; Corte di giustizia UE, GS, 20 marzo 2018 (C-524/15), Menci; Corte di giustizia U.E., sez. IX, 26 ottobre 2017, causa C-534/16, BB construct; Corte di giustizia U.E., sez. IV, 5 aprile 2017,

La soluzione può essere quella della circolazione dell'azione, ossia il suo trasferimento, privilegiando uno dei due procedimenti? Avrebbe senso, allora, introdurre – di nuovo – una pregiudiziale (penale o tributaria)? Oppure istituire un giudice specializzato in materia (giudici penali e tributari) e prefigurare un giudizio con le garanzie proprie del processo penale che possa anche evitare la duplicazione di sanzioni o eventualmente ammettere una doppia sanzione, amministrativa e penale, se proporzionata? Sarebbero serie prospettive *de iure condendo* o mere ipotesi di fantascienza processuale?

cause C-217/15 e C-350/15, Orsi; Corte di giustizia U.E., sez. IX, 15 aprile 2015, causa C-497/14, Burzio; Corte di giustizia U.E., GS, 26 febbraio 2013 (C-617/10), Åkerberg Fransson.

SEQUESTRO PENALE TRIBUTARIO E "OBBLIGHI DI ACCERTAMENTO" DEL PUBBLICO MINISTERO.
DALLA GIURISPRUDENZA "GUBERT" AL POSSIBILE SUPERAMENTO DELLA GIURISPRUDENZA "COPPOLA"

di Manfredi Bontempelli

Sommario: 1. L'assetto stabilito dalle sentenze "Gubert" e "Lucci". L'irrilevanza della prova della provenienza illecita delle somme di denaro. – 2. L'evoluzione giurisprudenziale successiva alla sentenza "Lucci". La rilevanza della prova della provenienza lecita delle somme di denaro. – 3. La prova dell'esistenza di somme di denaro dell'ente. – 4. L'elaborazione giurisprudenziale della Terza Sezione della Corte di cassazione, in tema di "obblighi di accertamento" del pubblico ministero sul patrimonio dell'ente. – 5. Ricadute dell'estensione del catalogo "231" alla materia penale tributaria. – 6. L'assetto del sequestro penale tributario successivo alla sentenza "Coppola". – 7. Verso il superamento della giurisprudenza "Coppola"?

1. *L'assetto stabilito dalle sentenze "Gubert" e "Lucci". L'irrilevanza della prova della provenienza illecita delle somme di denaro*

Il problema della tutela dell'imputato di fronte al sequestro penale tributario, in presenza di beni dell'ente, ha trovato alterne soluzioni nell'ambito del "diritto vivente". Comprensibili ragioni di equità suggeriscono di limitare il vincolo reale sui beni della persona fisica, laddove si prospetti che il reato tributario sia stato commesso nell'interesse di una persona giuridica "capiente". In tali situazioni, occorre perseguire gli interessi repressivi, sottesi all'azione cautelare reale, accertando se il patrimonio della società ricomprenda beni confiscabili, in quanto costituenti il prezzo o il profitto del reato. Non avrebbe senso, del reato, applicare all'imputato la cautela reale, qualora sia l'ente a beneficiare del profitto derivante dal reato.

Nell'assetto anteriore all'introduzione dei delitti tributari nel catalogo previsto dal d.lgs. n. 231/2001, il punto di riferimento giurisprudenziale della materia era indubbiamente costituito dalla pronuncia della Corte di cassazione a Sezioni Unite relativa al "caso Gubert" del 2014. In tale sentenza si è affermato, come noto, che «la confisca del profitto, quando si tratta di denaro o di beni fungibili, non è confisca per equivalente, ma confisca diretta» [1], misura che la Corte stessa ritiene «possibile ai sensi dell'art. 240 cod. pen. ed imposta dall'art. 322-*ter* cod. pen., prima di procedere alla confisca dell'equivalente del profitto del reato» [2]. Sarebbe pertanto consentito nei confronti della società, secondo la lettura in discorso, il sequestro preventivo finalizzato alla confisca diretta del «profitto del reato tributario commesso dagli organi della persona giuridica stessa, quando tale profitto (o beni direttamente riconducibili al profitto) sia nella disponibilità di tale persona giuridica» [3].

Consegue a tale ricostruzione una semplificazione probatoria che rende applicabili la confisca e il sequestro ad essa correlato anche senza accertare il nesso di pertinenzialità fra il bene confiscabile e l'illecito penale [4]. Come ha affermato la Suprema Corte, nella successiva decisione delle Sezioni Unite relativa al "caso Lucci" del 2015, la confisca delle somme depositate su conto corrente bancario, costituenti il prezzo o il profitto c.d. «accrescitivo» derivante dal reato, «non necessita della prova del nesso di derivazione diretta tra la somma materialmente oggetto della ablazione e il reato» [5].

2. *L'evoluzione giurisprudenziale successiva alla sentenza "Lucci". La rilevanza della prova della provenienza lecita delle somme di denaro*

Nella giurisprudenza successiva alla sentenza "Lucci", si è registrata una tendenza a restringere lo spazio operativo della confisca e del sequestro da reato tributario, sia in generale, che con riguardo alla misura applicata alla persona fisica rispetto a quella gravante sulla persona giuridica. In

[1] Cass. S.U. 5 marzo 2014, n. 10561, in *Giur. it.*, 2014, 994, con nota di P. Corso, *Reato non presupposto di responsabilità amministrativa e limiti del sequestro/confisca nei confronti dell'ente*, par. 2.5 motivazione.

[2] Cass. S.U. 5 marzo 2014, n. 10561, cit., par. 2.5 motivazione.

[3] Principio di diritto enunciato dalla cit. sentenza delle Sezioni Unite.

[4] Criticamente, F. Mucciarelli, C.E. Paliero, *Le Sezioni Unite e il profitto confiscabile: forzature semantiche e distorsioni ermeneutiche*, in *Dir. pen. cont. – Riv. trim.*, 2015, n. 4, 253 ss.

[5] Cass. S.U. 26 giugno 2015, n. 31617, in *C.E.D. Cass.*, rv. 264437.

primo luogo, si è affermato un orientamento della Corte di cassazione che esclude la confisca delle somme giacenti sul conto corrente bancario del reo (e quindi anche dell'ente), in presenza della prova che le somme «non possano proprio in alcun modo derivare dal reato», in quanto depositate dopo la consumazione del reato, «difettando in esse la caratteristica del profitto»[6]. Su questa linea, la Suprema Corte ha osservato che, «se la finalità della confisca diretta è quella di evitare che chi ha commesso un reato possa beneficiare del profitto che ne è conseguito, bisogna ammettere che tale funzione è assente laddove l'ablazione colpisca somme di denaro entrate nel patrimonio del reo certamente in base ad un titolo lecito *ovvero* in relazione ad un credito sorto dopo la commissione del reato, e non risulti in alcun modo provato che tali somme siano collegabili, anche indirettamente, all'illecito commesso»[7]. Pertanto, secondo questo indirizzo giurisprudenziale, vi sarebbe spazio per ritenere inapplicabile la confisca diretta, a date condizioni, anche in presenza di somme di denaro entrate nel patrimonio del reo, o dell'ente, attraverso un credito sorto prima della commissione del reato.

Resta, peraltro, problematico il correttivo alla lettura delle Sezioni Unite individuato dalla giurisprudenza in discorso, pur sempre basato su un'inversione dell'onere della prova[8], per quanto riguarda le somme «che siano presenti sui conti o sui depositi nella disponibilità diretta o indiretta dell'indagato al momento della commissione del reato ovvero al momento del suo accertamento»[9]. L'inversione appare poco compatibile con la

---

[6] Cass., sez. III, 30 ottobre 2017, n. 8995, in *C.E.D. Cass.*, rv. 272353 (caso "Barletta"), in tema di omesso versamento delle ritenute di cui all'art. 10-*bis* d.lgs. n. 74/2000, secondo cui, in tal caso, le somme non potrebbero, «evidentemente, rappresentare il risultato della mancata decurtazione del patrimonio quale conseguenza del mancato versamento delle imposte, ovvero, in altri termini, del "risparmio di imposta" nel quale la giurisprudenza ha costantemente identificato il profitto dei reati tributari». Cfr. anche Cass., sez. III, 24 settembre 2018, n. 41104, in *C.E.D. Cass.*, rv. 274307 (caso "Vincenzini"), in tema di omessa dichiarazione di cui all'art. 5, d.lgs. n. 74/2000.

[7] Cass., sez. VI, 12 febbraio 2019, n. 6816, in *C.E.D. Cass.*, rv. 275048, par. 3.1 motivazione (caso "Sena" – corsivo aggiunto), sottolineando che, in caso contrario, «si finirebbe obiettivamente per trasformare una confisca diretta in una confisca per equivalente: in quanto avente per oggetto somme di denaro sì oggetto di movimentazione sui conti o sui depositi nella disponibilità dell'autore del reato, ma che solo con una inaccettabile 'forzatura' possono essere qualificate come profitto accrescitivo, perché del tutto sganciate, dal punto di vista logico e cronologico, dal profitto dell'illecito».

[8] Di «onere di allegazione» parla, ad es., Cass., sez. III, 24 settembre 2018, n. 41104, cit.

[9] Cass., sez. VI, 12 febbraio 2019, n. 6816, cit., par. 3.1 motivazione.

struttura della confisca diretta e del sequestro ad essa correlato, implicante la dimostrazione in positivo del rapporto di derivazione dei beni che costituiscono il profitto dall'illecito penale.

3. *La prova dell'esistenza di somme di denaro dell'ente*

In mancanza di prova della provenienza lecita delle somme di denaro, si apre il problema dei limiti della misura reale applicabile alla persona fisica, nella forma diretta o per equivalente. Va da sé che il sequestro preventivo diretto potrebbe essere applicato all'imputato a condizione che si accerti la presenza di conti correnti "capienti" della persona fisica, o di beni della stessa persona direttamente riconducibili al prezzo o profitto del reato tributario. Tuttavia, tale condizione sarebbe necessaria, ma insufficiente ai predetti fini, in quanto l'eventuale esistenza di beni del medesimo tipo della persona giuridica, ragionevolmente precluderebbe la misura a carico dell'individuo. L'accertamento che l'ente abbia tratto profitto dal reato, e che abbia la titolarità del profitto al momento della richiesta cautelare, escluderebbe *per tabulas* che i beni rinvenuti nel patrimonio dell'imputato risalgano a un titolo illecito o, perlomeno, al titolo illecito oggetto del procedimento penale sede dell'iniziativa cautelare.

A maggior ragione, in tali casi, dovrebbe escludersi la misura per equivalente a carico della persona fisica, come si ricava dalla complessiva ricostruzione giurisprudenziale della materia, che ha agevolato l'impiego pratico della confisca *de societate* e ha parallelamente confinato in uno spazio residuale la misura a carico della persona fisica. Infatti, nella lettura delle Sezioni Unite, sarebbe precluso applicare la confisca per equivalente alla società (salva l'ipotesi della società schermo), data l'inoperatività dell'art. 19, d.lgs. n. 231/2001 alla luce del pregresso quadro normativo di riferimento, e si dovrebbe disporre la misura di valore a carico della persona fisica soltanto qualora non vi sia modo di apprendere i beni della società costituenti il profitto diretto del reato tributario. Tuttavia, la Suprema Corte ha affermato la legittimità del sequestro per equivalente a carico della persona fisica [10], in caso di impossibilità (eventualmente transitoria) del sequestro del profitto, anche in mancanza di un compiuto accertamento sul tema dell'inesistenza del profitto diretto (tema, a ben guardare, pregiudiziale alla

[10] Nonostante non abbia tratto alcun profitto dal reato: cfr. sul punto R. Bricchetti, P. Veneziani, *La confisca*, in *I reati tributari*, a cura di R. Bricchetti, P. Veneziani, in *Trattato teorico-pratico di diritto penale*, diretto da F. Palazzo, C.E. Paliero, vol. XIII, Torino, 2017, 492.

confisca per equivalente). «L'impossibilità del sequestro del profitto di reato può essere anche solo transitoria, senza che sia necessaria la preventiva ricerca generalizzata dei beni costituenti il profitto del reato» [11].

4. *L'elaborazione giurisprudenziale della Terza Sezione della Corte di cassazione, in tema di "obblighi di accertamento" del pubblico ministero sul patrimonio dell'ente*

Si è, tuttavia, affermato, nella sentenza del 2015 della Terza Sezione della Corte di cassazione relativa al "caso Bartolini", che l'insegnamento delle Sezioni Unite «non significa, naturalmente, che il PM abbia una libera scelta tra il sequestro diretto e il sequestro per equivalente»; al contrario, secondo tale pronuncia della Suprema Corte, «il PM dovrà effettuare una verifica di quanto risulta *allo stato degli atti* prima di chiedere la misura cautelare, non essendo invece obbligato a svolgere accertamenti specifici e ulteriori rispetto a quanto è già confluito nel compendio indiziario. Spetterà poi, semmai, all'interessato, in quanto assoggettato al vincolo del sequestro per equivalente, apportare dati dimostrativi della sequestrabilità diretta mediante gli strumenti procedurali che lo tutelano» [12]. Pertanto, in base a questa ricostruzione, qualora dagli atti già risultino dati dimostrativi della sequestrabilità diretta, alla luce della "capienza" patrimoniale dell'ente, non potrebbe procedersi, radicalmente, al sequestro per equivalente a carico dell'indagato. Qualora, invece, il pubblico ministero non abbia svolto accertamenti sulla consistenza patrimoniale dell'ente, potrebbe applicarsi la misura per equivalente a carico dell'indagato, che sarebbe gravato dall'onere di dimostrare la "capienza" patrimoniale dell'ente, al fine di applicare il sequestro diretto.

Questa ricostruzione è stata affinata, in senso maggiormente impegnativo per il pubblico ministero, dalla pronuncia relativa al "caso Nardelli" del 2016 della medesima Sezione Terza. In essa la Suprema Corte ha affermato che la decisione "Bartolini" non «può essere intesa [...] nel senso che spetti comunque al sequestrato dimostrare l'esistenza del presupposto per il sequestro diretto»; «tale onere», prosegue la Corte, «grava il soggetto destinatario del provvedimento cautelare solo quando "l'organo inquirente ha assolto gli obblighi di accertamento '*esigibili*'" nella situazione in cui si trova: esso infatti costituisce in ultima analisi, come chiaramente si evince dalla sentenza Barto-

[11] Ulteriore principio di diritto enunciato nella decisione sul "caso Gubert" del 2014.

[12] Cass., sez. III, 15 gennaio 2015, n. 1738, in *C.E.D. Cass.*, rv. 261929 (corsivo aggiunto).

lini, l'esercizio del diritto di difesa nella instaurata impugnazione»[13]. Vi sarebbe, pertanto, per il pubblico ministero l'obbligo di svolgere accertamenti ulteriori a quelli emergenti dal compendio investigativo, se ritenuti "esigibili" nella concreta situazione. L'applicazione del principio ha portato la Suprema Corte a escludere, nel caso esaminato, che il pubblico ministero avesse assolto i suddetti obblighi di accertamento, in quanto aveva già acclarato la presenza di conti correnti intestati agli enti beneficiari dell'evasione fiscale, ma non se tali conti avessero saldi attivi, per ragioni di «prudenza investigativa» stigmatizzate dalla stessa Corte[14].

La successiva elaborazione giurisprudenziale della Sezione Terza ha segnato, a ben guardare, un arretramento rispetto all'espansione degli "obblighi di accertamento esigibili" dal pubblico ministero, registrata con la sentenza "Nardelli". La pronuncia relativa al "caso D'Agostino" del 2016 ha confermato, infatti, in via di premessa, che «l'onere di procedere, da parte dell'accusa, all'apprensione diretta del profitto del reato non può trasformarsi in una *probatio diabolica*, nel senso che per dimostrare l'impossibilità di procedere al sequestro in via diretta non devono ritenersi necessari accertamenti specifici e capillari»[15]. Dopodiché, la Suprema Corte ha ridefinito il rapporto fra obblighi del pubblico ministero e oneri dell'imputato, escludendo, da un canto, in linea con il precedente "Bartolini", che l'organo di accusa abbia l'obbligo di svolgere accertamenti ulteriori a quanto già emerge dagli atti[16], e delineando, d'altro canto, un vero e proprio onere

---

[13] Cass., sez. III, 23 agosto 2016, n. 35330, in *C.E.D. Cass.*, rv. 267649 (corsivo aggiunto).

[14] In particolare, secondo l'impostazione condivisa dal giudice del riesame, criticata dalla Corte di cassazione, ai suddetti fini «sarebbe stato necessario informarsi presso gli istituti bancari dove erano situati i conti correnti: e ciò avrebbe comportato il rischio che dagli istituti bancari fosse diffusa la notizia del coinvolgimento di tali conti correnti in un probabile sequestro, così da impedire che questo avesse tutti gli effetti di un atto a sorpresa» (par. 3.2.1 motivazione). La Corte ha osservato che «l'espressione "prudenza investigativa" che è stata posta come base della scelta rimane [...] anche sotto l'aspetto dell'atto a sorpresa [...] del tutto incongrua e inconferente. Essa, infatti, non manifesta una difficoltà di individuazione dei beni tale da giustificare il passaggio, dal sequestro diretto, al sequestro per equivalente, come in sostanza insegna la giurisprudenza di legittimità: al contrario, esprime una scelta del PM tra i due tipi di sequestro rapportata a una tematica del tutto avulsa dalla cautela reale, cioè, appunto, a una "prudenza" nell'accertare tramite l'investigazione i fatti oggetto dell'indagine (che, ovviamente, non coincidono con i beni sequestrabili)». V. par. 3.2.2 motivazione della sentenza "Nardelli".

[15] Cass., sez. III, 28 settembre 2016, n. 40362, in *C.E.D. Cass.*, rv. 268587.

[16] Ciò è insito nell'affermazione della sentenza in discorso della Corte, secondo cui «la prova che ci si trovi di fronte al profitto del reato può dirsi raggiunta *solo quando emerga dagli atti*, o sia comunque altrimenti provato, che somme equivalenti a quelle sottratte al pagamento all'erario, siano nella disponibilità della società o nei casi, estremamente rari, in cui sia possibile dimostrare che un determinato bene costituisca il profitto diretto del reato» (corsivo aggiunto).

probatorio dell'imputato, qualora nei suoi confronti sia stato applicato il sequestro per equivalente. Ha osservato, sul punto, la Corte che, «nella fase successiva all'imposizione del vincolo cautelare, che presuppone [...] l'accertata impossibilità, quantunque transitoria, di reperire presso la persona giuridica il profitto cd. diretto, e prima cioè che sia disposta la confisca per equivalente (essendo il sequestro a ciò finalizzato) dei beni nella disponibilità dell'imputato, vi è un *onere di allegazione e prova* da parte di quest'ultimo *di indicare i beni* sui quali sia possibile disporre la confisca diretta nei confronti della società» [17].

Risulta, peraltro, problematico stabilire di quali concreti margini difensivi possa disporre l'imputato, di fronte alle variabili del procedimento cautelare. Secondo la sentenza "D'Agostino", il suddetto onere dell'imputato «va normalmente assolto chiedendo al pubblico ministero di *eseguire il sequestro in forma specifica* – sempre che tale forma di sequestro sia stata chiesta ed ottenuta dal pubblico ministero, il quale innescherà il meccanismo *ex* art. 321, comma 3, ultima parte, cod. proc. pen. a seguito del quale l'interessato avrà come rimedio, nei confronti dell'eventuale provvedimento negativo del giudice, l'appello cautelare – con contestuale richiesta di revoca del sequestro per equivalente, e non al tribunale del riesame che non ha poteri istruttori ed esecutivi» [18]. Qualora, invece, il giudice non abbia disposto il sequestro in forma specifica, l'imputato potrà, invece, attivare il rimedio del riesame, «salva l'ipotesi in cui già risulti dagli atti l'impossibilità di poterlo eseguire» [19]. Resterebbe, quindi, un vuoto di tutela dell'imputato nel caso in cui il compendio indiziario acquisito al procedimento dimostri l'impossibilità del sequestro diretto, e sia necessario introdurre nuovi elementi probatori raccolti dall'imputato, per accertare la sequestrabilità diretta del profitto nei confronti della persona giuridica, operazione preclusa, secondo la sentenza "D'Agostino", nel giudizio di riesame.

Si tratterebbe, in specie, di un'impossibilità «genetica» di ricorrere al sequestro in forma specifica, nel lessico impiego dalla giurisprudenza in discorso [20],

---

[17] Cass., sez. III, 28 settembre 2016, n. 40362, cit. (corsivi aggiunti).

[18] Cass., sez. III, 28 settembre 2016, n. 40362, cit. (corsivo aggiunto).

[19] Secondo la Corte, resta, tuttavia, «fermo [...] che l'impossibilità di procedere al sequestro del profitto "diretto" del reato non può essere desunta da una pretesa carenza difensiva, anziché in una corretta distribuzione degli oneri probatori, all'esito di una valutazione allo stato degli atti in ordine alle risultanze relative al patrimonio dell'ente che ha tratto vantaggio dalla commissione del reato».

[20] Ciò, secondo la sentenza "D'Agostino", si verifica «quando, prima che sia stata esercitata l'azione cautelare e prima che sia stato disposto il sequestro per equivalente, risulta *ex actis* che il profitto diretto del reato non è rintracciabile presso la persona giuridica».

mentre l'impossibilità sarebbe «funzionale»[21], se emersa dopo l'applicazione della misura per equivalente nei confronti dell'imputato[22]. Su questa distinzione ha fatto perno la successiva giurisprudenza della Sezione Terza della Corte di cassazione, in particolare nel caso "Carriero Martino" del 2018, per rafforzare la tutela degli interessi cautelari di cui è portatore il pubblico ministero, a scapito della tutela dell'imputato, ribadendo l'esigenza di un «limitato grado di specificità» degli accertamenti disposti dal pubblico ministero sul patrimonio dell'ente[23]. Secondo tale giurisprudenza, «proprio perché il pubblico ministero, per la tutela delle ragioni cautelari, può pretermettere la preventiva ricerca generalizzata e precisa dei beni da sequestrare, riservandosene l'accertamento e l'individuazione dopo l'esercizio dell'azione cautelare o dopo aver ottenuto la misura e così configurandosi, all'esito, l'impossibilità funzionale di procedere al sequestro in

---

[21] Ovvero, secondo la stessa giurisprudenza, «quando, esercitata l'azione cautelare, il pubblico ministero abbia chiesto al giudice il sequestro in forma specifica nei confronti della persona giuridica e quello per equivalente nei confronti della persona fisica imputata del reato tributario e – disposta dal giudice tanto l'una, quanto l'altra forma di sequestro – non sia stato rintracciato presso la persona giuridica, in tutto o in parte, il profitto del reato o, comunque, risulta *ex actis*, sulla base di accertamenti compiuti dopo l'esercizio dell'azione cautelare e prima dell'eventuale esecuzione del decreto di sequestro preventivo, che presso la persona giuridica non sia rintracciabile il profitto del reato tributario commesso nell'interesse dell'ente».

[22] In tali casi, l'onere dell'imputato di indicare i beni nella disponibilità della persona giuridica su cui disporre la confisca diretta, potrebbe essere adempiuto «soltanto qualora venga dimostrata dal Pubblico Ministero l'incapienza, totale o parziale, della persona giuridica». Cass., sez. II, 22 dicembre 2021, n. 46886. Tuttavia, ad uno sguardo più attento, quest'ultima pronuncia della Suprema Corte attribuisce rilievo agli accertamenti compiuti dal pubblico ministero prima della richiesta cautelare, e non solo a quelli svolti nella fase di esecuzione della decisione cautelare, in quanto sostiene che il pubblico ministero stesso «debba previamente dimostrare l'impossibilità di poter vincolare il profitto del reato e che l'onere di motivazione del provvedimento cautelare debba fare riferimento alla indisponibilità del bene in capo all'ente, prima di poter aggredire i beni della persona fisica, avendo il pubblico ministero l'onere quanto meno di quantificare l'incapienza dei beni della persona giuridica, e di indicare quali accertamenti abbia compiuto, in modo da consentire poi all'indagato di indicare su quali beni, non considerati, il sequestro avrebbe potuto essere eseguito».

[23] «Se l'adozione della cautela fosse condizionata alla completa esecuzione di tali ricerche [aventi per oggetto l'originario prodotto o profitto del reato], la funzione cautelare del sequestro potrebbe essere facilmente elusa durante il tempo occorrente per il compimento delle indagini compiute o da compiersi in proposito, di talché deve ammettersi che, ai limitati fini della cognizione sommaria, l'indicazione d'irreperibilità del profitto o prezzo del reato deve possedere un limitato grado di specificità, coerente con lo stadio più o meno embrionale nel quale si trova il procedimento». Cass., sez. III, 15 ottobre 2018, n. 46709, in *C.E.D. Cass.*, rv. 274561.

forma specifica, la giurisprudenza di legittimità è compatta nel ritenere che, in tema di sequestro preventivo finalizzato alla confisca per equivalente, il giudice che emette il provvedimento non è tenuto ad individuare concretamente i beni da sottoporre alla misura ablatoria, ma può limitarsi a determinare la somma di denaro che costituisce il profitto o il prezzo del reato o il valore ad essi corrispondente, mentre l'individuazione specifica dei beni da apprendere e la verifica della corrispondenza del loro valore al "*quantum*" indicato nel sequestro è riservata alla fase esecutiva demandata al pubblico ministero».

5. *Ricadute dell'estensione del catalogo "231" alla materia penale tributaria*

L'estensione del catalogo "231" alla materia penale tributaria, ad opera del d.l. n. 124/2019, conv. in l. n. 157/2019[24], ha ridimensionato la portata della misura patrimoniale per equivalente nei confronti delle persone fisiche, anche nella fase cautelare, riequilibrando in parte gli effetti distorsivi della precedente sistemazione, ma di per sé non ha rimediato alla semplificazione probatoria prodotta sin dalla pronuncia "Gubert". Inoltre, l'impossibilità di «pretendere» nella fase cautelare «la preventiva ricerca generalizzata dei beni costituenti il profitto del reato», che è stata sostenuta dalla Corte per rendere in qualche misura manovrabile la leva del sequestro per equivalente a carico della persona fisica[25], dopo la modifica normativa agevolerebbe l'applicazione del sequestro preventivo per equivalente alla società, in alternativa a quello disposto nei confronti dell'imputato del reato tributario presupposto, soluzione ragionevole tenuto conto dell'utilità

[24] La riforma del 2019 ha introdotto una responsabilità amministrativa "da reato tributario" degli enti nell'art. 25-*quinquiesdecies*, d.lgs. n. 231/2001. Si è allargato, quindi, lo spazio operativo della confisca "tradizionale" del prezzo o profitto del reato tributario (corrispondente all'imposta evasa), che è divenuta applicabile alle società anche nella forma per equivalente, qualora siano stati commessi nel loro interesse i delitti di dichiarazione fraudolenta mediante uso di fatture o altri documenti per operazioni inesistenti (art. 2, d.lgs. n. 74/2000), dichiarazione fraudolenta mediante altri artifici (art. 3), emissione di fatture o altri documenti per operazioni inesistenti (art. 8), occultamento o distruzione di documenti contabili (art. 10) e sottrazione fraudolenta al pagamento di imposte (art. 11), nonché, dopo il d.lgs. n. 75/2020, i delitti di dichiarazione infedele (art. 4), omessa dichiarazione (art. 5) e indebita compensazione (art. 10-*quater*), se commessi nell'ambito di sistemi fraudolenti transfrontalieri e al fine di evadere l'IVA per un importo complessivo non inferiore a dieci milioni di euro.

[25] Cass. S.U. 5 marzo 2014, n. 10561, par. 2.7 motivazione.

economica prodotta in capo alla persona giuridica e non a quella fisica[26]. Vi sarebbe, quindi, un arretramento operativo del sequestro preventivo previsto dal c.p.p. nell'art. 321 comma 2, ma non un ripiegamento del sequestro di valore parametrato al profitto del reato tributario (e quindi all'imposta evasa), che continuerebbe a funzionare nella giustizia penale degli enti, ai sensi dell'art. 53, d.lgs. n. 231/2001, «al pari della confisca di valore» di cui all'art. 19, d.lgs. n. 231/2001, quale «istituto "ordinario"» e non più solo «di natura sussidiaria ed eccezionale»[27]. Il sequestro preventivo previsto dall'art. 53, d.lgs. n. 231/2001 si presta, così, a diventare lo strumento privilegiato di contrasto all'evasione fiscale, laddove prodotta da reati del catalogo "231" commessi nell'interesse delle società[28].

6. *L'assetto del sequestro penale tributario successivo alla sentenza "Coppola"*

La sentenza pronunciata dalle Sezioni Unite nel "caso Coppola" del 2021 ha determinato un'ulteriore semplificazione probatoria, quanto alla questione della dimostrazione della legittima provenienza dei beni in sequestro[29]. La pronuncia si è occupata dei casi di confisca (ritenuta sempre "diretta") di somme di denaro costituenti il prezzo o profitto del reato, in cui sarebbe irrilevante, a dire della Suprema Corte, la «eventuale esistenza di altri attivi monetari in ipotesi confluiti nel patrimonio del reato, foss'anche a seguito di incrementi di denaro aventi origine lecita nel suo conto corrente bancario»[30]. Se così non fosse, secondo le Sezioni Unite,

---

[26] Cfr., al riguardo, ad es., R. BARTOLI, *Responsabilità degli enti e reati tributari: una riforma affetta da sistematica irragionevolezza*, in *Sist. pen.*, n. 3/2020, 222.

[27] Così, G. VARRASO, *La confisca (e il sequestro) e i nuovi reati tributari*, in *La nuova giustizia penale tributaria. I reati – il processo*, a cura di A. GIARDA, A. PERINI, G. VARRASO, Milano, 2016, 410.

[28] Per le considerazioni di questo par., v. M. BONTEMPELLI, *Nuove dimensioni della confisca e del sequestro da illecito penale tributario*, in *Riv. dir. trib.*, 2020, 163-164.

[29] Cass. S.U. 27 maggio 2021, n. 42415, in *Sist. pen.*, 23 novembre 2021, con nota di M. SCOLETTA, *La confisca di denaro quale prezzo o profitto del reato è sempre "diretta" (ancorché il denaro abbia origine lecita). Esiste un limite azionabile alla interpretazione giudiziale della legge penale?*

[30] Cass. S.U. 27 maggio 2021, n. 42415, cit., par. 14 motivazione. Questo il principio di diritto enunciato dalla Suprema Corte: «Qualora il prezzo o il profitto derivante dal reato sia costituito da denaro, la confisca viene eseguita, in ragione della natura del bene, mediante l'ablazione del denaro, comunque rinvenuto nel patrimonio del soggetto, che rappresenti l'effettivo accrescimento patrimoniale monetario da quest'ultimo conseguito per effetto del reato; tale

cioè se fosse rilevante dimostrare la provenienza lecita delle somme di denaro, vi sarebbe una «innaturabile ibridazione»[31] della confisca diretta del profitto del reato con la confisca di prevenzione (per "sproporzione") e con quella "allargata" (attuale confisca "in casi particolari" *ex* art. 240-*bis* c.p., e fattispecie equiparate).

Il principio di diritto enunciato dalla sentenza "Coppola" delle Sezioni Unite è stato ritenuto applicabile anche ai reati tributari, e in tutti i casi in cui il profitto consista in un risparmio di spesa, da un orientamento interpretativo consolidatosi nella stessa Sezione Terza della Corte di cassazione[32]. Questa posizione interpretativa, si noti, ha condotto la Suprema Corte a confermare una pronuncia in cui si era sostenuta «la riconducibilità del denaro rinvenuto dalla Guardia di Finanza sui conti correnti della società al *profitto del reato tributario contestato al precedente amministratore della società*, nonostante le somme [fossero] confluite sui predetti conti *successivamente alla commissione dell'illecito e al mutamento della compagine societaria in termini di proprietà e di organo amministrativo*»[33].

L'adesione all'indirizzo interpretativo in discorso non può, peraltro, sollevare il pubblico ministero dagli "obblighi di accertamento" relativi al patrimonio dell'ente, data l'estensione dell'ambito operativo della confisca e

---

confisca deve essere qualificata come confisca diretta, e non per equivalente, e non è ostativa alla sua adozione l'allegazione o la prova dell'origine lecita del numerario oggetto di ablazione» (par. 22 motivazione).

[31] Par. 19 motivazione della pronuncia in discorso, dove si afferma che «verrebbe infatti ad essere riconosciuta al reo – nei confronti del quale è stato dimostrato l'effettivo conseguimento del *pretium delicti*, entrato pertanto nel suo patrimonio – una eccezione probatoria, finalizzata alla giustificazione della provenienza del denaro oggetto di ablazione, fondata sull'allegazione che nella componente patrimoniale attinta dalla misura sono confluite disponibilità monetarie di origine lecita».

[32] Cass., sez. III, 10 novembre 2022, n. 42616, in *C.E.D. Cass.*, rv. 283714, par. 5 motivazione ("caso L'Angolana srl"), secondo cui «la distinzione tra profitto costituito da "accrescimento patrimoniale" e profitto integrato da "risparmio di spesa", pur ragionevole sotto il profilo empirico e classificatorio, non risulta recepita da disposizioni normative in materia di confisca, sì da far rilevare un'indicazione del legislatore favorevole a differenziare il regime giuridico applicabile alle due categorie». Afferma la Corte che, «del resto, a non condividere questa ricostruzione ermeneutica, l'alternativa sembra essere quella di dover ritenere che il profitto del reato, quando consiste in un risparmio di spesa, non sarebbe mai costituito da denaro, perché non vi è mai una somma di denaro fisicamente identificabile che "entra" nel patrimonio del beneficiato. Ciò, però, comporterebbe la generale esclusione, per tutte le ipotesi di profitto integrato da risparmio di spesa, dell'ammissibilità della confisca diretta; quindi, anche quando il denaro sia già presente sul conto corrente bancario al momento della commissione del reato».

[33] Cass., sez. III, 18 dicembre 2023, n. 50320, in *C.E.D. Cass.*, rv. 285624, par. 5 motivazione ("caso Alborghetti" – corsivi aggiunti).

del sequestro per equivalente a carico delle società, dopo la riforma penale tributaria del 2019. Secondo la giurisprudenza che si è occupata della materia, tale «innovazione normativa conduce (per i soli delitti presupposto) [...] a una più ampia indagine sul patrimonio dell'ente sin dalla fase cautelare, in quanto l'"impossibilità transitoria" di vincolare il profitto diretto dovrebbe portare ad applicare il *sequestro agli eventuali beni di valore equivalente della società, e non della persona fisica*»[34]. «Diversamente», prosegue tale giurisprudenza, «per tutti i delitti non contemplati dal legislatore nel nuovo art. 25-*quinquiesdecies*, D. lgs. n. 231/2001, resta inalterato lo schema tipizzato dalla più volte richiamata sentenza delle Sezioni Unite *Gubert*»[35]. Laddove, in tali casi, «non [sia] aggredibile in forma diretta il patrimonio dell'ente per incapienza al momento della richiesta di sequestro, né essendo aggredibile per equivalente l'ente (ad eccezione del caso in cui questo sia privo di autonomia e rappresenti solo uno schermo attraverso il quale il reo agisca come effettivo titolare dei beni [...]), residua l'unica possibilità legittima e consentita dall'ordinamento, ossia la sequestrabilità per equivalente dei beni dell'amministrato (sia esso di fatto o di diritto)»[36]. Solo in questi casi, in altre parole, si verificherebbe quella "novazione oggettiva" su cui ha fatto perno la giurisprudenza delle Sezioni Unite per affermare l'applicabilità della misura per equivalente a carico della persona fisica[37].

---

[34] Cass., sez. III, 28 marzo 2022, n. 11086, in *C.E.D. Cass.*, rv. 283028, par. 12 motivazione ("caso Pulvirenti" – corsivo aggiunto).

[35] Cass., sez. III, 28 marzo 2022, n. 11086, cit., par. 12 motivazione.

[36] Cass., sez. III, 28 marzo 2022, n. 11086, cit., par. 12 motivazione, sottolineando che «la persona fisica che [...] ha agito [per la persona giuridica], pur non avendo tratto alcun beneficio dalla condotta illecita, si trova comunque legittimamente esposta a subire la sanzione (la confisca per equivalente) per un vantaggio direttamente sì conseguito da altri (la persona giuridica), ma che comunque è anche immediatamente ad essa riferibile, considerato che, nel caso degli enti, l'amministratore, di diritto o di fatto, che ponga in essere la condotta materiale riconducibile a quei reati non può che aver operato proprio nell'interesse ed a vantaggio dell'ente medesimo ed è quindi giuridicamente corretto che debba subire le conseguenze (penali e, per quanto qui rileva, patrimoniali) derivanti dalla commissione di una condotta da egli materialmente posta in essere, conseguenze patrimoniali limitate al *quantum* del profitto derivante dalla condanna del reato tributario da lui commesso, senza porsi pertanto un problema di proporzionalità».

[37] Si consideri, in particolare, la sentenza "Coppola", che, da un lato, ha ritenuto «irrilevanti le vicende che abbiano in ipotesi interessato la somma riveniente dal reato, una volta che la stessa – intesa, come per sua natura, quale massa monetaria fungibile – sia stata reperita nel patrimonio del reo al momento dell'esecuzione della misura ablativa o, se del caso, del prodromico vincolo cautelare. In tale ipotesi, infatti, l'occultamento o il consumo eventuali

7. *Verso il superamento della giurisprudenza "Coppola"?*

La già richiamata sentenza "Pulvirenti" della Sezione Terza del 2022 ha limitato l'ambito operativo del principio di diritto del "caso Coppola" in sede penale tributaria, muovendo dalla premessa teorica per cui lo scopo della confisca "diretta" non è «di ritrovare nel conto corrente del reo le stesse banconote *ab origine* costituenti il prezzo o il profitto del reato», ma «di realizzare l'ablazione della somma che *sia già entrata* nel patrimonio dell'autore a causa della commissione dell'illecito ed ivi sia ancora rinvenibile»[38]. La Suprema Corte si è pronunciata in relazione a un caso particolare, riguardante una società sottoposta a misura cautelare dopo l'apertura della procedura dell'amministrazione straordinaria, ma ha prospettato una ricostruzione di carattere generale, argomentando dal presupposto fatto proprio dalla giurisprudenza delle Sezioni Unite, secondo cui «nei reati tributari il profitto è essenzialmente costituito non già da un aumento patrimoniale, bensì [da] un risparmio di spesa e, quindi, [da] un mancato esborso»: da tale presupposto, secondo la Corte, «deve invero farsi discendere che le somme percepite dopo la commissione del reato e, quindi, in epoca successiva rispetto al momento in cui risparmio di spesa si è determinato, non sono suscettibili di confisca diretta»[39].

La pronuncia "Pulvirenti" ha riproposto l'interpretazione di una parte della giurisprudenza anteriore alla sentenza "Coppola", secondo cui il denaro versato sul conto dell'imputato dopo la scadenza del termine per il versamento dell'imposta, «che fosse stato sequestrato, non può essere ritenuto "profitto del reato", ma rappresenta un'entità di misura equivalente al debito fiscale scaduto e non onorato, confiscabile se ricorrono i presup-

---

del *pretium delicti*, ovvero la sua sostituzione con altro numerario – anche di origine lecita – avrebbero ad oggetto un valore monetario già confluito nel patrimonio del reo e divenuto perciò, al pari degli altri dello stesso tipo ivi rinvenuti, una sua indistinguibile componente liquida, tutt'ora esistente al momento della confisca». (par. 14 motivazione). Dall'altro lato, la Suprema Corte ha affermato che «l'eventuale trasformazione di quella componente monetaria rileverebbe solo in quanto essa abbia comportato, al momento della cautela reale o dell'ablazione, il venir meno nel patrimonio del reo di qualsivoglia attivo dello stesso genere. Solo in questa ipotesi, che Sez. U. Lucci ha definito "novazione oggettiva", cioè quando non sia più rinvenuto l'accrescimento monetario derivante dal reato perché la persona non dispone più di denaro, opererà, nei casi normativamente previsti, lo strumento surrogatorio della confisca per equivalente, attuabile sui beni di diversa natura di cui disponga l'autore del reato» (*ivi*).

[38] Cass., sez. III, 28 marzo 2022, n. 11086, cit., par. 4 motivazione (sottolineatura nel testo).

[39] Par. 6 motivazione della sentenza "Pulvirenti".

posti per la confisca per equivalente»[40]. Questa tesi, secondo la Corte, non confliggerebbe con la sentenza delle Sezioni Unite nel 2021[41], nella parte in cui ha sottolineato espressamente «il dato della necessaria componente dell'"accrescimento patrimoniale" rappresentato dal denaro suscettibile di sequestro finalizzato alla confisca in via diretta»[42].

La ricostruzione in discorso non si è consolidata, allo stato, nella giurisprudenza della Sezione Terza[43], ma sembra convincente alla luce del quadro normativo sopravvenuto con la "riforma Cartabia" del sistema penale, portata compimento con il d.lgs. n. 150/2022. La riforma ha, fra l'altro, introdotto, con il nuovo art. 578-*ter* c.p.p., un caso di trasferimento dell'azione patrimoniale dal processo penale a quello di prevenzione, a seguito della declaratoria d'improcedibilità dell'azione penale di cui all'art. 344-*bis* c.p.p.[44]. In base al nuovo regime, con l'improcedibilità non vengono meno gli effetti del sequestro preventivo dei beni oggetto della confisca applicata con la sentenza impugnata, e poi caducata per il decorso dei termini del giudizio d'impugnazione (commi 2 e 3 dell'art. 578-*ter* c.p.p.). Tali effetti si proiettano dopo il giudicato di proscioglimento (soluzione innovativa), al fine di disporre le misure patrimoniali di prevenzione previste dal d.lgs. n. 159/2011, e cessano se entro il termine indicato non venga ordinato il sequestro di prevenzione di cui agli artt. 20 o 22 cod. antimafia.

In forza di tale quadro normativo, non sembra azzardato sostenere che la dichiarazione d'improcedibilità dell'azione penale, per superamento dei

---

[40] Par. 6 motivazione.

[41] Par. 6 motivazione.

[42] La sentenza delle Sezioni Unite «non ha, perciò stesso, ritenuto estensibile il principio affermato con riguardo ai casi – tipicamente ricorrenti per effetto dei reati tributari – in cui il patrimonio dell'agente, lungi dal subire un incremento, si caratterizza, invece, per una mancata decurtazione dovuta all'omesso pagamento dell'importo dovuto all'erario a titolo di imposta, così legittimando la riaffermazione del principio della insequestrabilità in forma diretta del denaro successivamente rinvenuto nel patrimonio, si badi bene, non della persona giuridica cui il reato è riferibile (e della cui commissione ad opera delle persone fisiche autrici [...] essa ha tratto diretto vantaggio), ma della gestione commissariale, denaro certamente non derivante dal risparmio di spesa – profitto del reato tributario, ma dall'attuazione del programma di cessione di complessi aziendali, da inquadrarsi in quell'operazione di salvataggio dell'impresa che è connaturata all'amministrazione straordinaria». Par. 6.2 motivazione della sentenza "Pulvirenti".

[43] V., in senso critico, in particolare, Cass., sez. III, 14 febbraio 2024, n. 6576.

[44] Si rinvia, al riguardo, anche per ulteriori riferimenti, a M. BONTEMPELLI, *Disposizioni generali sulle impugnazioni*, in *Riforma Cartabia. Le modifiche al sistema penale*, a cura di G.L. GATTA, M. GIALUZ, vol. II, *Nuove dinamiche del procedimento penale*, a cura di T. BENE, M. BONTEMPELLI, L. LUPÁRIA DONATI, Torino, 2024, 382 ss.

termini di durata del giudizio d'impugnazione, cambi la finalità del sequestro preventivo adottato nel procedimento penale. La cautela reale non risulta più diretta all'adozione della confisca penale, ma della misura di prevenzione. Si tratta, come è evidente, di una trasformazione funzionale che rende il sequestro preventivo una "misura-ponte" rispetto alla confisca preventiva. Per esempio, il profitto del reato sequestrato nel procedimento penale, potrebbe diventare oggetto della confisca di prevenzione applicabile anche ai "beni che risultino essere frutto di attività illecite o ne costituiscano il reimpiego" (art. 24, comma 1, cod. antimafia), oltre che nella forma della confisca "per sproporzione" (art. 24, comma 1, cit.), in presenza di tutte le condizioni previste o evincibili dal codice antimafia, come riplasmato dalla giurisprudenza di legittimità in materia.

Questa trasformazione funzionale del sequestro preventivo, a seguito dell'improcedibilità dichiarata nel giudizio d'impugnazione, fa sì che il giudice penale debba verificare che l'azione patrimoniale possa essere coltivata utilmente nel procedimento di prevenzione, dopo l'improcedibilità dell'azione penale. Non avrebbe senso conservare gli effetti del sequestro preventivo disposto nel processo penale, nel caso in cui i fatti accertati in sede penale precludessero l'adozione della confisca e, ancora prima, del sequestro di prevenzione. S'intende dire che la prova dei fatti impeditivi delle misure di prevenzione (artt. 20, comma 3 e 24, comma 1, d.lgs. n. 159/2011), dovrebbe a rigore precludere il trasferimento dell'azione patrimoniale e, coerentemente, imporre al giudice di dichiarare la cessazione degli effetti del sequestro penale (senza trasmissione degli atti al procuratore distrettuale o nazionale). Il che accadrebbe, appunto, in presenza della dimostrazione della legittima provenienza dei beni in sequestro, decisiva per escludere la misura di prevenzione patrimoniale, ma irrilevante in sede penale nella prospettiva coltivata dalla sentenza "Coppola", per via della richiamata «ibridazione» fra diverse forme di confisca che si determinerebbe in caso contrario[45].

Ora, è proprio all'«ibridazione» prospettata dalle Sezioni Unite che pare condurre il nuovo art. 578-*ter* c.p.p., in quanto finalizzato a convertire il sequestro preventivo, dopo l'improcedibilità di cui all'art. 344-*bis* c.p.p., nella confisca di prevenzione. Questa operazione non potrebbe aver luogo nel caso di accertata provenienza lecita dei beni oggetto di sequestro. La dimostrazione di questa circostanza dovrebbe pertanto portare alla revoca della misura cautelare reale e alla restituzione delle cose sequestrate da

[45] V., *supra*, par. 6.

parte del giudice penale, in luogo della trasmissione degli atti nel procedimento di prevenzione.

L'unico modo per evitare questa interpretazione sarebbe quello di escludere a monte l'applicazione della confisca penale avente per oggetto il prezzo o profitto del reato in situazioni che non siano, al contempo, sussumibili nella fattispecie della confisca di prevenzione avente per oggetto il "frutto di attività illecite". Soltanto a questa condizione, avrebbe senso configurare il meccanismo della trasmissione degli atti come una sorta di automatismo, escludere che il giudice penale debba verificare l'esistenza di fatti impeditivi della confisca di prevenzione, prima di pronunciarsi sulla trasmissione, e demandare senz'altro al procedimento di prevenzione l'accertamento dei fatti costitutivi della misura preventiva. Ma anche in questa diversa prospettiva dovrebbe essere rimeditata la giurisprudenza "Coppola", alla luce del chiaro parallelismo istituito dall'art. 578-*ter* c.p.p. fra la confisca penale e quella di prevenzione. Qualora, invece, fosse ravvisata una sedimentazione del "diritto vivente" al punto tale da escludere l'«ibridazione» fra le due confische, nonostante le innovazioni apportate dalla "riforma Cartabia", non resterebbe che aderire all'interpretazione correttiva sopra prospettata, attribuendo al giudice dell'impugnazione il dovere di non disporre la trasmissione degli atti, allorquando sia accertata l'impossibilità di convertire la confisca penale in confisca di prevenzione, data la provenienza lecita dei beni in sequestro.

IMPOSTE, STATUS SOCIALE E "NOISY SIGNALING"

di Luca Micheletto

Sommario: 1. Introduzione. – 2. Il modello. – 3. Il gioco a due stadi. – 4. Osservazioni conclusive.

1. *Introduzione*

Una lunga tradizione nelle scienze sociali ha evidenziato come l'acquisto di determinati beni di consumo, che si caratterizzano per particolare visibilità, sia sovente utilizzato dagli individui per segnalare il proprio livello di ricchezza e dunque acquisire status sociale. Nel tardo XVIII secolo, Thorstein Veblen coniò l'espressione "*conspicuous consumption*" per riferirsi alle ingenti spese in beni altamente visibili e che risultano strumentali per perseguire finalità di "*signaling*" (della ricchezza, dello status sociale, ecc.) [1]. In epoca più recente, Fred Hirsch (1976) ha introdotto la nozione di "beni posizionali" (*positional goods*) per indicare quei beni o servizi il cui valore per il fruitore dipende non solo o non tanto dall'ammontare assoluto del loro consumo, quanto piuttosto dal livello di relativo di consumo rispetto a un dato gruppo sociale di riferimento [2]. Successivamente, a partire dalla metà degli anni '80 del secolo scorso, il concetto di beni posizionali è stato utilizzato a più riprese dall'economista Robert Frank in una serie di contributi volti a enfatizzare le perdite di benessere associate alle esternalità negative generate dal consumo di questo tipo di beni [3]. Seppur concettualmente di-

[1] Si veda T. Veblen, *The theory of the leisure class* [1899], New York, NY: Macmillan.

[2] Si veda F. Hirsch, *Social limits to growth* [1976], Cambridge, Mass.: Harvard University Press. L'istruzione è comunemente considerata un buon esempio di bene che rientra nella categoria dei "beni posizionali".

[3] Si veda R.H. Frank, *The demand for unobservable and other nonpositional goods* [1985], in *American Economic Review*, vol. 75 (1), 101-116; R.H. Frank, *The frame of reference as a public*

stinto, si lega alle nozioni di "*conspicuous consumption*" e di "*positional goods*" anche il concetto di "*diamond goods*", proposto nel 1987 in un contributo dell'economista Yew-Kwang Ng per riferirsi a quei beni che sono apprezzati non per il loro valore d'uso ma solo per il loro valore monetario [4].

Il riconoscimento della rilevanza di questi concetti, così come più in generale dell'esistenza di importanti elementi di interdipendenza nelle scelte di consumo degli agenti economici, rappresenta ormai un aspetto chiave che permea l'analisi economica in numerosi contributi di economia del benessere e di economia pubblica. Per quanto riguarda questi ultimi, un *leitmotiv* è dato dal fatto che la necessità di segnalare in modo credibile il proprio status sociale tenderebbe a distorcere in maniera indesiderabile il *pattern* di consumo individuale, inducendo un sovra-consumo di certi beni, caratterizzati da elevata visibilità, a detrimento di altri beni, poco o punto visibili, dal consumo dei quali gli individui non ritraggono alcun beneficio in termini di status [5]. Ciò giustificherebbe un intervento pubblico, fondato su considerazioni di efficienza, che può assumere una varietà di forme, ad esempio l'impiego di imposte correttive (Pigouviane) o l'utilizzo di trasferimenti in natura (*in-kind transfers*) in parziale sostituzione di trasferimenti monetari (*cash transfers*). Tali interventi avrebbero l'obiettivo di contenere la spesa privata destinata al consumo ostentativo, incentivando gli individui a riallocare le proprie risorse verso impieghi più efficienti. Per quanto riguarda in particolare la tassazione dei beni acquistati per motivi di status, è stato poi sottolineato come tale strumento risulti utile anche sotto il profilo equitativo, dal momento che i beni in questione sono prevalentemente consumati dai soggetti più abbienti [6].

---

good [1997], in *Economic Journal*, vol. 107 (445), 1832-1847; R.H. Frank, *Positional externalities cause large and preventable welfare losses* [2005], in *American Economic Review*, vol. 95 (2), 137-141; R.H. Frank, *Choosing the right pond: Human behavior and the quest for status* [1985], New York, Oxford University Press.

[4] Si veda Y.-K. Ng, *Diamonds are a government's best friend: Burden-free taxes on goods valued for their values* [1987], in *American Economic Review*, vol. 77 (1), 186-191.

[5] Si veda ad esempio L.S. Bagwell, B.D. Bernheim, *Veblen effects in a theory of conspicuous consumption* [1996], in *American Economic Review*, vol. 86 (3), 349-373; E. Hopkins, T. Kornienko, *Running to keep in the same place: Consumer choice as a game of status* [2004], in *American Economic Review*, vol. 94 (4), 1085-1107; B.R. Mandel, *Art as an investment and conspicuous consumption good* [2009], in *American Economic Review*, vol. 99 (4), 1653-1663.

[6] Si veda ad esempio G. Corneo, O. Jeanne, *Conspicuous consumption, snobbism and conformism* [1997], in *Journal of Public Economics*, vol. 66 (1), 55-71; N. Ireland, *Optimal income tax in the presence of status effects* [2001], in *Journal of Public Economics*, vol. 81 (2), 193-212;

Un aspetto che è stato tuttavia trascurato, almeno nella letteratura economica, è che la tassazione del consumo ostentativo può influenzare la qualità della trasmissione interpersonale di informazione e, attraverso questo canale, influire sulla ripartizione del surplus associato allo status sociale. Nell'analisi proposta nelle sezioni successive di questo lavoro, il consumo ostentativo verrà interpretato come una forma di attività di tipo *rent-seeking* finalizzata alla cattura di una quota del surplus associato allo status sociale. A livello formale, utilizzeremo per le nostre elaborazioni un modello di teoria dei giochi e in particolare una variante del modello di *signaling* originariamente proposto da Spence (1973)[7]. Facendo tesoro della nozione di *noisy signaling* introdotta in letteratura da Matthews e Mirman (1983), ipotizzeremo che la visibilità del consumo ostentativo, e dunque la probabilità con la quale un determinato individuo viene percepito come "ad alto status", dipenda dall'ampiezza dell'insieme di beni che viene acquistato per finalità di *signaling*[8]. La struttura del gioco sarà tale per cui, anche in un equilibrio di separazione, l'allocazione ottenuta non risulterà *fully revealing*, vale a dire che la probabilità con cui un individuo viene percepito come soggetto "ad alto status" risulterà comunque strettamente inferiore a 1. Nel contesto di un tale modello illustreremo come la tassazione, in particolare quella indiretta, possa essere impiegata per uno scopo nuovo. Inducendo gli individui abbienti a ridurre la varietà di beni acquistati per finalità di *signaling*, la tassazione indiretta riduce la qualità del segnale che essi "comunicano" all'esterno. Ciò a sua volta si traduce in un beneficio sul piano equitativo poiché determina un aumento della quota del surplus, associato allo status sociale, di cui si appropriano i soggetti meno abbienti. Questo particolare meccanismo attraverso il quale agisce la tassazione indiretta costituisce dunque una modalità per conseguire effetti redistributivi che si pone come alternativa rispetto alla redistribuzione di tipo tradizionale basata sull'uso del *tax-and-transfer system* come strumento per realizzare trasferimenti interpersonali di risorse monetarie. Scopo ultimo della nostra analisi sarà quello di caratterizzare quale sia il mix ottimale dei due canali

---

E. Bilancini, L. Boncinelli, *Redistribution and the notion of social status* [2012], in *Journal of Public Economics*, vol. 96 (9), 651-657; T. Truyts, *Signaling and indirect taxation* [2012], in *Journal of Public Economics*, vol. 96 (3), 331-340.

[7] Si veda M. Spence, *Job market signaling* [1973], in *Quarterly Journal of Economics*, vol. 87 (3), 355-374.

[8] Il concetto di *noisy signaling* è stato originariamente proposto in S.A. Matthews, L.J. Mirman, *Equilibrium limit pricing: The effects of private information and stochastic demand* [1983], in *Econometrica*, vol. 51 (4), 981-996.

di redistribuzione, quello tradizionale che per comodità indicheremo con il termine *income-channel* e quello alternativo che indicheremo con il termine *status-channel*.

Il resto del lavoro è organizzato nel modo seguente. La Sezione 2 fornisce gli ingredienti base del modello da noi utilizzato. La Sezione 3, dopo aver analizzato come le scelte degli individui sono influenzate dalla politica fiscale adottata dal governo, fornisce una caratterizzazione formale della politica fiscale ottimale. La Sezione 4 contiene alcune considerazioni conclusive.

2. *Il modello*

Si consideri un'economia con due tipi di agenti che differiscono in termini di ricchezza posseduta e si indichi con w^j (> 0) la ricchezza posseduta da ciascuno degli individui di tipo j (con $j = 1,2$). Ipotizzando che $w^2 > w^1$ avremo che gli individui di tipo 2 rappresentano il gruppo relativamente più benestante. Si assuma inoltre che l'ammontare di ricchezza che ciascun individuo possiede non è direttamente osservabile né dall'autorità pubblica né dagli altri individui; in altre parole, rappresenta "informazione privata" del singolo agente. Ciascuno può utilizzare le proprie risorse disponibili per acquistare $n + 1$ beni di consumo. Uno di questi beni, indicato con y, rappresenta un bene numerario che è apprezzato dai consumatori per la sua utilità intrinseca ma che ha un grado di visibilità esterna pari a zero, vale a dire che l'ammontare di y consumato da uno specifico soggetto non è osservabile da parte di altri soggetti (altri consumatori o autorità pubblica). Oltre al bene y, per il quale l'ammontare consumato può essere scelto nel continuo, gli individui possono acquistare n beni $x_1, x_2, \ldots, x_n$ che sono strumentali a segnalare un dato livello di status sociale e che per ipotesi sono acquistabili solo in quantità discreta binaria: $x_i \in \{0,1\}$. Indicando con y^j la quantità del bene y consumata da un individuo j e con x_i^j la quantità da esso consumata del bene x_i, l'utilità di un agente di tipo j è data da:

$$U^j(y^j, x_1^1, \ldots, x_n^1, x_1^2, \ldots, x_n^2) = y^j + Prob[\widetilde{w}^j = w^2 | x_1^1, \ldots, x_n^1, x_1^2, \ldots, x_n^2]B \quad (1)$$

Il primo termine del membro di destra coglie l'utilità derivante dal consumo del bene y mentre il secondo termine cattura l'utilità associata allo status sociale. Questa componente è data dal prodotto tra la probabilità con cui un soggetto di tipo j è socialmente percepito come individuo di tipo 2, cioè ad alta dotazione patrimoniale (e quindi ad alto status sociale), e il beneficio, indicato con *B* in (1), derivante dall'essere riconosciuto come tale. A sua volta, la probabilità con cui un soggetto di tipo *j* è percepito come ad alta dotazione patrimoniale, cioè la probabilità che altri soggetti gli attribuiscano una ricchezza $\widetilde{w}^j$ pari a w^2, dipende congiuntamente dal vettore di consumo dei beni *x* da lui scelto e dal vettore di consumo dei beni *x* scelto dagli altri membri della collettività.

La funzione di utilità descritta dall'eq. (1) riflette la scelta di confinare l'attenzione, nella caratterizzazione dell'equilibrio Bayesiano perfetto del gioco di *signaling*, alle sole strategie pure. Ciò discende dall'ipotesi che lungo il sentiero di equilibrio tutti gli individui di un dato tipo *j* compiano identiche scelte di consumo.

Dal momento che una parte dell'utilità individuale dipende dal canale "status" (attraverso il secondo termine della funzione di utilità (1)), gli individui di tipo 1 (quelli con un livello relativamente basso di ricchezza) possono avere la tentazione di replicare le scelte di consumo, riferite all'insieme dei beni *x*, effettuate dagli agenti di tipo 2. Ciò a sua volta influenzerà le scelte poste in essere dagli agenti di tipo 2 per potere segnalare in modo credibile il proprio elevato livello di status.

Il vincolo di bilancio fronteggiato da un qualsiasi individuo appartenente al gruppo *j* (con *j=1,2*) è dato da:

$$y^j + \sum_{i=1}^{n} p_i^j x_i^j = w^j, \tag{2}$$

dove p_i^j indica il prezzo sostenuto da un individuo di tipo *j* per acquistare l'*i*-esimo bene *x*. Per ciascun $i = 1, \ldots, n$, faremo l'ipotesi che $p_i^2 = \theta/n$ e $p_i^1 = 1/n$ con $0 < \theta < 1$. Ciò implica che gli individui di tipo 2 fronteggiano prezzi più bassi, quando spendono per acquistare i beni *x*, rispetto agli individui di tipo 1. Tale ipotesi può essere razionalizzata sulla base di due distinti ordini di ragioni. In primo luogo si può immaginare che i minori costi a cui vanno incontro gli agenti di tipo 2 riflettano, in forma ridotta, l'utilità marginale decrescente del consumo del bene numerario *y* (utilità marginale che nella eq. (1) è assunta costante per semplicità). La decrescenza dell'utilità marginale di *y* implicherebbe infatti che il prezzo effettivo di ciascuno dei beni *x* risulti decrescente al crescere della ricchezza individuale. In secondo luogo, l'eterogeneità interpersonale nei costi fronteggiati per l'acquisto dei beni *x* può essere interpretata come il riflesso di un certo grado di eterogeneità nelle preferenze, immaginando per esempio che gli agenti di tipo 2 derivino anche un certo grado di utilità diretta (o una maggiore utilità diretta rispetto agli individui di tipo 1) dal consumo dei beni *x* (oltre all'utilità che si ritrae dai beni *x* per scopi di *signaling*).

Passiamo ora a considerare il ruolo della visibilità del consumo nel processo di generazione di status sociale. Sulla scia dei contributi elaborati dalla letteratura di teoria dei giochi in tema di *noisy signaling,* ipotizzeremo che, sebbene il consumo dei beni x sia più visibile rispetto al consumo del bene y (che per ipotesi non ha alcuna visibilità esterna), la visibilità del loro consumo non sia comunque perfetta. Come vedremo successivamente, questa ipotesi svolge un ruolo importante nella nostra analisi. In particolare, l'ipotesi implica che ciascun individuo si troverà sempre a fronteggiare un trade-off tra spendere maggiori risorse nell'acquisto del bene y (che fornisce utilità diretta ma non contribuisce a segnalare un alto livello di status) e acquistare una più ampia varietà di beni x (aumentando la probabilità con cui si è percepiti come soggetti ad alto status sociale e ottenendo quindi una quota maggiore del surplus sociale derivante dallo status). Proprio questo trade-off consente al governo di usare la tassazione per controllare il grado di informatività del segnale trasmesso attraverso l'acquisto dei beni x e pertanto di ottenere effetti redistributivi anche mediante il canale status (oltre al canale tradizionale di redistribuzione del reddito/ricchezza).

Dal punto di vista formale, l'ipotesi che faremo è che la visibilità di ciascun bene x_i (per $i = 1, \dots, n$) sia determinata da una variabile aleatoria z che assume valore 1 (il bene risulta visibile) con probabilità $0 < q/n < 1$ e valore 0 con probabilità $0 < 1\text{-}q/n < 1$. Ipotizzeremo inoltre che la realizzazione di tale variabile aleatoria sia indipendente tra i vari beni x e perfettamente correlata tra i diversi agenti. Questi ultimi compiono le proprie scelte di consumo prima di conoscere il valore assunto dalla variabile z per ciascuno dei beni x. L'interpretazione di quest'ultima ipotesi è che il grado di visibilità di un certo bene x_i non è un attributo noto *ex ante*; al momento di compiere le proprie scelte di consumo, gli individui non sanno determinare con precisione su quale sottoinsieme dei beni x si concentrerà l'attenzione dei membri della collettività, e dunque quali beni appartenenti all'insieme $\{x_1, \dots, x_n\}$ risulteranno *ex post* salienti per finalità di *signaling.* Il fatto che il grado di visibilità di un certo bene x_i sia *ex ante* imperfetto ha come conseguenza che ciascun agente, ampliando la varietà di beni x acquistata, può incrementare la probabilità con cui è percepito dagli altri membri della collettività come individuo ad alto status.

3. *Il gioco a due stadi*

Si consideri un gioco a due stadi. Il governo tassa i beni x con un'imposta *ad valorem* ad aliquota unica t. Il gettito riscosso viene utilizzato per finanziare un trasferimento uniforme in somma fissa T, nel rispetto del vincolo di bilancio pubblico. Nel primo stadio del gioco il governo sceglie il valore di t e T con l'obiettivo di massimizzare il benessere sociale. Nel secondo stadio del gioco, per dati valori di t e T, ciascun individuo compie le proprie scelte di consumo. Procedendo a ritroso, iniziamo la nostra analisi considerando le scelte compiute dagli agenti nel secondo stadio del gioco.

Stadio II: Il gioco di segnalazione

Facendo appello a criteri di raffinamento standard (in particolare, il cosiddetto "criterio intuitivo"), procediamo a caratterizzare un equilibrio di separazione in cui gli agenti di tipo 2 acquistano $0 \leq m \leq n$ beni di segnalazione, mentre gli agenti di tipo 1 acquistano esclusivamente il bene numerario y[9]. L'equilibrio di separazione è definito dalla soluzione al seguente problema di massimizzazione vincolata (problema P1):

$$\max_{0\leq m\leq n} w^2 - (1+t)\theta\frac{m}{n} + T + \left\{\left[1-\left(1-\frac{q}{n}\right)^m\right] + \frac{1}{2}\left(1-\frac{q}{n}\right)^m\right\}B$$

sotto il vincolo di incentivo-compatibilità

$$w^1 - (1+t)\frac{m}{n} + T + \left\{\left[1-\left(1-\frac{q}{n}\right)^m\right] + \frac{1}{2}\left(1-\frac{q}{n}\right)^m\right\}B \leq w^1 + T + \frac{1}{2}\left(1-\frac{q}{n}\right)^m B$$

Si noti che, nel caso nessuno dei segnali risulti *ex post* osservato, evento che si realizza con probabilità $\left(1-\frac{q}{n}\right)^m$, il surplus associato allo status si distribuisce in modo egualitario tra i due tipi di agenti. Diversamente, quando almeno uno dei segnali risulta *ex post* osservato, evento che si realizza con probabilità $1-\left(1-\frac{q}{n}\right)^m$, l'applicazione della regola di Bayes consente di supportare una completa separazione in cui gli agenti di tipo 2 si appropriano di tutto il surplus associato allo status. Tuttavia, l'imperfetta osservabilità dei segnali fa sì che, in termini di utilità attesa (adottando dunque

---

[9] Ipotizzeremo che al di fuori del sentiero di equilibrio del gioco, quando la regola di Bayes non può essere applicata e le *beliefs* sono arbitrarie, un agente sia percepito con probabilità 1 quale agente a basso status (cioè quale agente di tipo 1).

una prospettiva *ex ante*), gli individui di tipo 1 possano godere del "beneficio del dubbio" e dunque ottengano, anche in un equilibrio di separazione, una quota del surplus associato allo status. Tale quota risulta decrescente in m, la numerosità dei beni di segnalazione acquistati dagli individui di tipo 2 e che possiamo interpretare come una misura dell'intensità del segnale scelto dal suddetto gruppo di agenti.

Indicando con α il rapporto m/n, facendo l'ipotesi che sia m che n siano sufficientemente grandi, e sfruttando il fatto che il numero di Nepero e è definito come il limite, per h che tende a infinito, di $\left(1+\frac{1}{h}\right)^h$, possiamo equivalentemente riformulare il problema P1 nel modo seguente (problema P2):

$$\max_{0\leq\alpha\leq 1} w^2 - (1+t)\theta\alpha + T + \left(1 - \frac{1}{2}e^{-q\alpha}\right)B$$

sotto il vincolo di incentivo-compatibilità (di seguito, per brevità, IC)

$$(1 - e^{-q\alpha})B \leq (1+t)\alpha$$

Si noti che nello scrivere il problema P2 abbiamo implicitamente assunto che l'unica scelta a disposizione degli agenti di tipo 1 sia tra i) spendere tutte le proprie risorse nel solo acquisto del bene numerario y e ii) replicare le scelte di consumo degli agenti tipo 2 (scegliendo lo stesso valore di α). In linea di principio, gli agenti di tipo 1 potrebbero anche scegliere un valore di α positivo e strettamente inferiore rispetto a quello scelto dagli agenti di tipo 2. Tuttavia, è agevole dimostrare che tale scelta si rivela necessariamente subottimale rispetto alle due possibili scelte da noi considerate nel formulare il problema P2 [10].

Nell'analisi del problema P2, e successivamente nell'analisi del problema di scelta del *policy-maker*, imporremo le seguenti restrizioni parametriche:

$$e^{-q} < \frac{2\theta}{qB} < 1 \tag{3}$$

$$ln(qB) - ln(2\theta) < qB - 2\theta \tag{4}$$

$$(1 - e^{-q})B < 1 \tag{5}$$

La prima parte della restrizione (3) garantisce che, in un equilibrio di laissez-faire (cioè quando $t = T = 0$), il valore ottimale di α, che si ottiene

---

[10] Per i dettagli della dimostrazione di questo risultato si veda l'appendice A.1 in S. BASTANI, T. BLUMKIN, L. MICHELETTO, *Taxes and the division of social status* [2023], Dondena Working Paper No. 156.

dal problema P2 trascurando di considerare il vincolo IC, è strettamente inferiore a 1; la seconda parte della restrizione (3) garantisce invece che tale valore è strettamente maggiore di 0. La restrizione (4) garantisce che, per $t = T = 0$, il vincolo IC è stringente, vale a dire che tale vincolo è violato quando si considera il valore ottimale di α che si otterrebbe dal problema P2 trascurando il vincolo IC. Infine, la restrizione (5) garantisce che, per $t = T = 0$, il più piccolo valore di α che soddisfa il vincolo IC è strettamente inferiore a 1.

La seguente Proposizione caratterizza la soluzione del problema P2 [11].

PROPOSIZIONE 1. Quando $\theta < 1/2$, esiste un livello soglia positivo per t, che indicheremo con t^*, tale per cui la soluzione del problema P2 è data da:

$$\alpha(t) = \alpha_2(t), per\ 0 \leq t < t^*$$

$$\alpha(t) = \frac{1}{q} ln\left(\frac{qB}{(1+t)2\theta}\right), per\ t^* \leq t < \frac{qB}{2\theta} - 1$$

$$\alpha(t) = 0, per\ t \geq \frac{qB}{2\theta} - 1,$$

dove $\alpha_2(t)$ è implicitamente dato dal valore strettamente positivo di α che si ottiene risolvendo l'equazione che definisce il vincolo IC in forma stringente, e dove $(1/q)ln\{qB/[(1 + t)2\theta]\}$ rappresenta la soluzione del problema P2 quando si trascuri il vincolo IC.

Quando invece $\theta \geq 1/2$, si ha che $\alpha(t) = 0$ per qualsiasi valore di t tale per cui $t \geq 0$.

Sulla base dei risultati forniti dalla Proposizione 1 è immediato verificare che α risulta strettamente decrescente in t (cioè $\frac{d\alpha}{dt} \stackrel{\text{def}}{=} \alpha'(t) < 0$) per qualsiasi valore di t tale per cui $t < \frac{qB}{2\theta} - 1$. Detto altrimenti, all'aumentare dell'aliquota t gli agenti di tipo 2 sono indotti a ridurre la varietà dei beni di segnalazione da essi acquistati e di conseguenza a indebolire l'intensità del segnale trasmesso. La Proposizione 1 evidenzia come l'acquisto dei beni di segnalazione da parte degli agenti di tipo 2 risponda a due finalità. La prima è che, acquistando una maggiore varietà di questi beni, tali agenti riescono ad incrementare l'utilità attesa che ottengono in termini di status

[11] Per la dimostrazione della Proposizione 1 si veda l'appendice A.2 in S. BASTANI, T. BLUMKIN, L. MICHELETTO, *Taxes and the division of social status* [2023], Dondena Working Paper No. 156.

sociale. La seconda è che, più essi spendono nell'acquisto di tali beni, più rendono costoso (e dunque meno attraente) per gli agenti di tipo 1 adottare un comportamento di tipo "mimicking" (cioè replicare le scelte degli agenti di tipo 2).

Passiamo ora all'analisi del primo stadio del gioco e dunque alla scelta del valore di t da parte del *policy-maker*. Al fine di rendere la nostra analisi non triviale, concentreremo la nostra attenzione sul caso in cui $\theta < 1/2$.

Stadio I: Il problema di scelta del policy-maker

Si assuma per semplicità che la numerosità degli individui appartenenti a ciascun gruppo sia la medesima, e si normalizzi a 1 tale numerosità. Indicando con $\alpha(t)$ la quota ottimale, caratterizzata nella Proposizione 1 e variabile in funzione dell'aliquota t, di beni di segnalazione scelta in equilibrio dagli agenti di tipo 2, il vincolo di bilancio pubblico è dato da

$$\theta t\alpha(t) = 2T \tag{6}$$

Si noti che il vincolo di bilancio pubblico (6) riflette il fatto che, in un equilibrio di separazione, gli agenti di tipo 1 spendono tutte le risorse nell'acquisto del bene numerario (e non tassato) y. Conseguentemente, in equilibrio l'utilità degli agenti di tipo 1, indicata con u^1, sarà data da

$$u^1 = w^1 + T + \frac{B}{2}e^{-q\alpha(t)} = w^1 + \frac{\theta}{2}t\alpha(t) + \frac{B}{2}e^{-q\alpha(t)}, \tag{7}$$

dove nel passaggio dalla prima alla seconda uguaglianza abbiamo sostituito a T il valore risultante dal vincolo di bilancio pubblico (6).

Assumendo ad obiettivo del *policy-maker* la massimizzazione del benessere degli agenti di tipo 1 (funzione del benessere sociale di tipo max-min), la funzione obiettivo è data da

$$W = \delta\left[w^1 + \frac{\theta}{2}t\alpha(t)\right] + (1-\delta)\frac{B}{2}e^{-q\alpha(t)}, \tag{8}$$

dove $\delta \in \left[\frac{1}{2}, 1\right]$ indica il peso assegnato dal *policy-maker* al consumo del bene numerario da parte degli agenti di tipo 1 e $1 - \delta$ rappresenta il peso assegnato alla componente status [12].

[12] Quando $\delta = 1/2$ la funzione di benessere sociale risulta welfarista e coincide con l'utilità degli agenti di tipo 1 come da essi percepita. Quando $\delta > 1/2$ la funzione di benessere sociale è non-welfarista e riflette una componente di paternalismo da parte del *policy-maker*, il quale non rispetta pienamente le preferenze degli agenti di tipo 1. Nel caso estremo in cui $\delta = 1$ il *policy-maker*, nel valutare il benessere degli agenti di tipo 1, non attribuisce alcun peso alla componente status.

Differenziando la (8) rispetto a t, otteniamo la seguente condizione del primo ordine associata al problema di ottimizzazione del *policy-maker*:

$$\frac{\delta}{2}[\alpha(t) + t\alpha'(t)]\theta - \frac{1-\delta}{2} qB\alpha'(t)e^{-q\alpha(t)} = 0, \tag{9}$$

o, equivalentemente

$$\delta\theta\left[t + \frac{\alpha(t)}{\alpha'(t)}\right] - (1-\delta)qBe^{-q\alpha(t)} = 0 \tag{10}$$

Indicando con η l'elasticità di α rispetto al prezzo (comprensivo di imposta) $1 + t$, i.e. $\eta \stackrel{\text{def}}{=} \frac{(1+t)\alpha'(t)}{\alpha(t)}$, l'eq. (10) può essere ri-espressa nel modo seguente:

$$\frac{t}{1+t} = \frac{1-\delta}{\delta\theta}\frac{qBe^{-q\alpha(t)}}{1+t} + \frac{1}{|\eta|} \tag{11}$$

L'eq. (11) mostra come, ad eccezione del caso in cui $\delta = 1$, l'aliquota ottimale è sempre superiore rispetto al valore che massimizza il gettito (*Laffer rate*), cioè al valore che soddisfa la regola dell'elasticità inversa $t/(1 + t) = -1/\eta$. Quando $\delta = 1$ la redistribuzione opera esclusivamente attraverso il tradizionale canale *tax-transfer* (massimizzando il gettito riscosso attraverso la tassazione degli acquisti dei beni di segnalazione e dunque massimizzando il valore del trasferimento pro-capite T). Quando invece $\delta \in \left[\frac{1}{2}, 1\right)$, le considerazioni di gettito sono mitigate da considerazioni relative alla distribuzione del surplus associato allo status e la scelta ottima di t riflette anche l'obiettivo di promuovere una distribuzione più egualitaria di tale surplus.

Per meglio comprendere gli incentivi che guidano il *policy-maker* nella scelta dell'aliquota t, è utile riscrivere la condizione di ottimo in un modo leggermente diverso. A tale fine, si indichi con λ il moltiplicatore di Lagrange associato al vincolo di incentivo-compatibilità che appare nel problema P2. La condizione del primo ordine che caratterizza la scelta ottima di α da parte degli agenti di tipo 2 può allora essere espressa come

$$-(1+t)\theta + \frac{qB}{2}e^{-q\alpha} + (1 + t - qBe^{-q\alpha})\lambda = 0, \tag{12}$$

da cui si ottiene

$$e^{-q\alpha} = \frac{2}{qB}\frac{(1+t)(\theta-\lambda)}{1-2\lambda} \tag{13}$$

Sostituendo per $e^{-q\alpha}$ nella eq. (11) il valore fornito dal membro di destra della eq. (13) otteniamo

$$\frac{t}{1+t} = 2\frac{1-\delta}{\delta}\frac{1-\lambda/\theta}{1-2\lambda} + \frac{1}{|\eta|} \tag{14}$$

Tenuto conto del fatto che t^* indica il valore (positivo) soglia che separa la regione dove il vincolo di incentivo-compatibilità è stringente ($t < t^*$) dalla regione dove il vincolo non è stringente ($t > t^*$), la Proposizione 2 caratterizza la relazione tra l'elasticità $|\eta|$ e l'aliquota t[13].

PROPOSIZIONE 2. Il valore assoluto dell'elasticità $|\eta|$ dipende dal valore dell'aliquota t nel modo seguente:

(i) per $t \in [0, t^*)$ abbiamo che $|\eta| = \frac{1-2\lambda}{1-2\theta}$ e dunque, dato che λ è decrescente in t, $|\eta|$ è monotonicamente crescente in t;
(ii) $|\eta|$ decresce in modo discontinuo al tendere di t a t^*;
(iii) per $t \in [t^*, \frac{qB}{2\theta} - 1)$, abbiamo che $|\eta| = \left(ln\frac{qB}{(1+t)2\theta}\right)^{-1}$ e dunque $|\eta|$ è monotonicamente crescente in t (e tende a infinito per t→ $t^{max} \stackrel{\text{def}}{=} \frac{qB}{2\theta} - 1$).

La ragione per la quale l'andamento dell'elasticità presenta un salto in corrispondenza di t^* è che, per valori di t minori di t^*, il valore di α scelto dagli agenti di tipo 2 è determinato dal vincolo di incentivo-compatibilità $(1 + t)\alpha = (1 - e^{-q\alpha})B$, mentre per valori di t maggiori di t^* abbiamo che la scelta di α non è influenzata dal vincolo di incentivo-compatibilità e soddisfa l'equazione $\alpha = \frac{1}{q} ln\frac{qB}{(1+t)2\theta}$. Sebbene ciò non abbia effetti sulla continuità della funzione α(t) in $t = t^*$, comporta però un salto nella funzione α'(t) (in corrispondenza di $t = t^*$). L'intuizione alla base di questo risultato è che, quando la minaccia che gli agenti di tipo 1 adottino comportamenti di tipo "mimicking" cessa di essere motivo di preoccupazione per gli agenti di tipo 2, la scelta ottima di α diventa meno sensibile a variazioni nell'aliquota t.

Avendo completato l'analisi dell'andamento dell'elasticità $|\eta|$ in funzione di t, la Proposizione 3 fornisce una caratterizzazione della politica ottimale da parte del *policy-maker*[14].

---

[13] Per la dimostrazione della Proposizione 2 si veda l'appendice A.3 in S. Bastani, T. Blumkin, L. Micheletto, *Taxes and the division of social status* [2023], Dondena Working Paper No. 156.

[14] Per la dimostrazione della Proposizione 2 si veda l'appendice A.4 in S. Bastani, T. Blumkin, L. Micheletto, *Taxes and the division of social status* [2023], Dondena Working Paper No. 156.

PROPOSIZIONE 3. Si definiscano $\bar{\delta}$ e $\bar{\bar{\delta}}$ come $\bar{\delta} \stackrel{\text{def}}{=} \frac{2qB}{3qB-2\theta}$ e $\bar{\bar{\delta}} \stackrel{\text{def}}{=} \frac{1}{1+\theta}$.
La politica ottimale del *policy-maker* soddisfa le seguenti proprietà:

(i) per $\delta \in [\frac{1}{2}, \bar{\delta}]$ l'aliquota ottimale è data da un qualsiasi valore di t maggiore o uguale a $\frac{qB}{2\theta} - 1$; per tali valori dell'aliquota il gettito riscosso è nullo e tutta la redistribuzione opera attraverso il canale status;
(ii) per $\delta \in (\bar{\delta}, 1]$ l'aliquota ottimale t^{opt} è monotonicamente decrescente in δ, non induce una soppressione totale del *signaling* e soddisfa l'equazione

$$\frac{t^{opt}}{1+t^{opt}} = 2\frac{1-\delta}{\delta}\frac{1-\lambda/\theta}{1-2\lambda} + \frac{1}{|\eta|},$$

con λ che assume necessariamente valore nullo per $\delta \in (\bar{\delta}, \bar{\bar{\delta}}]$.

La Proposizione 3 indica che, quando il valore di δ è sufficientemente grande (pur rimanendo inferiore all'unità), il governo sceglie una politica che non sopprime integralmente il *signaling* da parte degli agenti di tipo 2. Ciò risulta desiderabile in quanto consente di ottenere gettito che può essere utilizzato per ottenere una più egualitaria distribuzione del consumo del bene numerario. Tuttavia, al decrescere di δ (e senza necessità di scendere al di sotto di un valore di δ pari a 1/2) si perviene inevitabilmente a una situazione in cui è ottimale perseguire obiettivi redistributivi agendo esclusivamente attraverso il canale status e di conseguenza sopprimendo integralmente gli incentivi ad acquistare beni di segnalazione. Si noti in particolare che questo è l'esito ottenuto nel caso in cui la funzione di benessere sociale è welfarista (δ = 1/2).

L'equazione contenuta al punto *(ii)* della Proposizione 3 ci mostra inoltre che, per dati valori di δ e $|\eta|$, l'aggiustamento al rialzo di t^{opt} (rispetto al valore che massimizzerebbe il gettito) è minore quando il vincolo di incentivo-compatibilità è stringente (λ > 0). L'intuizione è in questo caso legata al fatto che, quando il vincolo di incentivo-compatibilità è stringente, α risulta distorto verso l'alto (rispetto al caso in cui la scelta degli agenti di tipo 2 non fosse stata condizionata dall'esigenza di disincentivare comportamenti di tipo "mimicking" da parte degli agenti di tipo 1). Da un lato ciò implica che una riduzione marginale di α determina, dal punto di vista del *policy-maker*, guadagni meno significativi in termini di una più equa distribuzione del surplus associato allo status[15]. D'altro canto, il fatto che la

---

[15] Si tenga infatti presente che gli effetti di una variazione marginale di α, in termini di redistribuzione attraverso il canale status, si riducono al crescere di α.

scelta di α risulti distorta verso l'alto determina un effetto di ampliamento della base imponibile che rende più attraente per il *policy-maker* operare la redistribuzione attraverso il canale tradizionale *tax-transfer*.

4. *Osservazioni conclusive*

Le scelte di consumo individuali contribuiscono a formare l'immagine di sé che viene trasmessa al resto della collettività. In particolare, il fatto che la percezione pubblica dello status sociale di un individuo possa essere influenzata dalle sue scelte di consumo rappresenta un elemento importante per comprendere tali scelte. La letteratura economica ha diffusamente trattato del modo in cui la tassazione dei beni acquistati prevalentemente per ragioni ostentative può essere giustificata sia per ragioni di efficienza che per ragioni di equità. Per ragioni di efficienza, perché può servire a limitare il sovra-consumo di questi beni che si realizza a causa del fatto che gli individui sono coinvolti in un gioco di segnalazione in cui la "credibilità" del segnale inviato da ciascuno dipende anche dalle scelte di consumo compiute dagli altri. Per ragioni di equità, perché le entrate raccolte attraverso la tassazione del consumo ostentativo possono essere impiegate per finanziare trasferimenti monetari a favore dei meno abbienti.

Nel nostro contributo abbiamo evidenziato un diverso meccanismo attraverso il quale la tassazione del consumo ostentativo può aumentare il benessere sociale. L'elemento nuovo che abbiamo evidenziato è che (desiderabili) effetti redistributivi possono anche essere conseguiti mediante una meno diseguale distribuzione dello status sociale.

Un aspetto cruciale della nostra analisi è stato quello del "*noisy signaling*", cioè della "imperfetta visibilità del segnale" utilizzato dagli agenti per influenzare la percezione esterna del proprio status sociale. Questa caratteristica del nostro modello ci ha permesso di ottenere il risultato che nell'equilibrio di separazione l'identità degli agenti non è perfettamente rivelata. In particolare, investendo maggiori risorse nell'acquisto dei beni di segnalazione, ciascun agente ha sempre la possibilità di aumentare la probabilità con cui viene riconosciuto come soggetto "ad alto status", e dunque di incrementare la quota attesa di surplus sociale associato allo status di cui si appropria. Attraverso la tassazione del consumo ostentativo il governo può modificare gli incentivi che guidano le scelte di consumo degli agenti, rendendo il segnale da essi inviato meno informativo. A sua volta, ciò conduce a una diversa distribuzione in equilibrio del surplus associato allo status.

Focalizzando la nostra attenzione al caso di una funzione di benessere sociale di tipo Rawlsiano (max-min), abbiamo analizzato come varia l'aliquota ottimale sui beni di segnalazione al variare del peso che, nella funzione di utilità individuale, il *policy-maker* assegna al consumo non ostentativo. Nel compiere questa analisi abbiamo evidenziato come in certe situazioni possa risultare ottimale scegliere un'aliquota sufficientemente elevata da indurre gli individui ad astenersi dallo spendere risorse per tentare di segnalare il proprio status. In simili circostanze, l'aliquota scelta dal *policy-maker* produce effetti redistributivi pur generando un gettito nullo. Di conseguenza, tutta la redistribuzione opera attraverso il canale status.

Più in generale, la nostra analisi ha messo in evidenza come i benefici, in termini di equità, di una elevata aliquota marginale non possano essere valutati con esclusivo riferimento alla sua capacità di generare gettito. Come accade nel caso dell'imposta sul reddito delle persone fisiche, in cui aliquote marginali molto elevate possono comunque esercitare effetti predistributivi socialmente desiderabili, anche nel caso della tassazione delle merci aliquote particolarmente elevate su certe categorie di beni possono determinare effetti equitativi rilevanti anche qualora il loro contributo in termini di gettito appaia trascurabile [16].

---

[16] Sulla nozione di pre-distribuzione si veda ad esempio A. Bozio, B. Garbinti, J. Goupille-Lebret, M. Guillot, T. Piketty, *Predistribution vs. Redistribution: Evidence from France and the U.S.* [2020], CEPR Discussion Paper No. 15415.

IL WELFARE FISCALE E LA RIFORMA DEL TERZO SETTORE IN ITALIA

di MARCO ALBERTO QUIROZ VITALE

SOMMARIO: 1. Verso una economia sociale in Italia. – 2. La frammentazione del Terzo Settore in monadi giuridico-fiscali. – 2.1. ETS Imprese e Cooperative sociali. – 2.2. ETS Diversi da imprese e cooperative sociali. – 3. L'ipotesi del Welfare fiscale: il costo delle scelte. – 4. Conclusioni.

1. *Verso una economia sociale in Italia*

Il panorama giuridico in cui si pone il tema oggetto del nostro lavoro è stato fortemente caratterizzato dalla c.d. riforma del terzo settore e dell'impresa sociale che il Legislatore ha avviato con la l. 6 giugno 2016, n. 106 "Delega al Governo per la riforma del Terzo Settore, dell'impresa sociale e per la disciplina del servizio civile universale". Il Governo ha attuato la delega adottando, sino ad oggi, quattro decreti legislativi [1] e vari decreti legislativi integrativi [2] che hanno ridisegnato il settore non profit italiano all'interno del quale è stato circoscritto un nuovo semiautonomo campo sociale denominato Terzo settore e introducendo una nuova disciplina del-

[1] Si veda il d.lgs. 6 marzo 2017, n. 40 recante "Istituzione e disciplina del Servizio civile universale, a norma dell'art. 8 della Legge 6 giugno 2016, n. 106"; il d.lgs. 3 luglio 2017, n. 111 recante "Disciplina dell'Istituto del 5 per mille dell'imposta sul reddito delle persone fisiche a norma dell'art. 9, comma 1, lettere c) e d) della Legge 6 giugno 2016, n. 106"; il d.lgs. 3 luglio 2017, n. 112 recante "Revisione della disciplina in materia di impresa sociale, a norma dell'art. 2, comma 2 della Legge 6 giugno 2016, n. 106" e il d.lgs. 3 luglio 2017, n. 117 recante "Codice del Terzo Settore, a norma dell'art. 1, comma 2, lett. b) della Legge 6 giugno 2016, n. 106".

[2] Si veda il d.lgs. 13 aprile 2018, n. 43 recante disposizioni integrative e correttive al d.lgs. 6 marzo 2017, n. 40; il d.lgs. 20 luglio 2018, n. 95 recante disposizioni integrative e correttive al d.lgs. 3 luglio 2017, n. 112; il d.lgs. 3 agosto 2018, n. 105 recante disposizioni integrative e correttive al d.lgs. 3 luglio 2017, n. 117.

le imprese sociali, volta a superare le aporie della precedente legislazione che avevano fortemente scoraggiato il ricorso a questa forma innovativa di impresa senza scopo di lucro soggettivo[3]. Dopo la costituzione del Terzo Settore e dopo la riforma dell'Impresa sociale, il tema della esistenza di una economia sociale in Italia è uscito dal campo degli studi storici o teorici[4] per costituire un argomento di confronto giuridico e pratico che si misura con le realtà e le aspettative sociali del nostro Paese[5].

Dopo l'avvio dell'attività del Registro Unico del Terzo Settore (RUNTS)[6] e in attesa dell'uscita dalla fase "transitoria" del regime fiscale[7] degli Enti del Terzo Settore (ETS), occorre interrogarsi sul futuro e sulle potenzialità di un campo sociale ed economico in cui il Legislatore ed il Governo sono intervenuti molto attivamente in termini che giuridicamente potremmo descrivere come "regolazione" eteronoma di ambiti lasciati sino a quel mo-

---

[3] Cfr.: G. Giustolisi, *La disciplina dell'impresa sociale: un ponte tra il terzo ed il quarto settore*, in *Rivista di diritto dell'impresa*, 3, 19, 622-650. Per un interessante *casa study* che critica da un punto di vista sociologico le ibridazioni tra enti privi di scopo di lucro ed imprese sociali si veda G. Piscitelli, *L'impresa sociale nel sistema di Welfare: il "modello" del Circolo cooperativo*, Homeless Book, 2020.

[4] L. Bruni, S. Zamagni, *Economia civile. Efficienza, equità, felicità pubblica*, Bologna, il Mulino, 2004.

[5] P. Calvo, *The Cordial Economy – Ethics, Recognition and Reciprocity*, Springer, 2018.

[6] La data di inizio della operatività del RUNTS è stata stabilita nel 23 novembre 2021 dal Decreto del Direttore Generale Terzo settore presso il Min. del Lavoro n. 561 del 26 ottobre 2021, in esecuzione di quanto disposto dall'art. 30 del d.m. n. 106 del 15 settembre 2020, pubblicato sulla G.U.R.I. n. 261 del 21 ottobre 2020.

[7] L'efficacia delle principali disposizioni fiscali del CTS (artt. 77, 79, comma 2-*bis*, 80 e 86) è subordinata, ai sensi dell'art. 108, par. 3, del Trattato sul funzionamento dell'Unione europea, all'autorizzazione della Commissione europea; l'art. 101, comma 10 del CTS ha stabilito che a cura del Ministero del lavoro e delle politiche sociali il relativo *dossier* fosse sottoposto alle autorità comunitarie, mentre l'art. 104, comma 3 ha differito l'applicazione agli Enti iscritti nel Registro unico nazionale del Terzo settore dell'intero titolo X del Codice, "a decorrere dal periodo di imposta successivo all'autorizzazione della Commissione europea di cui all'articolo 101, comma 10, e, comunque, non prima del periodo di imposta successivo di operatività del predetto Registro". La seconda delle due condizioni sospensive di è avverata mentre la prima non ancora al momento di redazione del presente articolo, pertanto dal 2017 (*rectius* dal periodo di imposta successivo a quello in corso al 31 dicembre 2017) sino ad oggi gli Enti del Terzo settore ed in particolare le ONLUS, hanno dovuto proseguire la propria attività in un regime "transitorio", stabilito dal comma 1 dell'art. 104 che prevede appunto la gli artt. 77, 78, 81, 82, 83 e 84, comma 2, 85 comma 7 e dell'art. 102, comma 1, lett. *e*), *f*) e *g*) del Codice si applichino in via transitoria alle ONLUS (d.lgs. 4 dicembre 1997, n. 460) alle ODV (organizzazioni di volontariato, OLUS di diritto) iscritte nei registri di cui alla l. 11 agosto 1991, n. 266, e alle APS (associazioni di promozione sociale) iscritte nei registri nazionali, regionali e delle provincie autonome di Trento e Bolzano previsti dall'art. 7, l. 7 dicembre 2000, n. 383. Dopo l'istituzione del RUNTS (vedi nota precedente) analogo regime transitorio è applicabile agli altri ETS iscrivibili nel medesimo Registro dal 23 novembre 2021.

mento all'autonomia dei privati e in termini sociologici come "giuridificazione" di campi sociali autonomi o semi autonomi [8].

Non è questa la sede per ricostruire il processo sociale e politico che ha portato a inserire la galassia del *Non Profit* nell'agenda politica del nostro Paese sino a giungere alla Riforma del Terzo Settore [9]; è certo, tuttavia, che già i dati del censimento generale del 2011 avevano confermato nei fatti l'ipotesi che accanto all'economia capitalistica di mercato potesse fiorire una economia sociale e ciò ha attratto l'interesse sia del ceto politico che della classe sociale imprenditoriale (oltre che degli studiosi dei fenomeni sociali), nei successivi due lustri. Mediante la metodologia del "censimento permanente" [10] l'ISTAT ha fornito dal 2016 in poi dati che confermano ulteriormente l'esistenza e il rilievo dell'economia sociale, evidenziando gli effetti che la riforma inizia a produrre sulle dinamiche sociali. Al 31 dicembre 2020, secondo i rilevamenti statistici [11], le istituzioni non profit attive in Italia sono 363.499 e, complessivamente, impiegano 870.183 dipendenti; oltre il 50% degli Enti è attivo al Nord, il 22,2% al Centro, il 18,2% al Sud e il 9,4% nelle Isole; inoltre la concertazione territoriale è anche più evidente rispetto alla capacità occupazionale posto che oltre la metà del personale assunto opera nelle regioni del Nord. Ciò non ostante, le istituzioni non profit, a partire dal 2018, sono cresciute di più nel Mezzogiorno, lasciando sperare un riequilibrio complessivo della distribuzione degli enti e degli occupati. È da sottolineare che i dati ISTAT si riferiscono al Non Profit secondo la classificazione internazionale ICNPO (*International Classification of Nonprofit Organization*), elaborata dalla Johns Hopkins University e ripresa nell'Handbook on Nonprofit Institutions in the System of National Accounts (elaborato dalla Divisione di Statistica – Dipartimento degli Affari Economici e Sociali delle Nazioni Unite) [12]. Il sistema di classi-

---

[8] P. DONATI, *L'associazionismo sociale oltre il welfare state: quale regolazione?*, Angeli, Milano, 1997.

[9] Per un inquadramento delle ragioni della riforma in relazione all'evoluzione del Welfare State italiano si veda l'efficace sintesi di U. ASCOLI, *Welfare e Terzo Settore*, Parole-chiave, 4, 2020, 179-193.

[10] ISTAT, "Al via il Censimento permanente delle Istituzioni non profit. Convegno lancio", 10 marzo 2022.

[11] ISTAT, 2022, Struttura e profili del settore non profit, https://www.istat.it/it/files//2022/10/REPORT-NON-PROFIT-2022.pdf.

[12] AA.VV., *United Nations, Department of Economic and Social Affairs – Statistics Division, Handbook on Non-profit Institutions in the System of National Accounts*, Studies in Methods, Series F., No. 91, New York, 2003.

ficazione ICNPO è organizzato in 12 gruppi, corrispondenti ai settori d'intervento, e 29 sottogruppi che individuano le specifiche attività.

Il movimento dell'economia civile è stato negli ultimi anni, tuttavia, in frenata posto che tra il 2018 e il 2019, cioè in piena crisi economica, è cresciuto solo dello 0,9%, mentre tra 2019 e il 2020 le istituzioni non profit sono sostanzialmente rimaste stabili (+ 0,2%). Tale momento di stasi può essere dipeso dai dirompenti effetti della Pandemia [13] ma anche della incertezza causata dal regime fiscale transitorio e più in generale dai tempi di una riforma avviata nel 2016, che stentava ancora a realizzarsi a distanza di un lustro.

Tuttavia, il valore dell'economia sociale e le sue potenzialità nel contesto di un Welfare ri-generato [14] si misura soprattutto rispetto alla capacità occupazionale che anche nei periodi di peggiore crisi economica e sanitaria non è mai venuta meno. L'incremento dei dipendenti si è mantenuto intorno allo 1,0% tra il 2019 ed il 2020. Nello stesso periodo la distribuzione dei dipendenti conferma una tendenza di "tenuta" di lungo periodo, considerando che coinvolge anche lavoratori svantaggiati; il 52,9% si trova infatti impiegato dalle cooperative sociali, il 19,6% nelle associazioni e al 15,3% nelle istituzioni non profit con "altra forma giuridica". Considerando complessivamente le imprese sociali esse occupano oltre la metà dei dipendenti (54,2%), seguono a grande distanza le istituzioni iscritte all'anagrafe delle ONLUS (9,3%), le organizzazioni di volontariato (3,4%) (che pure sono fiscalmente ONLUS di diritto) e le associazioni di promozione sociale (1,3%), mentre un significativo rielevo ha la categoria residuale delle "altre istituzioni non profit" (31,8%) in cui troviamo anche soggetti che non rientrano nel quadro della Riforma.

Passando a considerare le attività, il rapporto ISTAT del 2022 evidenzia che il settore dello sport raccoglie il 32,9% delle istituzioni non profit, seguito da quelli delle attività culturali e artistiche (15,9%), delle attività ricreative e di socializzazione (14,3%), dell'assistenza sociale e protezione civile (9,9%); le organizzazioni di volontariato sono attive prevalentemente nei settori di intervento tradizionale: assistenza sociale e protezione civile

---

[13] A. TURCHINI, *I servizi sociali nella pandemia*, 2022, in https://oa.inapp.org/xmlui/bitstream/handle/20.500.12916/3462/INAPP_Turchini_Ferri_Ranieri_I_servizi_socisoc_nella_pandemia_WP_82_ 2022.pdf.

[14] M.A. QUIROZ VITALE, *Il virus di Wuhan ed i suoi effetti sul sistema di welfare in Italia*, in M. BIASI, F. FERRARO, D. GRECO, S. ZIRULIA (a cura di), *L'emergenza Covid nel quadro giuridico, economico e sociale: Quattro chiavi di lettura: distanza, disuguaglianza, comunicazione, responsabilità*, Giuffrè, 2021, 125-144.

(40,6%) e sanità (24,3%). Le Onlus d'elezione sono più presenti nella cooperazione e solidarietà internazionale (17,4%) oltre che nel settore dell'assistenza sociale e protezione civile (43,8%). Le imprese sociali operano principalmente nei settori dell'assistenza sociale e protezione civile (48,4%) e sviluppo economico e coesione sociale (31,4%), sebbene non sia trascurabile la quota di imprese attive nel campo dell'istruzione e ricerca (9,8%); infine le associazioni di promozione sociale svolgono prevalentemente attività ricreative e di socializzazione (40,1%) e culturali e artistiche (32,4%). Tra gli enti che rimangono ai margini della Riforma troviamo che enti che recitano, senza scopo di lucro, le attività sportive (42,4%) e gli "altri settori" (17,0%).

Rispetto al dato fiscale il Rapporto ISTAT citato, evidenzia che nel 2020 sono state 65.439 le istituzioni non profit iscritte nell'elenco degli enti destinatari del cinque per mille (17,0% del totale) e l'importo ricevuto è pari a circa 455,6 milioni di euro,

Oltre ai numeri occorre domandarsi, però, quale sia l'idealità sottesa alla economia sociale del Non Profit. A questo punto occorre evidenziare che il Non Profit internazionale è identificato in base agli standard SNA [15] come l'insieme di enti giuridici o sociali creati allo scopo di produrre beni e servizi, il cui *status* non permette loro di essere fonte di reddito, profitto o altro guadagno per le entità che le costituiscono, controllano o finanziano; per tale ragione l'ISTAT utilizza come definizione operativa quella di "unità giuridico-economiche dotate o meno di personalità giuridica, che producono beni e servizi destinabili o non destinabili alla vendita e che, in base alle leggi vigenti o a proprie norme statutarie, non hanno facoltà di distribuire, anche indirettamente, profitti o altri guadagni diversi dalla remunerazione del lavoro prestato ai soggetti che le hanno istituite o ai soci". Si tratta di definizioni molto ampie che descrivono efficacemente i soggetti dell'economia sociale operanti nei 12 settori individuati dall'ICNPO (Cultura e tempo libero, Istruzione e ricerca, Salute, Servizi sociali, Ambiente, Sviluppo e edilizia abitativa, Diritto, difesa e politica, Intermediari filantropici e promozione del volontariato, Internazionale, Religione, Associazioni imprenditoriali e professionali, sindacati e un gruppo residuale) e ruotano attorno alla clausola *non distribution constraint*.

Il dato unificante del Non Profit non è tuttavia solo il divieto di distruzione

[15] Cfr.: European Communities, International Monetary Fund, Organisation for Economic Co-operation and Development, United Nations and World Bank, System of National Accounts 2008, New York, 2009. United Nations and others, System of National Accounts 1993, Brussels/Luxembourg, New York, Paris, Washington D.C., 1993.

degli utili ma anche un elemento positivo in termini sociali. Pare quindi più che fondato il riferimento all'insegnamento di Giuseppe Toniolo, sostenitore di "un'antropologia economica destinata a far interagire i valori del mercato e della concorrenza con quelli della solidarietà e della giustizia distributiva, attraverso la scelta di forme di mutuo coordinamento e collaborazione fra le parti sociali" [16]. L'opera del Toniolo è sempre più al centro di una riscoperta e valorizzazione [17]. L'economia sociale o "umana" secondo la proposta di mons. Sorrentino, dovrebbe infatti saper coniugare la ricerca del profitto con la ricerca del miglioramento delle condizioni esistenziali delle persone al fine di salvaguardarne la dignità umana. Un'economia, efficiente sul piano tecnico, insegnava Toniolo, presenta una 'buona salute integrale' nella misura in cui venga riconosciuto il primato della società civile rispetto a quella politica in vista del bene comune, e operi per la tutela dei membri più deboli che debbono essere posti al centro dell'attenzione e della promozione sociale [18].

La scelta del Legislatore del 2016 sembrava andare nel senso segnato da Toniolo, quando ha stabilito che fosse compito dello Stato individuare nell'ampio campo economico e sociale del Non Profit un più ristretto settore tale da comprendere: "*il complesso degli enti privati costituiti per il perseguimento, senza scopo di lucro, di finalità civiche, solidaristiche e di utilità sociale e che, in attuazione del principio di sussidiarietà e in coerenza con i rispettivi statuti o atti costitutivi, promuovono e realizzano attività di interesse generale mediante forme di azione volontaria e gratuita o di mutualità o di produzione e scambio di beni e servizi*". Ma anche circoscritto in modo che non ne facciano parte "*le formazioni e le associazioni politiche, i sindacati, le associazioni professionali e di rappresentanza di categorie economiche*" e gli enti sottoposti al controllo o alla direzione ed al coordinamento degli enti esclusi (art. 1, l. n. 106/2016); cioè un'ampia gamma di enti (cui occorre aggiungere anche il vasto settore degli enti ecclesiastici e gli enti che perseguono finalità religiose) [19] storicamente appartenenti all'area socioeconomica del Non Profit.

---

[16] F. FRENI, *Enti ecclesiastici e associazioni etico-religiose in una new economy di comunione solidale. Per un'economia dal volto più umano*, in *Quaderni di diritto e politica ecclesiastica*, Fascicolo 3, 2015, 897.

[17] M. BIANCHINI, F. MANZALINI (a cura di), *Giuseppe Toniolo. Economia sociale, diritti, cooperazione*, in *Il pensiero economico italiano*, 2014, 2.

[18] D. SORRENTINO, *Economia umana. La lezione e la profezia di Giuseppe Toniolo: una rilettura sistematica*, Milano, Vita e Pensiero, 2021, 321.

[19] Il tema degli enti ecclesiastici non è trattato nel presente lavoro, ma è affrontato nel saggio di Daniela Milani in questo volume.

Tuttavia, in questo lavoro formuliamo l'ipotesi che la legislazione giuridico-fiscale della riforma cambierà radicalmente il panorama ricavabile dai dati dell'ISTAT. La selezione dei dati, effettuata sulla base delle categorie dell'ICNPO, potrebbe creare ancor per alcuni anni l'illusione ottica che farà credere a molti che i cambiamenti della Riforma del Terzo Settore rimarranno marginali e circoscritti. Cambierà, invece, radicalmente la realtà sociale ed economica degli attori sociali collettivi che si propongono di coniugare diversamente le esigenze del profitto con gli scopi sociali, senza negare l'utilità e la storica affermazione del mercato, che è una delle grandi "invenzioni" dell'Europa cristiana sin del XV Secolo[20]. Il Non Profit si è storicamente formato nel nostro Paese sino ad oggi grazie all'azione degli enti privati diversi dalle società che non perseguono finalità lucrativa ma ideali (principalmente solidaristiche) e non in forma di impresa; invece, la riforma ne prevede uno sviluppo diverso nell'ambito del settore pubblico. Si delinea una traiettoria che passa per una burocratizzazione delle organizzazioni ed una pubblicizzazione degli scopi, la sottoposizione a controlli governativi ed a modalità di attuazione delle finalità meno autonome e maggiormente predeterminate in forma rigida. In questo senso il Terzo settore, così come scolpito dalla riforma, si iscrive all'interno dello Stato sociale contemporaneo, con una forte funzionalizzazione sociale della libertà dei privati e con la possibilità, per questo motivo, di accedere a benefici fiscali e rapporti privilegiati con la pubblica amministrazione.

2. *La frammentazione del Terzo Settore in monadi giuridico-fiscali*

Il quadro non solo giuridico ma anche valoriale, successivo alla riforma, ci pare profondamente mutato. Le politiche dei Governi che hanno avuto la forza di imporre la Riforma del Terzo Settore – grazie alle classi ed ai sociali che la hanno sostenuta – hanno anche posto le condizioni per l'affermarsi delle imprese sociali quali soggetti, se non unici, per lo meno prioritari dell'economia sociale, a fronte di una frammentazione sempre più accentuata del Terzo Settore.

Occorre tuttavia a questo punto tratteggiare la fisionomia del Terzo settore in contrapposizione con l'ampio campo del Non Profit e per far ciò dobbiamo introdurre alcune precisazioni sulla portata del Codice del Ter-

[20] S. ZAMAGNI, *L'emergenza dell'economia civile*, in *Autonomie locali e servizi sociali*, 1, aprile, 2007.

zo settore (CTS): sia in relazione alla categoria degli ETS sia con riferimento alle attività di interesse generale.

In primo luogo, il Codice non si limita ad attuare una revisione organica di norme già dettate per un settore giuridico già esistente perché il Terzo settore è stato fondato, per la prima volta, compiutamente dalla Riforma stessa. "Il codice definisce in termini innovativi il Terzo settore (con prevedibili ricadute in campo sociale ed economico) nel Titolo II, ed in particolare negli articoli 4 e 5 CTS, introducendo una nuova categoria giuridica che si aggiunge ma non sostituisce le categorie civilistiche delle persone giuridiche private [...] avendo il legislatore mancato l'occasione storica di riformare e coordinare il I libro del Codice civile. Neppure può dirsi pienamente riuscito l'intento di unificare la categoria fiscale degli enti non commerciali [...] non avendo il Legislatore sfruttato coerentemente l'occasione di coordinare in termini non equivoci la struttura giuridica degli enti con la disciplina tributaria, mentre la leva fiscale potrebbe, oggi più che mai, dare autonomia al Terzo settore, cioè renderlo capace di sviluppare una autentica economia civile, di mercato ma non capitalistica" [21].

La stessa tecnica para-definitoria degli ETS, come abbiamo sottolineato altrove, ha creato maggiore disordine concettuale: il Codice enumera e disciplina ETS *di diritto* dalla lunga storia nel Non Profit come OdV e APS [22], accanto ad enti creati *ex novo*: quelli filantropici (artt. 37-39) e le Reti associative (art. 41) che trovano pertanto fonte primaria di regolazione solo nel Codice del Terzo settore. Vi sono poi altri ETS *di diritto* che sono destinatari, soprattutto, di una disciplina particolare ed extracodicistica: le Cooperative sociali che continuano ad essere regolate dalla l. n. 381/1991 e le Imprese sociali che seguono la disciplina della normativa speciale del d.lgs. n. 112/2017. Ancor diversa la regolazione dell'ultimo ETS *di diritto*: le Società di mutuo soccorso regolate sia dalla l. 15 aprile 1886, n. 3818, sia dagli artt. 42-44 del CTS. Come abbiamo avuto modo di chiarire, quello ricavabile dal d.lgs. n. 117 è poco più di un elenco privo di omogeneità sia strutturale che funzionale, frutto della stratificazione storica di forme organizzative piuttosto che di un disegno razionale. Accanto agli ETS *di diritto* (impropriamente definiti tipici) vi sono quelli che possiamo chiamare *d'elezione* costituiti dalle associazioni e dalle fondazioni e dagli altri enti

---

[21] M.A. Quiroz Vitale, *Principi e disposizioni generali del codice del terzo settore*, in M.A. Quiroz Vitale, Sergio Ricci, *La codificazione del Terzo Settore*, Maggioli, 2020, 2.

[22] Organizzazioni di volontariato già disciplinate dalla legge quadro sul volontariato (l. n. 266/2001) ed oggi dagli artt. 32-34 del CTS; le Associazioni di promozione sociale, già disciplinate dalla l. n. 383/2000 ed oggi dagli artt. 35 e 36 del CTS.

privati disciplinati dal I libro del Codice civile. "Si tratta, invero, di una tipicità ulteriormente scolpita dal Cts che dedica a tali enti la corposa disciplina del Titolo IV. Rispetto agli Ets *ex lege*, tuttavia, neppure la struttura 'tipica' delle persone giuridiche prive di fini di lucro, appare sufficiente a garantire l'appartenenza alla categoria del Terzo settore – che in ciò appunto si discosta palesemente dal Non Profit – dovendo l'organizzazione soddisfare anche requisiti ulteriori sia teleologici sia strutturali che, in assenza di una valutazione *ex ante* del Legislatore, andranno verificati di volta in volta a partire dal vaglio della loro richiesta di iscrizione al Registro Unico del Terzo Settore (Runts)" [23]. Infine, è prevista per i privati la possibilità di costituire enti propriamente *atipici* in termini tecnico-giuridici, che dovranno, a loro volta, soddisfare i requisiti teleologici e strutturali, pur senza essere sottoposti, se non in via analogica, alla disciplina del CTS dettata per le associazioni e fondazioni del terzo settore.

In secondo luogo, è necessaria una ulteriore precisazione la cui importanza non è sufficientemente colta e sottolineata. L'art. 5 del CTS – nel delineare le attività di interesse generale che costituiscono un *numerus clausus* e che circoscrivono il perimetro di azione sociale ed economica permessa agli ETS diversi dalle imprese e dalle cooperative sociali [24] – specifica che tali attività debbono essere "svolte in conformità alle norme particolari che ne disciplinano l'esercizio". Ciò significa che l'agire sociale ed economico degli ETS, anche se diverso dalle imprese e dalle cooperative, non può seguire logiche, modalità realizzative o *standard* quali-quantitativi innovativi o comunque derogatori rispetto a quelli stabiliti da e per l'economia di mercato, pena l'esclusione dal Terzo Settore.

Fatte queste precisazioni di cornice, si può cogliere l'effetto di frammentazione che la Riforma ha determinato. La prima dicotomia che si manifesta è quella tra ETS-Imprese (che comprende anche le Cooperative sociali) e ETS-Diversi, cioè appunto enti diversi da imprese e cooperative sociali.

2.1. *ETS Imprese e Cooperative sociali*

Le imprese sociali oggi, come abbiamo illustrato nel paragrafo precedente, coincidono largamente con le Cooperative sociali ma la normativa

---

[23] M.A. Quiroz Vitale, *La disciplina generale degli enti del terzo settore*, in M.A. Quiroz Vitale, Sergio Ricci, *La codificazione del Terzo Settore*, Maggioli, 2020, 16.

[24] Parzialmente diverso il novero delle attività degli ETS-Imprese delimitato dall'art. 2 del d.lgs. n. 112.

giuridico fiscale riformata dal d.lgs. n. 112/2017 ha posto le basi per l'affermazione e l'espansione di nuovi soggetti: in minima parte coincidenti con gli attori sociali del Non Profit tradizionale. Ai sensi dell'art. 1 del d.lgs. n. 112 possono acquisire la qualifica di impresa sociale tutti gli enti privati, inclusi quelli costituiti nelle forme di cui al libro V del Codice civile che "esercitano in via stabile e principale un'attività d'impresa di interesse generale, senza scopo di lucro e per finalità civiche, solidaristiche e di utilità sociale, adottando modalità di gestione responsabili e trasparenti e favorendo il più ampio coinvolgimento dei lavoratori, degli utenti e di altri soggetti interessati alle loro attività". Anche in questo caso la legge delimita il perimetro del Terzo Settore specificando che non possono acquisire la qualifica di impresa sociale le società costituite da un unico socio persona fisica o le pubbliche amministrazioni né tali soggetti esclusi possono esercitare il controllo o "la direzione ed il coordinamento" di una impresa sociale; allo stesso modo non lo possono esercitare gli enti con scopo di lucro; sul versante degli enti diversi dalle società, non possono divenire imprese sociali quegli enti Non Profit i cui atti costitutivi siano tali da limitare, anche indirettamente, l'erogazione dei beni e dei servizi in favore dei soli soci o associati. Per le Imprese sociali il Legislatore della riforma col d.lgs. n. 112 ha previsto non solo importanti agevolazioni fiscali (di cui all'art. 18)[25] ma anche una attenuazione del divieto di distribuzione degli utili (art. 3)[26]; in particolare le Imprese sociali costituite in forma societaria, a determinate condizioni, possono stabilire la destinazione "degli utili e degli avanzi di gestione annuali" nei limiti del 50% ad aumento gratuito del capitale sociale, ai dividendi dei soci o ad erogazioni liberali a favore di ETS diversi dalle imprese; alle Cooperative l'art. 3, comma 2-*bis* consente oggi *ex professo* anche la ripartizione dei ristorni[27]. La nuova disciplina consente, quindi, alle imprese sociali a struttura cooperativa e societaria l'operatività sul mercato, l'efficienza e la possibilità di crescita autosostenuta.

---

[25] Per la cui analisi dettagliata si rinvia alle trattazioni specialistiche: G. Boletto, *Le imprese del Terzo Settore nel Sistema di imposizione dei redditi: tra sussidiarietà orizzontale e concorrenza*, Giuffrè, Milano, 2020; G.M. Colombo, M. Setti, *Terzo Settore, Aspetti civilistici contabili e fiscali*, Wolters Kluwer, Milano, 2020.

[26] Le previsioni relative agli utili sono "da leggersi in stretta connessione con l'art. 18 comma 1 che disciplina la detassazione degli utili e degli avanti di gestione, così come modificato dal Decreto correttivo (d.lgs. n. 95/2018)"; G.M. Colombo, M. Setti, *op. cit.*, 459.

[27] Comma inserito dall'art. 3, comma 1, del citato decreto correttivo 20 luglio 2018, n. 95, a decorrere dall'11 agosto 2018, ai sensi di quanto disposto dall'art. 10, comma 1, del medesimo d.lgs. n. 95/2018. Per l'inquadramento dei ristorni e la loro differenza dagli utili si rinvia a M. Caliandro, *Il Diritto Cooperativo*, Giappichelli, Torino, 2013.

2.2. *ETS Diversi da imprese e cooperative sociali*

Dissimile è la posizione giuridico-fiscale degli ETS diversi dalle imprese sociali o dalle cooperative sociali (ETS-Diversi). All'interno degli ETS-Diversi – le cui strutture *tipiche* ed *atipiche* abbiamo ricordato *supra* – il codice delinea ulteriori distinzioni funzionali (a partire dall'art. 11 del CTS in tema di iscrizione al RUNTS o al registro delle imprese e dall'art. 13, comma 4 in tema di scritture contabili) a seconda che esercitino "la propria attività esclusivamente o principalmente in forma di impresa commerciale" o meno. Non può pertanto escludersi, pur in assenza di una organica disciplina, la presenza di ETS-Diversi Commerciali, che perseguono le attività di interesse generale (anche quelle non consentite alle imprese sociali, ove economicamente possibile) con la modalità di impresa commerciale (pur non essendo imprese sociali).

Gli altri ETS-Diversi saranno da considerarsi Non-Commerciali.

Tali categorie vanno peraltro a giustapporsi, ad ulteriori categorie di tipo meramente fiscale, ma riprese dal CTS (art. 79 ss.) che, accantonando il criterio della natura degli enti sin qui seguito, si concentrano (*indipendentemente dalle previsioni statutarie*) sulle attività svolte. Il titolo X del CTS dedicato al Regime fiscale degli enti del Terzo settore[28] si riannoda e rinvigorisce la tradizionale dicotomia presente nel TUIR tra "enti commerciali" e "non-commerciali", anteriore alla stessa disciplina delle ONLUS. In termini "quasi sanzionatori" gli ETS oggi assumono infatti "fiscalmente la qualifica di enti commerciali", qualora si discostino da alcuni parametri che impongono lo svolgimento dell'attività in perdita o con la produzione di avanzi di gestione irrisori. Gli ETS-Diversi Commerciali, da un lato, non accedono alla disciplina fiscale degli ETS Impresa a causa della loro disomogeneità strutturale, ma d'altra parte perdono gran parte delle agevolazioni e benefici riservati agli ETS-Diversi non commerciali.[29]

Il d.lgs. n. 460/1997, come noto, era intervenuto per introdurre una norma dedicata alle ONLUS nel tessuto del TUIR nell'ambito della disciplina propria degli enti non commerciali, fortemente innovativa[30], orbene

---

[28] Per una panoramica delle previsioni in materia si rinvia alla ampia trattazione di G.M. Colombo, M. Setti, *Terzo Settore...*, cit., 345-394.

[29] Si pensi alla commercializzazione di determinate attività a fini impositivi *ex* art. 79, al regime forfetario *ex* art. 80 CTS.

[30] Appare più favorevole e coerente dell'attuale, la disciplina delle ONLUS appena abrogata, posto che l'art. 150 TUIR stabiliva semplicemente che "*non costituisce esercizio di attività commerciale lo svolgimento delle attività istituzionali nel perseguimento di esclusive finalità di*

rispetto a quella disciplina sembra di potersi cogliere oggi un arretramento di posizioni tale per cui le agevolazioni fiscali per gli ETS-Diversi siano oggi previste per il caso in cui tali enti operino solo in un terreno esterno o ai margini dell'economia sociale al cui centro si collocano invece gli ETS-Imprese.

Come giustamente è stato osservato le attività di interesse generale di cui all'art. 5 del CTS si considerano di natura "non commerciale", a patto che gli ETS-Diversi operino in forma "antieconomica". Invero è stato anche sottolineato opportunamente che: "la nozione di attività non commerciale dell'ETS poggia sulla seguente disequazione: costi effettivi ≥ corrispettivi; pertanto, il conseguimento di una differenza positiva tra componenti positivi e componenti negativi dell'attività di interesse generale sarebbe, in qualche modo, preclusivo all'ottenimento del beneficio della *decommercializzazione* dell'attività, in quanto configurerebbe esercizio di attività economica con modalità commerciali", con la inevitabile conseguenza che "sotto il profilo aziendale, ... una simile concezione non sembra favorire una gestione efficiente dei servizi sociali da parte degli enti non profit, i quali, oltretutto, grazie a una gestione in sostanziale pareggio o in perdita, non potranno usufruire di forme di autofinanziamento, ad esempio, per il rinnovo delle attrezzature, degli impianti e per l'ammodernamento della struttura" [31].

La frammentazione prosegue con riferimento alla disciplina fiscale particolare dettata per OdV e APS (oltre che per Enti Filantropici e Società di Mutuo soccorso) dal Capo II del Titolo X del CTS, seguendo sempre l'indirizzo di marginalizzazione degli ETS-Diversi dal cuore dell'economia sociale [32].

---

solidarietà sociale", in altri termini ciò significava che "la generalizzata *decommercializzazione* di tutte le attività, istituzionali e connesse, svolte dalle ONLUS conferma che la commercialità o meno dell'attività principale non assume valenza qualificatoria – e ciò è confermato dall'assenza di qualsivoglia indagine in ordine all'oggetto principale – essendo rilevante solo lo scopo solidaristico realizzato, senza lucro, in ambiti caratterizzati da meritevolezza sociale e interesse collettivo" G. Marino, *Terzo Settore: inquadramento generale nel sistema delle imposte sul reddito*, in M.A. Quiroz Vitale, Sergio Ricci, *Il Terzo Settore tra continuità e riforma*, Maggioli, 2017, 123.

[31] G.M. Colombo, *Per una rilettura dell'art. 79 del codice del terzo settore*, in corso di pubblicazione su SdD *Società e Diritti*, rivista elettronica, 19, 2023. Per una coerente prospettiva aziendalista nell'analisi del Non Profit si veda il lavoro di G. Mion, *Percorsi di sostenibilità per aziende non profit. Dentro e oltre la riforma del Terzo Settore*, Giappichelli, Torino, 2022.

[32] Si pensi alla de-commercializzazione di attività di vendita di beni o di somministrazione di bevande e alimenti concessa purché effettuate dalle organizzazioni di volontariato e "svolte senza l'impiego di mezzi organizzati professionalmente per fini di concorrenzialità sul mercato" (art. 84, comma 1, CTS); analogo requisito è dettata per le associazioni di promozione sociale (art. 84, comma 6).

Quale è dunque la vocazione degli ETS Diversi-Non commerciali che per molti lustri hanno costituito il nerbo dell'economia sociale e del Non Profit? Quale la *ratio* giuridica delle agevolazioni fiscali selettivamente concesse?

Malgrado il tentativo di ricondurre tutto il Terzo Settore ad una *ratio* unitaria[33], è proprio la Corte costituzionale a consentire il permanere di forti disomogeneità tra la struttura giuridica e la disciplina fiscale degli ETS ed a giustificare la scelta del legislatore di frammentare il Terzo settore che, privo della capacità di crescita autosostenuta, è costretto a mantenersi in condizioni di dipendenza alternativamente dallo Stato (nel sistema di welfare, delle convenzioni e delle agevolazioni fiscali) o dai privati che possano/vogliano elargire erogazioni liberali.

Se, da un lato, la sentenza n. 131/2020 aveva riconosciuto la posizione privilegiata degli Enti che sono collocati nel perimetro legale fissato dal Codice del Terzo settore, poiché esiste una stretta connessione tra i requisiti di qualificazione degli ETS (tutti gli ETS) e i contenuti della disciplina del loro coinvolgimento nella funzione pubblica, facendo pensare ad una ricostruzione unitaria della categoria all'ombra dei valori costituzionali; dall'altro lato, con la recentissima sentenza n. 72/2022, la medesima Corte ha, invece, legittimato la scelta di fondo del Legislatore in senso opposto cioè la frammentazione della categoria ETS attraverso attribuzioni di statuti fiscali ed agevolativi differenziati per ciascuna tipologia di enti, riproducendo quindi la selva di monadi giuridico-fiscali, rispetto alle quali la l. delega n. 106/2016 imponeva un riordino ed una razionalizzazione. La Corte Costituzionale ha, infatti, dichiarato non fondata la questione di legittimità costituzionale sollevata dal Consiglio di Stato in riferimento all'art. 3 Cost. dell'art. 76 CTS "che riserva alle organizzazioni di volontariato (ODV) il 'contributo ambulanze' escludendo gli altri enti del Terzo settore (ETS) svolgenti le medesime attività di interesse generale" e segnatamente le ONLUS d'elezione che sono le più penalizzate dalla riforma. Per la Corte esiste "una giustificata connessione tra la specifica condizione delle ODV –

---

[33] Sulla base della giurisprudenza costituzionale ed in particolare della sentenza n. 131/2020 ne avevamo offerto questa definizione: "sono definibili Ets quegli enti a carattere privato, rivolti a perseguire "il bene comune" (art. 1 CTS) indirizzando la propria azione verso finalità civiche, solidaristiche e di utilità sociale (art. 4 CTS), e svolgendo "attività di interesse generale" (art. 5 CTS), senza perseguire finalità di lucro soggettivo (art. 8 CTS), ed essendo sottoposti a un sistema pubblicistico di registrazione (art. 11 CTS) e controllo (artt. 90 ss. CTS) e per questo ammessi a realizzare forme di amministrazione condivisa con gli enti pubblici (artt. 55-57 CTS), beneficiando di un regime fiscale di favore" M.A. Quiroz Vitale, *La disciplina generale ...*, cit., 17.

caratterizzate dal vincolo normativo alla prevalenza dei volontari e dal connesso principio di gratuità – e la ratio della citata misura di sostegno. La norma censurata mira, infatti, a sostenere detti enti, che non dispongono della possibilità di pattuire, per il servizio reso, una remunerazione per l'acquisto di automezzi e beni strumentali. Appare, tuttavia, auspicabile che il legislatore riveda in termini meno rigidi detto filtro selettivo, in modo da permettere l'accesso alle risorse anche a quegli ETS ai quali, per disposizione normativa – associazioni di promozione sociale – o per scelta organizzativa dell'ente, che si avvale di un significativo numero di volontari rispetto a quello dei dipendenti, si applica la regola del mero rimborso spese" [34]. L'auspicio concerne quindi una limitata razionalizzazione della misura agevolativa ma non intacca le scelte del Legislatore delegato ed in particolare quella di marginalizzazione degli ETS-Diversi (che non possono programmare spese per investimenti e beni strumentali) né quella di frammentare il Terzo settore, che rimane destinatario di agevolazioni fiscali strutturali o dipendenti dalle specifiche politiche di welfare che si decide di volta in volta, discrezionalmente, di attuare [35].

3. *L'ipotesi del Welfare fiscale: il costo delle scelte*

Salvo quanto si dirà in termini critici e *de iure condendo* – attenendoci per ora al dato normativo vigente – la chiave di lettura della funzione sociale degli ETS-Diversi non va cercata, a nostro avviso, nell'economia sociale ma in un terreno pubblicistico: quello del Welfare fiscale.

Il Welfare fiscale è una importante componente della "spesa fiscale" [36] e può essere definito come l'insieme di interventi che lo Stato, tramite il si-

---

[34] Corte Costituzionale, massima 44712 Titolo: Volontariato – Terzo settore – Misure di sostegno (nella specie: "contributo ambulanze") – Riserva a favore delle organizzazioni di volontariato (ODV), con esclusione degli altri enti del Terzo settore (ETS) – Denunciata irragionevolezza – Insussistenza, in ragione della giustificata connessione tra la specifica condizione delle ODV e la ratio della misura – Non fondatezza della questione – Auspicio per intervento legislativo che renda meno rigida la differenza tra ODV e ETS. (Classif. 263002).

[35] Per un approfondito commento della sentenza si rinvia a G. Vivoli, *Ragionevole ma non troppo: la Corte costituzionale indica come correggere l'agevolazione fiscale per l'acquisto di ambulanze prevista dal Codice del Terzo Settore*, in *SeD Società e diritti*, *Rivista elettronica*, V. 8 N. 15 (2023): Solidarietà, Economia e Terzo Settore (a cura di Antonio Mitrotti), 189-209.

[36] "Trasferimento di risorse pubbliche ottenuto tramite la riduzione del carico fiscale rispetto a una tassazione considerata di riferimento (benchmark), piuttosto che tramite una spesa diretta dello stato" così OCSE, Tax Expenditures in OECD Countries, Paris, OECD Publishing, 2010, 34.

stema fiscale, indirizza per favorire l'acquisto di prestazioni sociali e/o il conseguimento di obiettivi ritenuti socialmente rilevanti[37]; rispetto al tema di cui ci occupiamo rientrano in questa ampia definizione a pieno titolo le esenzioni, le deduzioni, le riduzioni di aliquota, le detrazioni, i crediti di imposta e, specie in periodi emergenziali, i differimenti di imposta, di cui sono destinatari gli ETS ed i loro finanziatori.

Il tema del welfare fiscale è divenuto cruciale nel nostro Paese come hanno messo in evidenza Matteo Jessoula ed Emmanuele Pavolini, secondo i quali: "Nell'ultimo decennio, infatti, anche grazie al maggior ruolo delle agevolazioni fiscali e della relativa spesa, il welfare italiano risulta sempre più incentrato non soltanto su trasferimenti monetari – a scapito dei servizi – ma anche sul welfare fiscale. Infatti, nel 2018 la spesa in welfare fiscale e quella in trasferimenti monetari ammontavano, congiuntamente, a circa il 78% del totale delle risorse dedicate al welfare pubblico. Tale percentuale era pari al 75% nel 2009: se ne deduce, quindi, che lo spazio relativo per un welfare dei servizi è andato ulteriormente restringendosi, nell'ultimo decennio"[38]. Nell'ambito del Welfare contemporaneo gli attori che giocano un ruolo essenziale nell'assicurare il benessere degli individui sono – secondo la ben nota proposta di Esping-Andersen – Stato, Mercato e Famiglie[39]; la prospettiva del Welfare fiscale mostra come deduzioni, detrazioni, riduzioni di aliquota etc. possano sostenere (si pensi agli assegni familiari) o favorire (bonus asilo nido, forme pensionistiche complementari

---

[37] Così, M. Jessoula, E. Pavolini, *Come cambia il welfare oggi. Ripartiamo da Titmuss*, Id., *La mano invisibile dello stato sociale*, il Mulino, Bologna, 24, seguendo la tradizione tripartizione di Richard Titmuss tra welfare sociale, occupazionale e fiscale. Cfr. R. Titmuss, *The social division of welfare: Some reflections on the search for equity*, [1955] in P. Alcock, H. Glennerster, A. Oakley, A. Sinfield (a cura di), *Welfare and wellbeing: Richard Titmuss's contribution to social policy*, Bristol, Policy Press, 2001, 59-70.

[38] Jessoula, E. Pavolini, *Davvero un'esenzione non si deve negare a nessuno? Dilemmi distributivi e proposte di intervento*, in Id., *La mano invisibile dello stato sociale*, il Mulino, Bologna, 439.

[39] G. Esping-Andersen, *The Three Worlds of Welfare Capitalism*, Cambridge, Polity Press, 1990. Cfr.: Id., *I fondamenti sociali delle economie post-industriali*, Il Mulino, Bologna, 2000. Peraltro, studi storici hanno messo in evidenza come fin dagli esordi della nascita delle imprese un esse si sia pure l'erogazione di opere e servizi assistenziali e previdenziali e quindi ha svolto simili funzioni sociali anche prima dello Stato; a maggior ragione ciò vale la famiglia, come comunità naturale ha compiti assai più ampi e fondamentali per la crescita personale dei suoi membri, e per i corpi intermedi, in particolare le associazioni e gli enti religiosi. Tuttavia è da riconoscere la fecondità dell'impostazione di Esping-Andersen rispetto alla necessità di allargare la prospettiva a più mondi vitali in cui l'individuo è inserito. Cfr.: S.A. Conca Messina, V. Varini, *Il welfare in Italia tra pubblico e privato*, Franco Angeli Milano, 2020.

e assicurazioni sanitarie aziendali)[40] la partecipazione alle funzioni di *welfare* statale da parte di famiglie e imprese[41].

Le caratteristiche della spesa fiscale, se attuata nelle forme del perseguimento di obiettivi socialmente rilevanti, mostra però dei tratti peculiari che è opportuno evidenziare. Prima della Pandemia e della crisi energetica innescata dalla guerra tra la Russia ed i Paesi che sostengono l'Ucraina, la spesa a fini sociali è stata condizionata dalle politiche di contenimento della spesa pubblica e dalle polemiche, spesso strumentali, nei confronti dei Paesi europei che non erano in grado di attuare misure fiscali e finanziarie volte a ridurre il debito pubblico. Come noto, la programmazione 2021-2027 del Bilancio a lungo termine dell'UE, ha modificato radicalmente la prospettiva[42], tuttavia per decenni e ancora oggi il ricorso alle misure di *welfare fiscale* sono state preferite alla spesa diretta in campo socio-assistenziale perché il ricorso alle misure di *detassazione*, *detrazione*, *deduzione, agevolazioni sui mutui o gli affitti* etc. ha consentito al governo di espandere la spesa sociale, senza smentire la retorica dei discorsi sulla "austerità" e senza infrangere i vincoli imposti dai Trattati europei alla finanza pubblica.

Seguendo Jessoula e Pavolini, che ricostruiscono un ampio dibattito in letteratura socio-economica[43], l'«opacità» è una fondamentale caratteristica del Welfare fiscale a causa della difficile misurabilità e prevedibilità dell'ammontare monetario delle misure; inoltre la loro complessa tracciabilità – essendo spesso le norme fiscali corrispondenti inserite nelle pieghe di leggi finanziarie o di decreti *omnibus* o accorpate ad altri pacchetti fiscali aventi differenti finalità dichiarate – sottrae gli strumenti di Welfare fiscale non solo al controllo delle autorità sovranazionali ma anche al controllo dell'opinione pubblica interna; simili misure sono spesso frutto di trattative riservate in seno ai Ministeri o del dialogo con esponenti delle *lobbies* e meno spesso costituiscono l'esito di un ampio dibattito pubblico[44]. Per

---

[40] Il welfare aziendale è scolpito dall'art. 1, comma 160 della n. 232/2016 in termini generali.

[41] Cfr.: I. Alvino, S. Ciucciovino, R. Romei (a cura di), *Il welfare aziendale. Una prospettiva giuridica*, il Mulino, Bologna, 2019; M.C. Guerra, *Fisco e welfare per le famiglie*, in U. Ascoli (a cura di), *Il welfare state in Italia*, Il Mulino, Bologna, 2011, 225-255.

[42] Si tratta di una nuova politica di coesione basata sullo strumento finanziario denominato *NextGenerationEU*, che destina 750 miliardi di euro alla finalità dichiarata della ripresa sostenibile, uniforme, inclusiva ed equa. Cfr.: M. Santillo, *Il nuovo protagonismo del Terzo Settore negli scenari del Next Generation Eu, in Rivista giuridica del Mezzogiorno*, 4, dicembre 2021, 1075-1088.

[43] M. Jessoula, E. Pavolini, *Come cambia* ..., cit., 34 ss.

[44] Crf.: C. Howard, *The Hidden Welfare State: Tax Expenditures and Social Policy in the United States*, Princeton, Princeton University Press, 1997.

questo motivo l'opacità continua a rendere appetibile il Welfare fiscale anche in periodi in cui la stretta europea per l'attuazione di politiche di austerità si è temporaneamente allentata. Una seconda caratteristica strettamente legata alla precedente è la «elusività» di queste misure, cioè la idoneità a evitare il veto che a determinate spese sociali possono opporre i rappresentati di interessi collettivi come sindacati o associazioni di consumatori[45]. A queste caratteristiche Jessoula e Pavolini aggiungono due ulteriori elementi che possono lumeggiare le ragioni che possono spingere i decisori politici a prediligere il Welfare fiscale; a loro detta le misure agevolative permettono di attuare politiche con minor *strepitus* e con il coinvolgimento di attori sociali appartenenti a cerchie più ampie ed eterogenee rispetto a chi opera professionalmente o politicamente nell'ambito dell'assistenza sociale: per esempio attori imprenditoriali-finanziari. In conclusione "portata limitata, sedi decisionali (i ministeri economici), e soprattutto opacità dei costi, rendono perciò il welfare fiscale un formidabile strumento da utilizzare nei processi di 'scambio politico'. Operando come catalizzatori di consenso politico immediato, le misure di welfare fiscale possono infatti rappresentare la soluzione politicamente più praticabile ogniqualvolta appaia difficile giungere a un accordo tra gli attori rispetto a riforme e interventi da effettuare"[46].

Riteniamo utile provare ad applicare questo schema analitico al Terzo Settore, con le caratteristiche che abbiamo descritto nei paragrafi precedenti, che ben si coordina con l'approccio teorico degli studiosi di diritto tributario che hanno individuato la *ratio* del trattamento fiscale differenziato degli ETS, nella destinazione delle risorse private a scopi civici, solidaristici e di utilità generale. Tale volontaria devoluzione "configura di per sé una forma alternativa di adempimento del dovere fiscale"[47], alla luce dell'art. 53 Cost. che impone di concorrere alle spese pubbliche, ciascuno in ragione della propria capacità contributiva, ma non impone uno specifico modo di adempiere a tale dovere.

Rispetto alla tripartizione di Esping-Andersen, gli ETS "Imprese e cooperative sociali", per un verso, si collocano a fianco delle imprese *profit*; per altro verso, il Terzo Settore-Diverso integra la categorie della famiglia che, come formazione sociale originaria e preesistente allo Stato, ha stori-

---

[45] E. Immergut, *Institutions, veto points, and policy results: A comparative analysis of health care*, in *Journal of Public Policy*, 10, 4, 1990, 391-416.

[46] M. Jessoula, E. Pavolini, *Come cambia ...*, cit., 38-39.

[47] S. Gianoncelli, *Regime fiscale del Terzo Settore e concorso alle pubbliche spese*, in *Rivista di diritto finanziario e scienza delle finanze*, 3, 2017 303.

camente dato vita alle prime formazioni intermedie più ampie come le Tribù e le Fratrie[48] ed oggi alimenta e si relaziona con tutte le altre formazioni sociali in cui l'individuo svolge la propria personalità sia come singolo sia, più spesso, come componente di una famiglia o una rete di famiglie o di una comunità locale[49]. Le misure di Welfare fiscale indirizzate al Terzo settore nel suo complesso non possono che essere, fisiologicamente, di natura strutturale e raggiungono i destinatari finali che non sono solo persone svantaggiate o fragili ma anche cittadini e famiglie che, in attuazione del principio di eguaglianza sostanziale, vogliono partecipare attivamente alla costruzione politica, sociale ed economica del Paese. Solo le misure strutturali consentono, infatti, l'attuazione in concreto dei diritti di partecipazione dei cittadini e dei diritti sociali in particolare, nel rispetto dei Livelli essenziali delle prestazioni sociali. Rispetto alle caratteristiche tipiche del Welfare fiscale quello indirizzato al Terzo Settore presenta, tuttavia, caratteristiche peculiari: l'allargamento dei soggetti che partecipano all'attuazione delle politiche sociali-partecipative è indubbio anche se orientato in forma perspicua e prevedibile; sono infatti i prerequisiti di qualificazione come ETS posti dal CTS a selezionare (e circoscrivere) i nuovi attori della "amministrazione condivisa"[50], tra i quali non troviamo (perché normativamente esclusi) non solo i sindacati ed i partiti politici e gli enti da questi controllati (titolari del "diritto di veto" su alcune iniziative) ma anche le associazioni professionali, imprenditoriali o di categorie che invece, nella analisi di Jessoula e Pavolini, partecipano ampiamente agli accordi sulle agevolazioni fiscali. A ciò si aggiunga che le misure per il Terzo settore sono certamente molto meno visibili e sono assunte in contesti tipici di "quiet politics"[51] rispetto alle politiche sociali o occupazionali la cui spesa è finanziata direttamente dallo Stato, tuttavia l'opacità di tali misure è inferiore. L'attività degli ETS, in particolare quelle svolte in partenariato con il

[48] Cfr.: Y. Hazony, *Le virtù del nazionalismo*, Guerini e associati, Milano, 2019.

[49] M. Tuggia, *La vicinanza solidale*, in *Rivista Italiana di Educazione Familiare*, n. 2, 2017, 77-93.

[50] Per una analisi critica della nuova categoria di "amministrazione condivisa" si rinvia a F. Gaspari, *Terzo Settore ed Amministrazione condivisa: profili sostanziali e processuali*, in *Società e Diritti*, rivista elettronica, V. 8 N. 15 (2023): Solidarietà, Economia e Terzo Settore (a cura di Antonio Mitrotti), 71-104.

[51] Le "quiet politics" si realizzano lontano dai riflettori della stampa o dall'attenzione dell'opinione pubblica e secondo Jessoula e Pavolini sono il contesto tipico in cui vengono decise le misure di welfare fiscale, meno adatte a contesti "noisy" in cui le decisioni sono soggette a dibattito e scrutinio pubblico con il conseguente strepito di sostenitori ed oppositori. Cfr.: P. Culpepper, *Quiet Politics and Business Power: Corporate Control in Europe and Japan*, New York, Cambridge University Press, 2010.

Settore Pubblico, avviene infatti nel rispetto dei principi di trasparenza, imparzialità, partecipazione e parità di trattamento (art. 55), ed all'ombra di severi controlli pubblicistici che garantiscono la tracciabilità delle agevolazioni o delle detassazioni e la verifica del loro impatto per il conseguimento delle dichiarate finalità civiche solidaristiche e di utilità sociale.

Vi sono però anche misure occasionali, legate a specifiche politiche sociali dal contenuto più circoscritto e, soprattutto, alcune agevolazioni sono indirizzate alle singole tipologie di ETS, nel quadro di un vero particolarismo dei regimi agevolativi; queste diverse misure di Welfare fiscale si collocano in un'area di opacità maggiore che le rende, ironicamente, molto più appetibili agli occhi del sistema politico perché consentono di realizzare uno scambio politico immediato tra settori del governo e le monadi giuridico-fiscali del Terzo Settore.

Oltre a ciò, il welfare fiscale realizzato nel contesto del Terzo settore (ed in certa misura anche del Non-Profit allargato), presenta anche profili di desiderabilità che eccedono la mera utilità diretta, che i Governi possono trarre dalla realizzazione di finalità sociali con sensibili risparmi di spesa. Si pensi, ad esempio, alle agevolazioni che consentano ad una associazione di promozione sociale di realizzare un asilo nido a favore non solo delle famiglie associate ma anche di quelle del quartiere; orbene questa misura consente di dotare una comunità locale del servizio di welfare richiesto, senza la necessità che i servizi sociali territoriali debbano realizzare, gestire e manutenere un asilo nido, e senza che la politica sia costretta ad affrontare i costi del dibattito pubblico per la scelta del tipo di servizio da erogare e la sua localizzazione. Tuttavia, la specificità del Terzo settore in simili contesti è notevole. Le misure di Welfare fiscale dirette a famiglie ed agli enti del Terzo Settore, che non si limitano a disporre trasferimenti, attribuiscono una titolarità piena alle comunità naturali ed alle formazioni sociali dirette al bene comune, nella costruzione dello stato sociale. Simili misure permettono di valorizzare le comunità locali e di frenare la deriva individualistica e riducono il peso della burocrazia pubblica, spezzando però anche il circolo vizioso 'particolaristico-clientelare' e 'familista', basato più sui trasferimenti monetari che sui servizi[52].

Si potrebbe obiettare che alcuni rischi si profilano in relazione alla concentrazione degli Enti non Profit nel Centro-nord e rispetto alle autonome scelte – attuate dagli ETS – di destinare risorse a favore di certe categorie di beneficiari piuttosto che altre o verso determinati settori di intervento,

---

[52] U. Ascoli, E. Pavolini (a cura di), *The Italian Welfare State in a European perspective. A comparative analysis*, Policy Press, Bristol, 2015.

lasciandone in ombra altri. Il Welfare, attuato attraverso gli sgravi fiscali a ETS e famiglie, privilegia ovviamente i territori e le comunità che sono già più coese, con il rischio di aumentare la divaricazione tra i territori, sebbene i dati statistici che abbiamo analizzato *supra*, ci suggeriscano una crescita percentualmente maggiore del Terzo settore nel Meridione con conseguente riduzione delle sperequazioni regionali. La disciplina eteronoma del Codice del Terzo Settore può, inoltre, ridurre i problemi di "equità nella redistribuzione" delle risorse fiscali in analogia alla erogazione di servizi di utilità generale, da parte di Enti Pubblici. Il Welfare fiscale attuato attraverso la mediazione di famiglie ed Enti del Terzo Settore presenta quindi, senza troppi rischi di effetti distorsivi, elementi potenzialmente molto utili per l'attuazione dello Stato sociale.

4. *Conclusioni*

L'art. 1 del Codice del Terzo settore indica quale obiettivo essenziale della riforma il riordino e la revisione organica della disciplina vigente in materia di enti del Terzo settore. Abbiamo evidenziato come il d.lgs. n. 117 abbia in realtà creato *ex novo* un settore economico-giuridico che si inscrive nel più vasto campo sociale del Non Profit. Il Terzo settore pare, tuttavia, caratterizzarsi per l'assenza di reale omogeneità strutturale o funzionale, né è dotato di una coerente disciplina fiscale.

La tesi che il Legislatore abbia saputo "riordinare" la materia del Terzo Settore coordinando la confusa ed alluvionale legislazione fiscale con la vetusta disciplina dettata dal Codice civile per gli enti privati diversi dalle società è ormai confutata. L'effetto dei d.lgs. nn. 112 e 117/2017, che hanno attuato la Riforma, è stata opposta: si è realizzata la frammentazione del campo sociale del Non profit all'interno del quale si sono creati nuovi settori giuridici, tra cui il Terzo. Da un lato, si è costituito un settore degli "enti esclusi" che esprimono interessi di categoria o di parte o che attuano attività non incluse tra quelle di "interesse generale"; dall'altro lato si è costituito il settore degli enti che godono di uno statuto privilegiato anche in relazione alla autonomia degli ordinamenti giuridici in cui operano (enti sportivi ed enti ecclesiastici), e che possono scegliere di mantenere la propria autonomia ed il proprio statuto fiscale particolare. La conclusione cui si giunge al termine di questa analisi del Terzo Settore è che la categoria giuridica degli ETS non è altro che una formula vuota, non indicando alcuna realtà giuridica precisamente determinata che possegga qualità e caratteristiche specifiche. Sussiste infatti, a nostro avviso, una irriducibile dicotomia tra ETS che sono imprese e cooperative sociali e gli ETS diversi da imprese e cooperative sociali (che abbiamo appunto chiamato ETS-Diversi).

L'ETS-Impresa è la categoria giuridico-fiscale principale dell'economia sociale e vi sono attualmente tutte le condizioni perché si imponga e riduca le altre forme di socialità al margine della sfera economica, perché solo le imprese hanno la capacità di strutturarsi in modo da generare una crescita autosostenuta della propria organizzazione e del settore di cui fanno parte, potendo perfino remunerare entro certi limiti il capitale investito. L'attuale disciplina fiscale, al contrario, concorre ad impedire agli ETS-Diversi di assumere un ruolo chiave nell'economia sociale, perché una organizzazione efficiente dell'attività di impresa costringerebbe tali enti ad assumere la qualifica di ETS Commerciali che potrebbe costituire un grave *handicap* per la continuazione dell'attività; infatti, gli ETS Commerciali perdono le principali agevolazioni fiscali senza acquisire lo *status* di impresa sociale. L'ETS-Diverso commerciale è quindi attualmente, in termini teorici, una "categoria limite" che segna il discrimine tra le categorie fondamentali ETS-Diversi (non commerciali) ed ETS Imprese, ma concretamente qualora un ente incorra nella qualificazione di ETS Commerciale ciò equivarrebbe ad una sanzione occulta, perché fiscalmente deteriore se non prodromica alla stessa perdita della qualifica di ETS. Arduo sarebbe poi cercare di individuare in positivo il ruolo degli ETS commerciali la cui unica facoltà potrebbe essere quella di esercitare "in forma di impresa commerciale" le attività di interesse generale enumerate dall'art. 5 del CTS e non previste per le imprese sociali: si tratta tuttavia di attività palesemente non adatte ad essere esercitate in forma di impresa come la "beneficenza", la promozione della "cultura della legalità" e "dei diritti umani, civili, sociali e politici" o la "protezione civile" [53]. La categoria di ETS Commerciale ha quindi una collocazione *interstiziale* che attrae l'attenzione da parte di quei soggetti che vogliono evitare di applicare alla propria attività lo statuto dell'impresa sociale pur avendone i requisiti e ciò pone alcuni dubbi sulla "meritevolezza", giuridica di questa categoria che il legislatore non ha sufficientemente chiarito.

Non meno paradossale, a ben vedere, è lo statuto giuridico-fiscale degli ETS Diversi non commerciali che si caratterizzano per la loro disomogeneità rispetto alle imprese, e per la possibilità di godere di de-commer-

---

[53] Forse solo lo svolgimento di interventi e servizi finalizzati "alla tutela degli animali e prevenzione del randagismo", può considerarsi astrattamente idoneo ad una gestione d'impresa, in ogni caso si tratta di una attività marginale.

cializzazioni ed agevolazioni purché organizzino le attività di interesse generale secondo modalità "antieconomiche"; ebbene, malgrado la loro caratterizzazione anti-imprenditoriale questi stessi ETS sono sottoposti a forme di organizzazione interna e controlli, obblighi di tenuta delle scritture contabili e bilanci mutuati dalle società commerciali. La tendenziale "commercializzazione" del Terzo Settore, che ha formato oggetto di interessanti riflessioni accademiche[54], non supera in realtà un più approfondito vaglio di ragionevolezza, salvo che, *de iure condendo*, non venga limitata agli ETS-Diversi commerciali. Anche su questo profilo credo che urga un chiarimento e possibilmente una radicale semplificazione per tutti gli ETS non commerciali.

Quanto agli ETS-Diversi, i vincoli fiscali posti alle attività che possono esercitare impedisce loro di programmare una effettiva crescita autosostenuta ed una reale partecipazione all'economia sociale, mentre il loro ruolo si iscrive integralmente, oggi, nell'ambito del welfare fiscale e della amministrazione condivisa, cioè in un rapporto simbiotico con gli Enti pubblici. La *ratio* della disciplina fiscale accordata agli ETS-Diversi rimane dubbia. Probabilmente rispetto alle attività di mera erogazione, svolte in perdita o in pareggio, la disciplina positiva non fa altro che prendere atto della "assenza" di capacità contributiva in capo agli enti e quindi la sua *ratio* è da ricercarsi nell'organizzazione del sistema tributario e nell'equità dello stesso così come espresso dall'art. 53 Cost.; mentre le agevolazioni propriamente dette trovano un altro fondamento costituzionale nella sussidiarietà orizzontale *ex* art. 118, comma 3 e costituiscono a pieno titolo forme di Welfare fiscale[55]. Simili misure meritano di essere generalizzate a tutti gli ETS, razionalizzate e potenziate, nel quadro di una riforma che richiede ancora molti correttivi perché sia aderente alle indicazioni della legge delega e coerente con i valori costituzionali.

---

[54] M.L. VITALI, *Riforma del «terzo settore», nuova disciplina dell'impresa sociale e regole societarie*, in *Osservatorio del diritto civile e commerciale*, 1, gennaio 2020.

[55] In questo senso paiono convincenti le conclusioni di Stefania Gianoncelli secondo cui la sussidiarietà orizzontale è realizzata "nella maniera più diretta e concreta possibile, ossia attraverso il finanziamento di tale sussidiarietà, mediante la rinuncia integrale o parziale ad assoggettare a tassazione le risorse a tal fine impegnate" S. GIANONCELLI, *Regime fiscale del Terzo Settore...*, cit., 335.

DELEGA DI FIRMA E DI FUNZIONI E ATTRIBUZIONE DI INCARICHI DI ELEVATA RESPONSABILITÀ: TUTTO CAMBIA PERCHÉ NULLA CAMBI?

di ALESSANDRO BOSCATI

SOMMARIO: 1. Premessa. L'ambito di indagine. – 2. Il sistema delle deleghe. Generalità. – 3. La delega di funzioni amministrative. – 4. La delega di funzioni dirigenziali disciplinata dal d.lgs. n. 165/2001. – 5. La delega di firma. – 6. La disciplina della delega di firma e della delega di funzioni in materia tributaria. Generalità. – 7. Delega di firma in materia tributaria. – 8. L'attribuzione di incarichi dirigenziali ai funzionari e la delega di funzioni di cui all'art. 4-*bis*, comma 2, d.l. 19 giugno 2015, n. 78. – 9. *Segue*: l'attribuzione di incarichi dirigenziali ai funzionari ai sensi dell'art. 8, comma 24, d.l. n. 16/2012. – 10. *Segue*: la delega di funzioni di cui all'art. 4-*bis*, comma 2, d.l. 19 giugno 2015, n. 78. – 11. Istituzione delle posizioni organizzative di elevata responsabilità. La previsione normativa. – 12. *Segue*: le censure di illegittimità costituzionali avanzate nei confronti della norma. – 13. Rigetto da parte della Corte costituzionale delle questioni di illegittimità costituzionale prospettate. – 14. *Segue*: esclusione dell'attribuzione di vere e proprie funzioni dirigenziali in capo agli incaricati di posizioni organizzative di elevata responsabilità. – 15. *Segue*: esclusione della configurabilità delle posizioni organizzative di elevata responsabilità quale nuova area intermedia tra funzionari e dirigenti. – 16. *Segue*: legittimità costituzionale dell'esclusione dei funzionari interni dalle prove preselettive nelle procedure per l'accesso alla qualifica dirigenziale e del connesso riconoscimento della riserva a loro favore di posti. – 17. Delega di firma, delega di funzioni ed incarichi di elevata responsabilità: oggetto dell'obbligazione contrattuale e responsabilità. – 18. Conclusioni.

1. *Premessa. L'ambito di indagine*

Il titolo del Convegno "Accelerazione o disruption? Fisco e sanzioni alla prova delle riforme: una prospettiva interdisciplinare" è indubbiamente accattivante, genera, a una prima e veloce lettura, in capo al gius-lavorista, una sorta di smarrimento a cagione dell'oggettiva difficoltà di individuare, con precisione, una prospettiva di indagine dalla quale osservare l'intera vicenda e contribuire, con profitto, alla discussione. Ciononodimeno, superata l'iniziale incertezza metodologica, si è scelto di affrontare il tema della accelerazione/interruzione nella prospettiva della continuità/discontinuità delle soluzioni adottate dal legislatore con riguardo a due questioni, strettamente connesse tra loro, quella della delega di firma, in parallelo con il diverso istituto della delega di funzioni, e quella dell'istituzione delle posizioni organizzative di elevata responsabilità (le c.d. POER), da analizzare entrambe alla luce dei principi espressi dalla giurisprudenza anche costituzionale. Di qui anche l'idea del titolo del saggio, formulato in forma retorica, con l'obiettivo di far emergere, da subito, il filo rosso che lo permea. Sia consentito procedere con ordine.

In merito alla prima questione, l'interesse è costituito dall'essere quella fiscale un'organizzazione complessa nel cui ambito non è sempre agevole la distinzione tra delega di firma e di funzioni, anche per previsioni legislative talvolta non del tutto lineari e tali da lasciare all'interprete un non facile compito definitorio. E basti richiamare a mente, il significativo mutamento di alcuni orientamenti giurisprudenziali intervenuto nel corso degli ultimi anni. L'obiettivo è, dunque, quello di delineare, previa ricostruzione della cornice normativa ed interpretativa generale di riferimento, quali siano le specifiche caratteristiche dei due istituti in ambito tributario per definirne i profili di identità e di diversità, con una prospettiva che abbraccia il piano dell'organizzazione e quello della disciplina del rapporto di lavoro. Per quanto concerne la seconda, la finalità è di far emergere le ragioni dell'istituzione delle posizioni organizzative di elevata responsabilità per poi delinearne le peculiari caratteristiche ed attribuzioni rispetto alla più elevata categoria dirigenziale, in un dialogo aperto con le argomentazioni espresse dalla Corte costituzionale che ne ha tracciato i profili di specificità tali da giustificare nella sua prospettazione un trattamento normativo ed economico proprio, diverso rispetto a quello riservato alla dirigenza.

Si ritiene che l'enunciato nesso tra i temi della delega di firma e di funzioni, da un lato, e delle posizioni organizzative di elevata responsabilità, dall'altro lato, sia facilmente intuibile dall'essere elemento comune d'indagine l'individuazione del contenuto dell'obbligazione contrattuale delle varie figure, segnatamente la definizione dei compiti assegnati e la conseguente delimitazione degli spazi di autonomia, da analizzare avendo riguardo all'inquadramento in sé del dipendente (delegato ed incaricato di posizione organizzativa di elevata responsabilità) ed in relazione alle attribuzioni e alle responsabilità proprie della dirigenza. Si cercherà, in particolare, di individuare quali siano gli ambiti di effettiva autonomia nell'esercizio dei compiti delegati o svolti a seguito dell'attribuzione di un incarico di posizione organizzativa. Poiché il concetto di autonomia si lega a doppio filo con quello di responsabilità, nella parte conclusiva del lavoro l'attenzione si rivolgerà anche alle due "tipiche" forme di responsabilità contrattuale da inadempimento del prestatore di lavoro, la responsabilità disciplinare e dirigenziale, con riferimento alla posizione del delegante, del delegato e dell'incaricato di una posizione organizzativa di elevata responsabilità.

Il saggio sarà, dunque, sostanzialmente articolato in quattro parti. Una prima in cui si ricostruiranno sia i principi ordinamentali di carattere generale della delega di funzioni amministrative e di firma, rispetto alla cui specificazione ha contribuito in misura significativa la giurisprudenza elaborata nel contenzioso tributario, sia quanto disposto in via specifica dall'art. 17, comma 1-*bis*, d.lgs. n. 165/2001 in materia di delega di funzioni dirigenziali nell'ambito del rapporto di lavoro pubblico contrattualizzato e che, secondo la disposizione, può riguardare anche l'esercizio di poteri datoriali privatistici. Seguirà una seconda parte in cui si analizzeranno gli istituti della delega di firma e di funzioni nell'ambito del sistema tributario, ove emergeranno alcuni significativi profili di specialità derivanti dall'essere quello tributario un sottosistema del diritto amministrativo. Nella successiva terza parte, l'attenzione sarà rivolta all'istituto delle posizioni organizzative di elevata responsabilità che saranno innanzitutto considerate nella loro evoluzione per poi individuarne i tratti i tratti caratterizzanti analizzando in chiave critica la soluzione offerta dalla Corte costituzionale nella sentenza n. 164/2020 [1], pronuncia nella quale si afferma che agli incaricati di dette posizioni non sarebbero attribuite vere e proprie funzioni dirigenziali. Nella quarta ed ultima parte si affronterà il tema delle responsabilità privatistiche, disciplinare e dirigenziale, del delegante, del delegato e dell'incaricato di posizione organizzativa di elevata responsabilità, previa ricostruzione dei caratteri essenziali delle due forme di responsabilità.

2. *Il sistema delle deleghe. Generalità*

Sul piano delle nozioni di inquadramento generale, la delega, quale atto di conferimento di poteri a soggetto diverso da quello individuato dalla legge come suo titolare si presenta, nei vari rami del diritto, come atto dispositivo di un soggetto nei confronti di un altro. L'istituto della delega

---

[1] Corte Cost. 24 luglio 2020, n. 164.

trae la sua origine da un'esigenza elementare di funzionalità delle organizzazioni e tende a salvaguardare il principio di legalità, pur garantendo una certa flessibilità operativa in un contesto sostanzialmente rigido. Tale connotazione può dirsi comune al settore pubblico e privato.

L'istituto di cui si discorre non riveste natura dichiarativa e neanche autorizzativa, perché la competenza del delegato non deriva direttamente dalla legge, ma è l'effetto dell'esercizio del potere di delega da parte del delegante, presupponendo nel delegante una propria competenza, in mancanza della quale non si avrebbe delega in senso proprio, bensì "attribuzione" di competenze a titolo originario. Essa dà vita ad un rapporto particolare tra delegante e delegato, da non confondersi con un possibile rapporto di gerarchia eventualmente già esistente tra i due soggetti e sul quale si innesta. In particolare il rapporto nascente dalla delega è un rapporto di supremazia, in cui il delegante è titolare di alcuni poteri e diritti sul delegato, il quale a sua volta è in posizione di soggezione e di obbligo. Per la delega, infatti, non si richiede in linea di principio il consenso del delegato, il quale non può né rifiutare né restare inerte, tant'è che è previsto il potere sostitutivo del delegante in caso di inerzia del delegato. Solo in presenza di motivate e circostanziate ragioni il delegato si può rifiutare di accettare la delega.

La delega deve essere, peraltro, distinta dalla supplenza, che consiste in un fenomeno di duplice legittimazione ad esercitare la competenza, ossia una legittimazione primaria del titolare ed una legittimazione secondaria del vicario. È un istituto previsto dalla legge, che diventa operativo al verificarsi di un solo presupposto di fatto, cioè l'impedimento o l'assenza del titolare. La supplenza non modifica l'ordinamento delle competenze, bensì la legittimazione ad agire. Come evidenziato dalla giurisprudenza, nell'ipotesi di impossibilità di esercizio delle funzioni da parte di soggetti preposti ad enti pubblici, allorché specifiche disposizioni di legge oppure i relativi statuti prevedano la figura del vicario, quest'ultimo, ove si verifichino le condizioni previste, è autorizzato ad esercitare tutte le attribuzioni proprie del sostituito, senza necessità di apposita delega, specificando nell'atto amministrativo posto in essere tale qualità, il "titolo" (assenza, impedimento temporaneo o altro) che legittima l'esercizio della potestà; quando, tuttavia, tale esplicitazione non emerga in alcun modo dall'atto, deve presumersi, con presunzione "iuris tantum", che egli abbia esercitato la potestà di sostituzione nel rispetto delle condizioni previste dalla norma o dallo statuto, con la conseguenza che sono i terzi interessati a doverne dedurre e provare l'insussistenza, dovendo tra essi ricomprendersi anche lo stesso ente rappresentato, laddove dimostri di avere un concreto interesse a negare la legittimazione sostanziale del vicario al compimento del negozio impugnato [2].

Diverso ancora è l'istituto della reggenza previsto dall'art. 20, d.p.r. 8 maggio 1987, n. 266 che consente la sostituzione del titolare assente o impedito "in attesa della destinazione del dirigente titolare", sì da essere connotato dai requisiti della straordinarietà e della temporaneità. In dottrina si è evidenziato come la reggenza sia "l'istituto mediante il quale un soggetto, titolare di altro ufficio viene nominato, secondo procedimenti stabiliti dalla legge, a ricoprire l'ufficio per il tempo necessario" e che ad esso "si provvede, ai sensi di legge, laddove non sia previsto, con riferimento alla titolarità di determinati uffici, l'istituto della supplenza", mentre la supplenza "è l'istituto mediante il quale un soggetto, titolare di altro ufficio nell'ambito dell'Amministrazione… ovvero preventivamente designato con questo specifico compito (i membri supplenti di organi collegiali, ad esempio eletti o nominati contestualmente ai membri effettivi) subentra al titolare nella titolarità dell'ufficio durante la temporanea vacanza di questo". E si è ulteriormente precisato che "Il titolare temporaneo dell'ufficio, supplente o reggente, subentra nella pienezza delle funzioni dell'ufficio stesso, con la stessa ampiezza del titolare, salvi alcuni correttivi, intesi a far sì che la sua azione non pregiudichi l'azione del titolare una volta che questi abbia ripreso possesso dell'ufficio" [3].

Sulla scorta degli evidenziati principi generali, nei paragrafi che seguono si procederà dapprima a ricostruire la disciplina della delega di funzioni amministrative, anche con riferimento a quanto previsto dal comma 1-*bis*, dell'art. 17, d.lgs. n. 165/2001 per il settore pubblico contrattualizzato, e quella della delega di firma, per poi analizzare nel dettaglio la disciplina dei due istituti in materia tributaria.

3. *La delega di funzioni amministrative*

Com'è noto, nell'ambito delle attività svolte dalla pubblica amministrazione, la nozione di competenza amministrativa è retta dal principio della c.d. inderogabilità *ex* art. 97 Cost. ed indica una sfera di poteri e di funzio-

[2] Cfr. Cass., sez. III, 12 maggio 2017, n. 11776.

[3] V. Cerulli Irelli, *Lineamenti del diritto amministrativo*, Torino, 2019, 184 s.; in giurisprudenza Cass. S.U. 22 febbraio 2010, n. 4063; Cass. S.U. 16 febbraio 2011, n. 3814; Cass. S.U. 14 maggio 2014, n. 10413 che indicano nella straordinarietà e nella temporaneità le caratteristiche essenziali dell'istituto.

ni assegnata ad un organo. Ed il complesso di poteri e di funzioni che un organo della pubblica amministrazione può esercitare presuppone, a monte, un puntuale conferimento normativo a favore dello stesso soggetto pubblico. Le amministrazioni pubbliche definiscono, secondo i principi generali fissati da disposizioni di legge e, sulla base dei medesimi, mediante atti organizzativi secondo i rispettivi ordinamenti, le linee fondamentali di organizzazione degli uffici, sì da definire le competenze dei singoli uffici (cfr. art. 2, comma 1, d.lgs. n. 165/2001). L'organizzazione amministrativa è, dunque, composta da una serie di elementi individuati nelle *funzioni*, cioè nei compiti cui l'apparato è tenuto per la realizzazione dell'interesse pubblico affidato alla sua cura; nel *disegno organizzativo*, che esprime l'organizzazione in senso stretto e che si concretizza nell'affidamento della funzione ad una articolazione organizzativa, l'ufficio, il quale a sua volta viene dotato di specifici poteri; nel *personale*, di cui è dotata ciascuna struttura per l'esercizio delle funzioni che le competono; negli *strumenti finanziari*, conferiti alle strutture in relazione ai compiti da svolgere; e, infine, nelle *procedure*, nelle quali si articola l'esercizio delle funzioni [4]. L'articolazione delle funzioni, il loro affidamento ad un ufficio ed il conferimento dei poteri all'ufficio per lo svolgimento delle funzioni rappresentano gli elementi stabili ed originari di ogni organizzazione pubblica che preesistono alla provvista di personale – e, dunque, alla stipulazione del contratto di lavoro e all'assegnazione degli incarichi – e sono determinati, stante la riserva costituzionale dell'art. 97, con atto di natura pubblicistica. Si fa così riferimento alla nozione di ufficio per descrivere l'articolazione dei pubblici poteri (e, dunque, per definire le aree di competenza), considerando, altresì, l'ufficio quale strumento per l'esercizio del potere, in quanto "ufficio e funzione appaiono essere di identico significato, in quanto la funzione è la trasformazione in atto, cioè è esercizio del potere in concreto, ed è perciò adempimento dell'ufficio" [5].

Nell'ufficio – ed è il profilo che interessa in questa sede – è stato identificato il collegamento fra l'attività e la struttura organizzativa e, come tale, è l'ufficio il titolare dei poteri per l'esercizio della funzione. Sotto questo

---

[4] Cfr. F. BENVENUTI, *Appunti di diritto amministrativo*, Padova, 1987, 85 il quale afferma che è funzione "la trasformazione di un potere giuridico, ipostizzato in una norma, in un atto, ossia in una concreta modificazione della realtà per effetto dell'applicazione di quel potere"; principio, peraltro, già espresso dall'A. in tutti i suoi scritti precedenti; per una ricostruzione di tali profili, v. anche CASSESE, voce *Amministrazione statale (organizzazione dell')*, in *Enc. giur. Treccani*, vol. II, Roma, 1990, 2.

[5] PASTORI, *La burocrazia*, Padova, 1967, 63.

profilo la persona fisica rappresenta solo lo "strumento", al pari delle altre risorse, ad es. finanziarie, che servono all'ufficio per la concretizzazione di detto collegamento e, dunque, per l'attuazione da parte dell'ufficio della funzione [6]. Pertanto, i poteri sono conferiti dalla legge o da altri atti normativi direttamente all'ufficio per lo svolgimento dell'attività di competenza e non ai soggetti, cioè ai pubblici dipendenti, così da qualificare l'organizzazione e non il personale. Al centro di tale ricostruzione c'è l'aspetto oggettivo della funzione quale attività diretta ad un fine pubblico, indipendentemente dall'entità soggettiva che la pone in essere. Il concetto di ufficio è "neutro rispetto all'ordine delle imputazioni, nel senso che serve solo a spiegare la distribuzione delle funzioni nell'organizzazione dell'ente" [7], ma non le ragioni per cui il personale debba collaborare nell'amministrazione.

Con la privatizzazione dei rapporti di lavoro si è sancita una chiara alterità tra l'esercizio della funzione da parte dell'organizzazione amministrativa e l'obbligo del dirigente di eseguire una certa prestazione lavorativa (che si concretizza anche nell'esercizio di poteri pubblici). Ne è derivata la necessità di mantenere separati il piano dell'esercizio della funzione da quello che vede il dirigente quale prestatore di lavoro assunto con contratto e obbligato al suo adempimento. Tuttavia poiché l'ufficio rappresenta l'unità organizzativa abilitata ad adottare atti e provvedimenti che si imputano all'apparato e che il titolare dell'ufficio è un dipendente con qualifica dirigenziale la regola diviene quella per cui l'esercizio dei poteri spetti al dirigente. È la legge stessa ad attribuire al dirigente preposto ad un ufficio (ed in conseguenza di ciò) la competenza ad esercitare i poteri pubblicistici propri dell'ufficio per l'esercizio della funzione [8].

Posto quanto sopra, esistono, tuttavia, istituti mediante i quali – con provvedimento amministrativo e nei casi previsti dalla legge – pur non operandosi un trasferimento della titolarità della competenza, è possibile determinare lo spostamento del suo esercizio. La delega amministrativa è

---

[6] V. F. Benvenuti, *Appunti di diritto amministrativo*, Padova, 1952, 60 il quale sottolinea che "occorre intanto distinguere tra la persona fisica che soggettivizza l'organo e l'ufficio che è l'insieme dei mezzi, persone e cose, che rendono possibile al primo la esplicazione dell'attività che rientra nella sua competenza".

[7] M.S. Giannini, voce *Organi (teoria generale)*, in *Enc. dir.*, vol. XXXI, Milano, 1981, 49.

[8] V., analogamente, seppure in diversa prospettiva, L. Torchia, *La responsabilità dirigenziale*, Padova, 2000, 75 secondo cui "il dirigente preposto all'ufficio assume le funzioni in ragione ... della preposizione all'ufficio stesso e non della sua qualifica" il che comporta "il passaggio dal criterio di imputazione soggettivo, in base al quale ciascuna qualifica dirigenziale aveva un nucleo proprio e intangibili di funzioni, al criterio di imputazione oggettivo, in base al quale le funzioni sono esercitate dal dirigente dell'ufficio nell'ambito delle attribuzioni di quest'ultimo".

proprio uno di questi istituti ed ha la finalità di garantire la continuità dell'azione amministrativa qualora il dirigente non sia in grado di svolgere tutti i compiti assegnatigli. Essa consiste in un provvedimento amministrativo con cui un "organo" trasferisce ad altri l'esercizio di potestà o facoltà inerenti a diritti di sua spettanza, non comportando un trasferimento definitivo di competenza in ordine all'atto (o agli atti) che ne è oggetto. La delega amministrativa rientra, dunque, tra i meccanismi di deroga alla sfera delle attribuzioni e competenze disciplinate e individuate dal legislatore ed è ammissibile solo nei casi in cui sia espressamente prevista dalla legge e deve essere conferita con atto scritto. La giurisprudenza amministrativa ritiene che poiché il potere di delega "altera l'ordine delle competenze degli organi abilitati ad emettere atti con efficacia esterna, necessita di un supporto normativo di valore almeno pari a quello attributivo della competenza ordinaria, in quanto diversamente si renderebbe l'amministrazione arbitra di spostare, caso per caso, e senza alcuna previsione di limiti oggettivi e soggettivi, le competenze precostituite, con l'effetto di privare l'amministrato delle garanzie che sono insite nelle attribuzioni di uno specifico organo" [9]. In maniera analoga, il giudice ordinario ha affermato che "per principio generale il soggetto preposto a un organo (...) non può delegare ad altri le proprie attribuzioni, se non nei casi in cui norme specifiche (rispettivamente dell'ordinamento generale o dell'ordinamento particolare dell'amministrazione) espressamente o implicitamente lo consentano" [10].

Mediante lo strumento qui in esame l'autorità delegante demanda al delegato esclusivamente l'esercizio dei poteri, senza perderne la titolarità e conservando nell'attività delegata poteri di ingerenza, quali quelli di direttiva, di sorveglianza e di avocazione, nonché di revoca. Peraltro con l'atto dispositivo possono essere precisati gli ambiti ed i modi d'esercizio dell'attività oggetto del provvedimento di delega ed il delegante potrà riservarsi adeguati spazi per ulteriori interventi, attraverso direttive od ordini o in altre forme ritenute opportune. Per effetto della delega, il delegato viene a trovarsi, rispetto all'esercizio del potere, nella medesima posizione del delegante, sicché esercita il potere in nome proprio e gli atti compiuti nell'espletamento dell'attività delegata sono a lui imputabili.

La giurisprudenza, recependo il concetto di delega elaborato dalla dottrina, ha affermato che "la delegazione è un rapporto giuridico caratterizzato da ciò che una figura soggettiva (ente o organo delegante) titolare di

---

[9] Cons. Stato, sez. VI, 26 gennaio 1979, n. 20

[10] Cass., sez. I, 12 luglio 2001, n. 9441.

un determinato potere o complesso di poteri finalizzati alla cura di determinati interessi pubblici (funzione), attribuisce ad altra figura soggettiva (delegato) con proprio atto (atto di delegazione o più semplicemente delega) l'esercizio del potere stesso, definendone la durata, le modalità, gli obiettivi... la delega trasferisce al titolare l'esercizio del potere che...viene esercitato dal delegato in nome proprio...per cui è lui ad esserne direttamente responsabile" [11]. Ed ha ulteriormente precisato che "l'esistenza e la validità della delega possono essere contestate e verificate in sede giurisdizionale, implicando l'indagine e l'accertamento sul tema un controllo non già sull'organizzazione interna della pubblica amministrazione, ma sulla legittimità dell'esercizio della funzione amministrativa e degli atti integranti la relativa estrinsecazione" [12].

Sul piano sistematico-ricostruttivo occorre poi sottolineare come la delega possa essere esercitata da parte del titolare di un ufficio a favore di titolari di uffici che già hanno una propria differente competenza con rilevanza esterna, oppure a favore di titolari di uffici privi di propria competenza o a soggetti non titolari di un ufficio. Si ha, invece, una delega intersoggettiva, detta anche impropria, qualora venga attribuita da un ente ad un altro ente la stessa titolarità di una competenza astrattamente rientrante nella sfera giuridica del primo. Il c.d. delegante si priva, invero, di tale competenza, che non può quindi esercitare se non, eccezionalmente, in termini di sostituzione o avocazione per inerzia del delegato. Occorre uno specifico provvedimento legislativo che la preveda e la disciplini. Non è ammessa la revoca della delega se non con altra legge. Ne sono esempi la delega di funzioni tra Stato e Regioni ovvero tra Regioni ed enti locali minori.

4. *La delega di funzioni dirigenziali disciplinata dal d.lgs. n. 165/2001*

La delega di funzioni dirigenziali trova nel settore pubblico contrattualizzato una propria specifica disciplina nel comma 1-*bis* dell'art. 17, d.lgs. n. 165/2001 che, nell'integrare le regole generali ricostruite nel precedente paragrafo, ne delimita il legittimo esercizio. La norma dispone che "I dirigenti, per specifiche e comprovate ragioni di servizio, possono delegare per un periodo di tempo determinato, con atto scritto e motivato, alcune delle

---

[11] Cass., sez. lav., 5 agosto 1998, n. 7672.

[12] Cass., sez. V, 27 ottobre 2000, n. 14195.

competenze comprese nelle funzioni di cui alle lettere b), d), ed e) del comma 1 a dipendenti che ricoprano le posizioni funzionali più elevate nell'ambito degli uffici ad essi affidati" e precisa che "Non si applica in ogni caso l'art. 2103 del codice civile". Giova fin da subito precisare come il rinvio all'art. 2103 c.c. a prima vista possa apparire incongruo, posto che la disciplina delle mansioni nel lavoro pubblico contrattualizzato è da rinvenire nell'art. 52, d.lgs. n. 165/2001 secondo cui si ha, in particolare, svolgimento di mansioni superiori unicamente nel caso in cui il dipendente svolga in prevalenza, sotto il profilo quantitativo, qualitativo e temporale, compiti riferibili alla superiore area di inquadramento. Tuttavia il riferimento alla norma codicistica trova la propria ragion d'essere nella circostanza che il cennato art. 52 concerne il personale del comparto, mentre nel caso in questione ciò che in astratto si pone è la eventuale richiesta del delegato del riconoscimento dello svolgimento di fatto di mansioni dirigenziali qualora le funzioni delegate assumano un rilievo assorbente (o anche solo prevalente) rispetto a quelle dell'area di inquadramento. Vi è, dunque, un rinvio, alla stessa norma codicistica indicata nel primo comma dell'art. 19, d.lgs. n. 165/2001 che, nel disciplinare il conferimento degli incarichi dirigenziali, stabilisce espressamente all'ultimo periodo che "al conferimento degli incarichi e al passaggio ad incarichi diversi non si applica l'art. 2103 cod.civ.". L'intenzione del legislatore è chiara ed è nel senso di escludere che la delega di funzioni possa originare nel delegato alcun diritto ad un superiore inquadramento e alcuna richiesta di carattere economico ad esso riferita. Tuttavia a parere di chi scrive resta il fatto che lo svolgimento delle funzioni dirigenziali non possa assumere un valore prevalente poiché, ferma l'impossibilità dell'inquadramento nella categoria dirigenziale (posto il rispetto del principio dell'accesso del concorso che non trova alcuna deroga) non può essere aprioristicamente esclusa un'azione risarcitoria in capo al delegato qualora lo svolgimento in via predominante di funzioni dirigenziali ne comprima indebitamente la sfera soggettiva, ad esempio obbligandolo ad un orario di lavoro tale da impedirgli una adeguata conciliazione dei tempi di vita e di lavoro. E questo a prescindere all'eventuale maggior importo del trattamento economico accessorio riconosciuto al delegato inidoneo a legittimare indebite limitazioni della sfera personale.

Posto quanto sopra, le funzioni dirigenziali delegabili da parte dei dirigenti riguardano l'attuazione dei progetti e delle gestioni loro assegnati dai dirigenti degli uffici dirigenziali generali, adottando i relativi atti e provvedimenti amministrativi ed esercitando i poteri di spesa e di acquisizione delle entrate [lett. *b*)], la direzione, il coordinamento e il controllo dell'attività degli uffici che da essi dipendono e dei responsabili dei procedimenti amministrativi, anche con poteri sostitutivi in caso di inerzia" [lett. *d*)]; la gestione del personale e delle risorse finanziarie e strumentali assegnate ai propri uffici, anche per quanto concerne il concorso nella definizione di misure idonee a prevenire e contrastare i fenomeni di corruzione e a controllarne il rispetto da parte dei dipendenti dell'ufficio cui sono preposti [lett. *e*)]. Dalla riportata elencazione emerge come la delega di compiti dirigenziali possa riguardare sia l'esercizio di pubblici poteri, sia lo svolgimento di prerogative datoriali privatistiche, con un'attrazione nel primo caso all'ambito del diritto pubblico e nel secondo caso alle regole del diritto privato da esercitarsi nel rispetto dei profili di specialità che ineriscono al lavoro pubblico contrattualizzato.

Il comma 1-*bis* dell'art. 17 nel consentire la delega a personale non dirigenziale[13], come visto, ne indica come possibili destinatari i "dipendenti che ricoprano le posizioni funzionali più elevate nell'ambito degli uffici ad essi affidati". Tali dipendenti in base alla più recente evoluzione normativa devono intendersi quelli inquadrati nell'area della elevata qualificazione. Il testo del comma 1-*bis* dell'art. 52, d.lgs. n. 165/2001 è stato, infatti, novellato dall'art. 3, d.l. n. 80/2021 che, nel confermare l'inquadramento dei dipendenti pubblici in almeno tre distinte aree funzionali secondo il sistema di classificazione definito dalla contrattazione collettiva, ha demandato alla fonte collettiva l'individuazione di un'ulteriore area per l'inquadramento del personale di elevata qualificazione. Tale previsione è stata recepita da tutti i contratti di comparto della tornata 2019-2021 che, ancorché con soluzioni non sempre coincidenti[14], hanno individuato tale area come quella che comprende il personale con un livello di conoscenze, abilità e competenze professionali più elevate. In particolare il contratto Funzioni centrali, ovvero il contratto di comparto applicato ai dipendenti delle Agenzie fiscali, nel definire la declaratoria dell'area delle elevate professionalità (cioè l'insieme dei requisiti indispensabili per l'inquadramento nell'area) tra le specifiche professionali ha espressamente ricompreso, tra le altre, "le responsabilità amministrative derivanti dalle funzioni organizzate affidate e/o conseguenti ad espressa delega di funzioni da parte del dirigente in conformità agli ordinamenti delle amministrazioni", sì da confermare che i destinatari della delega di funzioni possono essere i dipendenti in essa in-

---

[13] T.A.R. L'Aquila, sez. I, 14 marzo 2013, n. 226; T.A.R. Genova, sez. I, 8 giugno 2011, n. 910.

[14] In particolare nel comparto Funzioni locali ed in quello Istruzione e ricerca, Sezione Scuola per il personale ATA è stata prevista una unitaria area dei Funzionari e dell'Elevata Qualificazione.

quadrati. Senonché l'area per espressa previsione normativa è "nata" vuota; ne consegue che nelle more della sua effettiva costituzione, prevista tramite assunzione di esterni e eventuali progressioni di carriera di interni secondo la disciplina normativa (e non secondo quella contrattuale per la prima applicazione), la delega di funzioni possa essere legittimamente esercitata a favore di coloro che risultano inquadrati nell'area apicale secondo il precedente sistema di inquadramento. Si ritiene, peraltro, che quale effetto dell'effettiva costituzione della nuova area dell'elevata qualificazione vi dovrà essere la cessazione delle deleghe già conferite al personale apicale; e questo a prescindere dal fatto che il delegato sia o meno transitato per progressione di carriera nella nuova area. Qualora lo sia ciò avverrà quale conseguenza della sottoscrizione di un nuovo contratto individuale di lavoro e del modificato perimetro dei compiti esigibili che potrebbe in parte comprendere anche una parte di quelli già delegati e che quindi dovrebbero essere svolti in ragione di attribuzioni proprie e non in virtù della delega [15]; qualora non lo sia, in maniera ancora più intuitiva, in quanto non rivestirebbe più la posizione di inquadramento apicale richiesta dal comma 1-*bis* dell'art. 17, d.lgs. n. 165/2001 per la delega.

La delega oltre ad essere limitata alle funzioni indicate alle lett. *b*), *d*) ed *e*) – peraltro riferibili ad una molteplicità di compiti, e di portata generale rispetto alle specifiche deleghe di funzioni in materia di sicurezza sul lavoro di cui all'art. 16, d.lgs. n. 81/2008 [16] e di quella a favore del responsabile

---

[15] La declaratoria contrattuale del CCNL Funzioni centrali del 2019-21 afferma espressamente che "Appartengono a quest'area i lavoratori strutturalmente inseriti nei processi produttivi e nei sistemi di erogazione dei servizi che, ai fini del raggiungimento degli obiettivi stabiliti, svolgono funzioni di elevato contenuto professionale e specialistico e/o coordinano e gestiscono processi articolati di significativa importanza e responsabilità assicurando la qualità dei servizi e dei risultati, l'ottimizzazione delle risorse eventualmente affidate, attraverso la responsabilità diretta di moduli o strutture organizzative".

[16] La norma nel consentire al datore di lavoro (nel settore pubblico ai sensi dell'art. 2, comma 1, lett. *b*) per datore di lavoro si intende il dirigente al quale spettano i poteri di gestione, ovvero il funzionario non avente qualifica dirigenziale, nei soli casi in cui quest'ultimo sia preposto ad un ufficio avente autonomia gestionale, individuato dall'organo di vertice delle singole amministrazioni tenendo conto dell'ubicazione e dell'ambito funzionale degli uffici nei quali viene svolta l'attività, e dotato di autonomi poteri decisionali e di spesa) di delegare le funzioni in materia di sicurezza sul lavoro richiede per la sua validità che: risulti da atto scritto recante data certa; il delegato possegga tutti i requisiti di professionalità ed esperienza richiesti dalla specifica natura delle funzioni delegate; attribuisca al delegato tutti i poteri di organizzazione, gestione e controllo richiesti dalla specifica natura delle funzioni delegate, nonché l'autonomia di spesa necessaria allo svolgimento delle funzioni delegate; sia accettata per iscritto dal delegato; ne sia data adeguata e tempestiva pubblicità.

del procedimento prevista dall'art. 5, l. n. 241/1990[17] – è altresì soggetta alla presenza di alcune concorrenti condizioni: devono sussistere specifiche e comprovate ragioni di servizio connesse a determinati procedimenti amministrativi e/o attività di gestione privatistica anche del personale e deve essere conferita a tempo determinato con atto scritto e motivato. Con tutta evidenza la forma scritta, peraltro già prescritta in via generale dalla giurisprudenza per tutti gli atti di delegazione[18], risponde ad una duplice ragione: per la prova dell'effettivo rilascio della delega qualora venga contestato l'esercizio di certe funzioni da parte del delegato e per la verifica della sussistenza delle ragioni che ne hanno comportato il rilascio. Si ritiene, infatti, che lo spirito della norma sia chiaro nel senso di indicare la delega come atto di natura strettamente transitoria, di cui è indubbia conferma anche l'esplicitazione del dover essere conferita a tempo determinato, non potendone costituire l'utilizzo massivo una modalità di gestione ordinaria da parte del dirigente. Se è, infatti, vero che la temporaneità non può essere rigidamente intesa con riferimento ad un predeterminato arco temporale, dovendosi piuttosto intendere come relativa a tutto il periodo in cui sussiste una data esigenza organizzativa e, dunque, anche per un arco temporale potenzialmente ampio, è del pari indubbio che eventuali carenze di ordine strutturale che abbiano indotto all'utilizzo dello strumento della delega debbano essere colmate con soluzioni aventi pari carattere strutturale. In altri termini, a titolo di esempio, laddove la delega sia dovuta alle troppe competenze assegnate ad un ufficio dirigenziale, tali da impedirne al titolare il completo svolgimento, occorrerà procedere ad una revisione organizzativa volta ad una diversa distribuzione di compiti; del pari laddove la delega sia l'effetto di un *deficit* di competenza del dirigente a svolgere certe attività, occorrerà procedere o con attività formative volte a colmare dette lacune oppure ad un avvicendamento del dirigente.

Alla luce di quanto fin qui evidenziato deve essere interpretato anche l'obbligo di motivazione che assume nel contempo la finalità di specificare sul piano oggettivo le ragioni delle delega, al fine della verifica della loro sussistenza e sul piano soggettivo di far emergere l'idoneità del delegato a svolgere i compiti assegnatigli. Con tutta evidenza la mancanza delle condizioni prescritte dalla legge renderà inefficace la delega, con conseguente responsabilità in capo al soggetto delegante. In applicazione dei principi

---

[17] Tale norma assegna al dirigente la facoltà di delegare l'adozione del provvedimento finale all'addetto alla sua unità organizzativa nominato responsabile del procedimento.

[18] Cons. Stato, sez. V, 30 giugno 1984, n. 540; T.A.R. Campania, sez. I, 10 gennaio 1986, n. 7; Cass., sez. I, 26 aprile 1991, n. 4618.

generali deve, invece, ritenersi che ai fini della legittimità dell'atto compiuto dal delegato non occorra l'espressa menzione della delega, essendone sufficiente l'effettiva esistenza [19].

5. *La delega di firma*

Diversa dalla delega di funzioni è la delega di firma che risponde a mere esigenze di deconcentrazione dell'attività amministrativa e non crea particolari rapporti tra delegante e delegato, trattandosi semplicemente di un atto che serve a definire l'organizzazione del lavoro all'interno di un ufficio. Mentre, come visto, con la delega di funzioni un organo [20] trasferisce temporaneamente ad altri la competenza ad esercitare poteri propri per l'adozione, in autonomia, di provvedimenti con rilevanza anche esterna, come tale "suscettibile di alterare il regime dell'imputazione dell'atto e di porre in capo al delegato l'assunzione esclusiva della responsabilità" [21], con la delega di firma, di carattere meramente interno, il delegante consente al delegato, appartenente alla stessa amministrazione, l'adozione (o meglio la sottoscrizione) di determinati provvedimenti di propria competenza a carattere essenzialmente vincolato, cioè di contenuto predeterminato dal delegante a cui ne restano imputati gli effetti [22]. Come ha bene evidenziato il

[19] Cfr. T.A.R. Pescara, 20 dicembre 1985, n. 531; T.A.R. Palermo, 27 gennaio 1986, n. 103; T.A.R. Latina, 3 dicembre 1986, n. 861 e T.A.R. Bari, 20 maggio 1987, n. 269.

[20] Il riferimento all'organo deve ritenersi pertinente anche con riguardo alla delega dei compiti datoriali privatistici ai sensi del comma 1-*bis* dell'art. 17, d.lgs. n. 165/2001 poiché l'art. 5, comma 2, dello stesso d.lgs. n. 165/2001 utilizza la formulazione "organi preposti alla gestione" in luogo di dirigenti o di responsabili di struttura per individuare i soggetti competenti ad adottare gli atti organizzativo-gestionali con la capacità del privato datore di lavoro.

[21] Così Cass., sez. V, 19 aprile 2019, n. 11013.

[22] Cass., sez. V, 14 settembre 2021, n. 24652; Cass., sez. V, 29 marzo 2019, n. 8814; Cass., sez. lav., 25 maggio 2000, n. 6882; in senso conforme cfr. Cass., sez. lav., 22 marzo 2005, n. 6113; per la giurisprudenza amministrativa v. Cons. Stato, sez. III, 24 marzo 2015, n. 1573; T.A.R. Genova, sez. I, 28 novembre 2014, n. 1755; T.A.R. Roma, sez. II, 1° luglio 2011, n. 5787; T.A.R. Genova, sez. I, 24 marzo 2011, n. 446; T.A.R. Brescia, sez. II, 20 maggio 2010, n. 2070; T.A.R. Toscana, 18 dicembre 2002, n. 3372; Cons. Giust. Amm. Sicilia, 30 maggio 1995, n. 182 e, in un *obiter dictum*, T.A.R. Piemonte, 17 marzo 2000, n. 309. Analogamente in dottrina V. Cerulli Irelli, *Lineamenti di diritto amministrativo*, cit., 205 secondo cui "La delega di firma consiste in ciò, che un organo, pur mantenendo la piena titolarità circa l'esercizio di un determinato potere delega ad altro organo o anche a funzionario non titolare di organo il compito della firma degli atti nei quali il potere stesso si esercita" e che "degli atti firmati dal delegato, risponde nei confronti dei terzi il delegante".

Consiglio di Stato la delega di firma, "realizza un mero decentramento burocratico, poiché il delegato non esercita in modo autonomo e con assunzione di responsabilità poteri che rientrano nelle competenze amministrative riservate al delegante, ma agisce come sua *longa manus* ossia quale mero sostituto materiale del soggetto persona fisica titolare dell'organo cui è attribuita la competenza" [23]. Ciò ha portato, altresì, a ravvisare l'irriducibilità della delega di firma alla fattispecie della rappresentanza civilistica a cui può essere, invece, accostata la delega di funzioni. Ciò in quanto tanto nella rappresentanza quanto nella delega di funzioni, la procura o l'atto di delega hanno una rilevanza esterna e servono anche a giustificare ai terzi i poteri conferiti, mentre quest'esigenza non si riscontra nella delega di firma che rileva solo sul piano dell'organizzazione amministrativa [24].

La delega di firma risponde, dunque, all'esigenza della pubblica amministrazione di realizzare i principi generali di buon andamento, segnatamente di efficacia e di speditezza dell'azione amministrativa. Affinché sia legittima, si ritiene debba sussistere una doppia condizione di forma e di sostanza, ancorché in ambito tributario vi siano alcune specificità che saranno evidenziate nei prossimi paragrafi: così sul piano formale la delega deve essere redatta in forma scritta, per poterne verificare la provenienza e la sussistenza dei requisiti di legge, e lo strumento più frequentemente utilizzato, tanto da divenire strumento ordinario, è costituito dall'ordine di servizio da cui deve emergere chiaramente la qualifica rivestita dal delegato sottoscrittore; sul piano sostanziale il soggetto delegato deve essere interno all'amministrazione di cui è parte il soggetto delegante, non essendo legittimo il conferimento della delega di firma ad un soggetto appartenente ad un settore amministrativo diverso da quello del delegante.

Peraltro dalla delega di firma (definita anche delega "interna pura") deve essere tenuta distinta la c.d. delega "interna mista" con cui un organo attribuisce a determinate figure soggettive interne all'amministrazione il potere di adottare autonomamente atti con un qualche livello di discrezionalità nell'*an* e/o nel contenuto. Tale forma di delega interna presenta caratteri misti che la avvicinano alla delega propria, da cui si distingue per la mancanza di una vera alterità organica e di una piena autonomia, trattandosi di un rapporto essenzialmente fiduciario tra organo di vertice ed altre figure organiche ad esso strettamente legate nella struttura amministrativa. Proprio tale relazione di dipendenza giustifica la possibilità per il delegan-

---

[23] Cons. Stato, sez. V, 30 ottobre 2019, n. 7418.

[24] Cass., sez. V, 9 settembre 2022, n. 26694.

te di imporre al delegato limiti sia di tempo che di contenuto nel concreto esercizio del potere discrezionale. Anche in questo caso non si realizza lo spostamento di una competenza, che rimane nella titolarità e nell'esercizio ordinario del delegante, il quale può ben revocare in ogni momento tale facoltà concessa. Tuttavia mentre la delega di firma (o delega meramente interna) non necessita di una disposizione normativa, che la preveda, la delega mista presuppone, invece, una previsione da parte dell'ordinamento generale ovvero di settore, quali statuti e regolamenti, che la consenta e eventualmente la delimiti[25].

6. *La disciplina della delega di firma e della delega di funzioni in materia tributaria. Generalità*

Si può ora passare all'analisi delle peculiarità che i temi della delega di funzione e di firma presentano in materia tributaria, invertendo l'ordine di trattazione fin qui seguito. Dapprima si analizzerà l'istituto della delega di firma e poi quello della delega di funzioni. Ciò in ragione della stretta consequenzialità intercorrente tra la specifica previsione con cui in ambito fiscale si è prevista la delega ai funzionari dello svolgimento di compiti dirigenziali (art. 4-*bis*, comma 2, d.l. n. 78/2015), dopo che la Corte costituzionale aveva dichiarato l'illegittimità costituzionale delle norme precedenti che avevano previsto la possibilità di conferire (e non delegare) sempre ai funzionari incarichi dirigenziali, e la successiva norma che ha previsto l'istituzione delle posizioni organizzative di elevata responsabilità che rappresenta ad oggi l'ultima evoluzione di un percorso normativo accidentato e non del tutto lineare.

7. *Delega di firma in materia tributaria*

In merito alla delega di firma occorre differenziare tra gli atti di accertamento e gli atti di riscossione; per i primi vi è una specifica norma, l'art. 42, d.p.r. n. 600/1973, che disciplina la delega e a cui l'interprete deve primariamente (ed ovviamente) riferirsi, mentre per i secondi, in assenza di una specifica disposizione, occorre aver riguardo ai principi di carattere generale che disciplinano l'istituto.

---

[25] Corte dei conti, Sez. enti locali, 2 aprile 1993, n. 2.

Per gli avvisi di accertamento in rettifica e di accertamento d'ufficio l'art. 42 ("Avviso di accertamento") del d.p.r. 29 settembre 1973, n. 600 ("Disposizioni comuni in materia di accertamento delle imposte su redditi" [26]) ne richiede, a pena di nullità soggetta ad eccezione di parte, la sottoscrizione da parte del capo dell'ufficio o da parte di altro impiegato della carriera direttiva da lui delegato [27], peraltro, alla luce delle più recenti disposizioni, sostituibile (come anche per gli avvisi di liquidazione e gli atti di riscossione) dalla indicazione a stampa in tutti i casi in cui gli atti medesimi siano prodotti da sistemi informativi automatizzati. Secondo la giurisprudenza di legittimità la specifica disciplina trova giustificazione nel costituire gli avvisi di accertamento la più complessa espressione del potere impositivo e nel loro incidere con particolare profondità nella realtà economica e sociale, ponendosi in contrasto con le affermazioni del contribuente, cosicché le qualità professionali di chi emana l'atto costituiscono una essenziale garanzia per il contribuente [28]. Peraltro la rilevanza esclusivamente interna della delega di firma esclude la necessità della sua allegazione nell'atto di accertamento [29], dovendo l'ufficio produrre la delega, che può avvenire anche in grado di appello, solo in caso di contestazione [30]. Come già posto in luce lo strumento utilizzato con più frequenza per il

---

[26] La previsione è stata estesa a IRAP, in ragione del rinvio di cui all'art. 25, comma 1, d.lgs. n. 446/1997; all'IVA, in ragione del rinvio di cui all'art. 56, comma 1, d.p.r. n. 633/1972; all'Imposta di registro per il rinvio disposto dall'art. 52, d.p.r. n. 131/1986 e alle imposte di successione, ipotecarie e catastali, per il rinvio dettato dagli artt. 49, d.lgs. n. 346/1990 e 13, d.lgs. n. 347/1990.

[27] Si ritiene che un'interpretazione coerente rispetto al sistema di classificazione introdotto dal contratto Funzioni centrali 2019-2021 il riferimento alla carriera direttiva non possa più essere al personale appartenente alla terza area funzionale (nel CCNL comparto ministeri 1998-2001 si rinveniva l'espressa attestazione dell'equiparazione all'ex carriera direttiva delle posizioni economiche C1, C2 e C3; nel CCNL comparto Agenzie Fiscali 2002-2005 si era riclassificato il personale riunendo le tre posizioni C1, C2 e C3 nella III area funzionale; ordinamento confermato dal CCNL comparto Agenzie Fiscali 2006-2009), ma debba essere al personale dell'Area dell'Elevata Qualificazione.

[28] Così Cass., sez. V, 9 settembre 2022, n. 26694; in termini v. anche Cass., sez. V, 9 novembre 2015, n. 22800.

[29] Cass., sez. VI, 25 marzo 2021, n. 8382; Cass., sez. VI, 15 febbraio 2022, n. 4884.

[30] Cass., sez. V, 10 novembre 2000, n. 14626; Cass., sez. V, 27 ottobre 2000, n. 14195; Cass., sez. V, 10 luglio 2013, n. 17044; Cass., sez. V, 21 giugno 2016, n. 12781; Cass., sez. VI, 23 giugno 2017, n. 15781; Cass., sez. V, 17 maggio 2022, n. 15898; v. anche Cass., sez. V, 6 agosto 2020, n. 16766 ove si è ribadito che in caso di contestazione specifica da parte del contribuente in ordine ai requisiti di legittimazione del sottoscrittore dell'avviso, incombe all'amministrazione l'onere di fornire la prova della sussistenza di tali requisiti in capo al sottoscrittore.

conferimento della delega di firma è costituito dall'ordine di servizio rispetto ai cui contenuti vi è stato negli ultimi anni un significativo *revirement* da parte della giurisprudenza di legittimità. Per un lungo periodo l'orientamento consolidato è stato nel senso di ritenere necessaria l'indicazione del nominativo del soggetto delegato, con conseguente nullità della c.d. delega "in bianco", ovvero priva di detto nominativo, in ragione dell'impossibilità per il contribuente di poter agevolmente verificare la sussistente in capo al delegatario del potere di sottoscrivere l'atto impugnato [31]. Il più recente, e diverso, orientamento ha, invece, ritenuto che il provvedimento di delega non richieda l'indicazione né del nominativo del soggetto delegato, né della durata della delega che, pertanto, può essere rilasciata mediante ordini di servizio che individuino l'impiegato legittimato alla firma tramite l'indicazione della qualifica rivestita, idonea a consentire, *ex post*, la verifica del potere in capo al soggetto che ha materialmente sottoscritto l'atto [32]. Qualora il contribuente contesti la legittimazione del soggetto, diverso dal dirigente, alla sottoscrizione dell'atto, è onere dell'amministrazione finanziaria dimostrare, in omaggio al principio di cd. vicinanza della prova, il corretto esercizio del potere producendo, anche nel corso del secondo grado di giudizio, la relativa delega [33]. Resta ovviamente inteso che qualora l'amministrazione non fornisca detta prova o l'atto non risulti sottoscritto lo stesso sarà affetto da nullità.

Peraltro, più in generale occorre evidenziare come la qualificazione della normativa tributaria quale sottosistema del diritto amministrativo assuma rilievo anche ai fini della qualificazione della c.d. "nullità tributaria" [34].

---

[31] Cass., sez. V, 9 novembre 2015, n. 22803; Cass., sez. V, 11 dicembre 2015, n. 25017; Cass., sez. VI, 23 maggio 2017, n. 12960; Cass., sez. VI, 6 marzo 2018, n. 5200.

[32] Cass., sez. V, 29 marzo 2019, n. 8814 che ha aperto al nuovo orientamento differenziando in motivazione le caratteristiche proprie dei due istituti della delega di firma e della delega di funzioni; in seguito negli stessi termini v. Cass., sez. V, 19 aprile 2019, n. 11013; Cass., sez. V, 8 novembre 2019, n. 28850; Cass., sez. VI, 13 novembre 2020, n. 25711; Cass., sez. V, 24 febbraio 2021, n. 4985; Cass., sez. V, 14 settembre 2021, n. 24652; Cass., sez. VI, 14 settembre 2021, n. 24744; Cass., sez. VI, 13 dicembre 2021, n. 39747; Cass., sez. V, 21 febbraio 2022, n. 5516; Cass., sez. V, 3 novembre 2022, n. 32386.

[33] Cass., sez. V, 5 settembre 2014, n. 18758; Cass., sez. V, 31 ottobre 2018, n. 27871; Cass., sez. V, 17 luglio 2019, n. 19190; Cass., sez. V, 21 febbraio 2022, n. 5516; Cass., sez. V, 3 novembre 2022, n. 32386.

[34] Cfr. l'art. 4, comma 1, lett. *g*), l. 9 agosto 2023, n. 111 ("Delega al Governo per la riforma fiscale") ove nel dettare i princìpi e criteri direttivi per la revisione dello statuto dei diritti del contribuente si indica di "prevedere una disciplina generale delle cause di invalidità degli atti impositivi e degli atti della riscossione".

La riconduzione nella categoria unitaria della "nullità tributaria" di tutti i vizi ritenuti tali da inficiare la validità dell'atto tributario, riportati secondo l'orientamento tradizionale di dottrina e giurisprudenza, indipendentemente dalla peculiare natura di ciascuno, nello schema della invalidità-annullabilità [35], ne comporta la necessaria impugnazione da parte del contribuente entro il termine di decadenza di cui all'art. 21 del d.lgs. n. 546/1992, con la conseguenza che in difetto di impugnazione nel termine decadenziale il provvedimento tributario – ancorché affetto da vizio "nullità" – si consolida, divenendo definitivo e legittimando l'amministrazione finanziaria alla riscossione coattiva della imposta [36].

Un discorso in parte diverso deve essere svolto per gli atti di riscossione (e più in generale per tutti gli atti diversi da quelli di accertamento) per i quali non esiste una norma che ne disponga la firma da parte da uno specifico funzionario appositamente delegato. La giurisprudenza, anche in ragione della mancanza di una espressa sanzione di nullità, ha espresso il principio secondo cui per essi operi la presunzione di riferibilità dell'atto all'organo amministrativo titolare del potere nel cui esercizio esso è adottato [37]. Più precisamente si è esclusa l'applicabilità dell'art. 1392 c.c., nonché l'assimilazione agli avvisi di accertamento con conseguente esclusione dell'estensione della relativa disciplina. Si è, in particolare, affermato che l'art. 1392 c.c. appartiene al diritto civile e riguarda i rapporti tra privati ed anche volendo ritenere che sia espressione di un principio generale, deve essere esclusa, sulla scorta del principio di specialità, la sua applicazione nei settori e nelle materie in cui ricorre una diversa disciplina o ri-

---

[35] V. Cass., sez. V, 5 dicembre 2014, n. 25756 ove si afferma che il giudizio tributario "è caratterizzato da un meccanismo di instaurazione di tipo impugnatorio, circoscritto alla verifica della legittimità' della pretesa effettivamente avanzata con l'atto impugnato, alla stregua dei presupposti di fatto e di diritto in esso atto indicati, ed ha un oggetto rigidamente delimitato dalle contestazioni mosse dal contribuente con i motivi specificamente dedotti nel ricorso introduttivo, in primo grado, onde delimitare sin dalla nascita del rapporto processuale tributario le domande e le eccezioni proposte dalle parti".

[36] V. Cass., sez. V, 18 settembre 2015, n. 18448 che esclude la rilevabilità d'ufficio della nullità occorrendo una specifica eccezione sollevata sin dal ricorso introduttivo tempestivamente proposto; Cass., sez. V, 9 novembre 2015, n. 22803.

[37] Cass., sez. V, 9 settembre 2022, n. 26694; v. anche Cass., sez. V, 3 novembre 2022, n. 32386; nonché con riferimento al caso di diniego di condono Cass., sez. V, 9 gennaio 2014, n. 220 e Cass., sez. VI, 6 luglio 2012, n. 11458, all'avviso di mora, Cass., sez. V, 23 febbraio 2010, n. 4283, all'avviso di cartella di pagamento, Cass., sez. V, 7 settembre 2018, n. 21844; Cass., sez. V, 5 dicembre 2014, n. 25773; Cass., sez. V, 22 gennaio 2013, n. 1425; Cass., sez. V, 27 luglio 2012, n. 13461, all'atto di pignoramento di crediti verso terzi, Cass., sez. V, 4 dicembre 2019, n. 31604, all'omessa sottoscrizione del ruolo, Cass., sez. V, 14 novembre 2014, n. 24322.

sulta con questa incompatibile. Poiché secondo la giurisprudenza di legittimità la normativa tributaria costituisce un sottosistema del diritto amministrativo, in relazione di *species ad genus*, la disciplina degli atti tributari deve essere rinvenuta nell'ambito dei principi e delle norme relativi agli atti e ai procedimenti amministrativi solo nei limiti in cui non siano derogati od incompatibili con le norme di diritto tributario che disciplinano il procedimento impositivo, dovendosi evitare una sorta di automatica applicazione di principi del diritto civile ad altri settori e dovendosi, invece, tener conto delle peculiarità di ciascun sistema e della specificità degli interessi ad esso sottesi [38].

8. *L'attribuzione di incarichi dirigenziali ai funzionari e la delega di funzioni di cui all'art. 4-*bis*, comma 2, d.l. 19 giugno 2015, n. 78*

La disciplina della delega di funzioni in ambito tributario presenta delle indubbie specificità, frutto di un'evoluzione normativa meritevole di particolare attenzione. A fianco della disciplina di carattere generale contenuta nel comma 1-*bis* dell'art. 17, d.lgs. n. 165/2001, vi è (stata) poi quella speciale dettata per le Agenzie fiscali dall'art. 4-*bis*, comma 2, d.l. 19 giugno 2015, n. 78, convertito in l. 6 agosto 2015, n. 125. Tale disposizione funge da "ponte" tra due momenti: tra la dichiarazione del 2015 di illegittimità costituzionale dell'art. 8, comma 24, d.l. n. 16/2012 che aveva previsto l'attribuzione di incarichi dirigenziali ai funzionari e l'introduzione da parte della legge di Bilancio del 2018 delle posizioni organizzative di elevata responsabilità (c.d. POER). Per comprendere a pieno la *ratio* e i contenuti del citato art. 4-*bis*, anche nella prospettiva della successiva istituzione delle POER, occorre preliminarmente volgere l'attenzione al prima. La lettura complessiva dell'evoluzione normativa permetterà di comprendere la difficoltà delle Agenzie fiscali di trovare una veloce soluzione alle proprie problematiche organizzative relative alla definizione ed alla copertura delle posizioni dirigenziali.

---

[38] V. Cass., sez. V, 18 settembre 2015, n. 18448; Cass., sez. V, 13 novembre 2013, n. 25508.

9. Segue: *l'attribuzione di incarichi dirigenziali ai funzionari ai sensi dell'art. 8, comma 24, d.l. n. 16/2012*

L'art. 8, comma 24, d.l. n. 16/2012, era stato introdotto nell'ordinamento a seguito dell'annullamento da parte della giurisprudenza amministrativa di una norma regolamentare dell'Agenzia delle Entrate che consentiva di coprire le posizioni dirigenziali vacanti tramite stipulazione di contratti a tempo determinato con funzionari dell'Agenzia[39]. Il citato art. 8, "in relazione all'esigenza urgente e inderogabile di assicurare la funzionalità operativa delle proprie strutture, volta a garantire una efficace attuazione delle misure di contrasto all'evasione"[40], autorizzava l'Agenzia delle dogane, delle entrate e del territorio ad espletare procedure concorsuali (da completarsi entro il 31 dicembre 2013, termine poi successivamente più volte prorogato[41]) per la copertura di posizioni dirigenziali vacanti, facen-

---

[39] L'art. 24 del Regolamento di amministrazione dell'Agenzia delle Entrate ("Copertura provvisoria di posizioni dirigenziali") al comma 1 prevedeva che "per la copertura delle posizioni dirigenziali vacanti all'atto del proprio avvio, l'Agenzia può stipulare, previa specifica valutazione dell'idoneità a ricoprire provvisoriamente l'incarico, contratti individuali di lavoro a termine con propri funzionari, con l'attribuzione dello stesso trattamento economico dei dirigenti, con l'obbligo di avviare nei sei mesi successivi la procedura selettiva"; e al secondo comma che "Per inderogabili esigenze di funzionamento dell'Agenzia, le eventuali vacanze sopravvenute possono essere provvisoriamente coperte, previo interpello e salva l'urgenza, con le stesse modalità di cui al comma 1, fino all'attuazione delle procedure di accesso alla dirigenza e comunque fino al 31 maggio 2012" (termine quest'ultimo oggetto di diverse proroghe fin dal 2006). Il T.A.R. Lazio, sezione II, con sentenza 1° agosto 2011, n. 6884 aveva dichiarato l'illegittimità del secondo comma dell'art. 24 ritenendo che l'affidamento di compiti dirigenziali a funzionari costituisse una fattispecie di attribuzione di mansioni superiori non prevista dall'ordinamento, dal momento che proprio la continua proroga non consentisse di ravvisare un'ipotesi di reggenza, per mancanza dei necessari requisiti della straordinarietà e della temporaneità. Giova, altresì, rammentare come il ricorso agli incarichi ai sensi dell'art. 24 del Regolamento di amministrazione fu l'effetto dell'annullamento da parte del T.A.R. del Lazio nel 2002 (T.A.R. Lazio, sez. II, 2 marzo 2002, n. 1601) e nel 2011 (T.A.R. Lazio, sez. II, 30 settembre 2011, n. 7636) di due concorsi banditi dall'Agenzia delle Entrate per l'assunzione di dirigenti.

[40] Ponendosi anche l'obiettivo di supplire alla carenza evidenziata dal T.A.R. Lazio, nella sentenza del 1° agosto 2011, n. 6884 che, come visto, aveva dichiarato illegittime le previsioni dell'art. 24 del Regolamento di amministrazione in quanto non supportate da una disposizione normativa di rango superiore che consentisse l'attribuzione di mansioni superiori ai funzionari.

[41] Il termine del 31 dicembre 2013 era prorogato due volte: dapprima, l'art. 1, comma 14, primo periodo, d.l. 30 dicembre 2013, n. 150, convertito, con modificazioni, dall'art. 1, comma 1, l. 27 febbraio 2014, n. 15 lo posticipava al 31 dicembre 2014, purché le procedure fossero indette entro il 30 giugno 2014, precisandosi che, nelle more, sarebbe stato possibile prorogare o modificare solo gli incarichi dirigenziali già attribuiti, senza poterne conferire dei nuovi; in seguito l'art. 1, comma 8, d.l. 31 dicembre 2014, n. 192, convertito, con modificazioni, dall'art.

do salvi nelle more del loro svolgimento gli incarichi dirigenziali affidati ai sensi della norma regolamentare annullata. Nel contempo ammetteva anche l'affidamento, previa procedura selettiva da espletare ai sensi dell'art. 19, comma 1-*bis*, d.lgs. n. 165/2001, di altri incarichi, con contratti a tempo determinato, a favore dei funzionari interni e per una durata pari al tempo necessario per la copertura del posto vacante tramite concorso. Ai funzionari cui era conferito l'incarico era riconosciuto lo stesso trattamento economico dei dirigenti. Si prevedeva, altresì, che una volta assunti i dirigenti vincitori delle procedure concorsuali l'Agenzia non avrebbe più potuto attribuire nuovi incarichi dirigenziali a propri funzionari con la stipula di contratti di lavoro a tempo determinato, fatto salvo quanto previsto per i contratti dirigenziali a termine di cui all'art. 19, comma 6, d.lgs. n. 165/2001.

L'Agenzia delle Entrate procedeva, dunque, all'attribuzione senza soluzione di continuità di incarichi dirigenziali con contratti a termine ai funzionari apicali in applicazione della richiamata disciplina speciale, procedendo, altresì, a bandire concorsi per l'assunzione di dirigenti di ruolo in conformità a quanto previsto dalle speciali disposizioni normative ad essa riferibili.

Nei confronti del citato art. 8, comma 24, d.l. n. 16/2012, il Consiglio di Stato sollevava la questione di legittimità costituzionale, per violazione degli artt. 3, 51 e 97 Cost., che trovava accoglimento da parte della Corte costituzionale con la sentenza n. 37/2015 [42]. Proprio quanto affermato dalla Corte in questa sentenza assume un rilievo sistematico fondamentale per l'approfondimento della disciplina della delega di funzioni dirigenziali; e questo soprattutto con riguardo a quanto la stessa Corte statuirà nella pronuncia n. 164/2020 per le posizioni di elevata responsabilità (le già viste POER). Nella sentenza del 2015 la Corte – dopo avere osservato che "nessun dubbio può nutrirsi in ordine al fatto che il conferimento di incarichi dirigenziali nell'ambito di un'amministrazione pubblica debba avvenire previo esperimento di un pubblico concorso, e che il concorso sia necessario anche nei casi di nuovo inquadramento di dipendenti già in servizio [43]" e che anche il passaggio ad una fascia funzionale superiore comporta "l'accesso ad un nuovo posto di lavoro corrispondente a funzioni più ele-

1, comma 1, l. 27 febbraio 2015, n. 11 lo prorogava ulteriormente al 31 dicembre 2015 (30 giugno 2015 dal d.l. n. 192/2014, posticipato al 31 dicembre 2015 dalla legge di conversione).

[42] Corte Cost. 17 marzo 2015, n. 37.

[43] A tal fine nella sentenza sono richiamati i precedenti della stessa Corte: Corte Cost. 16 maggio 2002, n. 194; Corte Cost. 13 settembre 2012, n. 217; Corte Cost. 5 gennaio 2011, n. 7; Corte Cost. 29 aprile 2010, n. 150; Corte Cost. 13 novembre 2009, n. 293.

vate ed è soggetto, pertanto, quale figura di reclutamento, alla regola del pubblico concorso" [44] – dichiarò l'illegittimità costituzionale della norma censurata per aver contribuito "all'indefinito protrarsi nel tempo di un'assegnazione asseritamente temporanea di mansioni superiori, senza provvedere alla copertura dei posti dirigenziali vacanti da parte dei vincitori di una procedura concorsuale aperta e pubblica" [45]. Dunque, in sostanza, la Corte censurava l'assenza del carattere straordinario e temporaneo dell'assegnazione delle funzioni dirigenziali poiché la durata degli incarichi, assegnati con contratti di lavoro a tempo indeterminato, non sarebbe stata determinabile *ex ante*, dato il legame con i tempi di svolgimento delle procedure concorsuali a copertura dei ruoli dirigenziali. Il protrarsi nel tempo delle procedure concorsuali e l'incertezza circa il preciso momento temporale dell'assunzione in ruolo dei dirigenti avrebbe fatto sì che gli incarichi divenissero in sostanza a tempo indeterminato, diversamente da quanto presupposto dal d.l. n. 16/2012.

Due furono le questioni che si posero nell'immediatezza della sentenza della Corte costituzionale. La prima concerneva gli effetti della dichiarazione di incostituzionalità della norma sugli atti adottati dai dirigenti decaduti, segnatamente degli atti di accertamento; la seconda l'individuazione delle modalità di assegnazione delle funzioni dirigenziali già attribuite ai dirigenti decaduti.

---

[44] In motivazione si afferma che "la regola del concorso non è certo soddisfatta dal rinvio che la stessa norma impugnata opera all'art. 19, comma 1-*bis*, del d.lgs. n. 165 del 2001, nella parte in cui stabilisce che gli incarichi dirigenziali ai funzionari 'sono attribuiti con apposita procedura selettiva'. In realtà, la norma di rinvio si limita a prevedere che l'amministrazione renda conoscibili, anche mediante pubblicazione di apposito avviso sul sito istituzionale, il numero e la tipologia dei posti che si rendono disponibili nella dotazione organica e i criteri di scelta, stabilendo, altresì, che siano acquisite e valutate le disponibilità dei funzionari interni interessati".

[45] Sempre in motivazione si afferma che "il legislatore apparentemente ha riaffermato, da un lato, la temporaneità della disciplina, fissando nuovi termini per il completamento delle procedure concorsuali, ma, dall'altro, allontanando sempre di nuovo nel tempo la scadenza di questi, ha operato in stridente contraddizione con l'affermata temporaneità" ed ulteriormente che un elemento di incertezza "temporale" è da ravvisare nella previsione secondo cui non potranno essere attribuiti nuovi incarichi dirigenziali a propri funzionari a seguito dell'assunzione dei vincitori delle procedure concorsuali in quanto se il termine è certo nell'*an* non lo è nel *quando* "perché tra il completamento delle procedure concorsuali (coincidente con l'approvazione delle graduatorie) e l'assunzione dei vincitori, può trascorrere, per i più diversi motivi, anche un notevole lasso di tempo" essendo "lo stesso tenore testuale della disposizione impugnata a non escludere che, pur essendo concluse le operazioni concorsuali, le Agenzie interessate possano prorogare, per periodi ulteriori, gli incarichi dirigenziali già conferiti a propri funzionari, in caso di ritardata assunzione di uno o più vincitori".

Quanto al primo profilo, già nella sentenza della Corte Cost. n. 37/2015 si trova l'affermazione secondo cui "la funzionalità delle Agenzie non è condizionata dalla validità degli incarichi dirigenziali previsti dalla disposizione censurata". La conclusione trova conferma nella successiva giurisprudenza di legittimità che si è pronunciata per la prima volta sul punto con tre sentenze di inizio novembre 2015 (le nn. 22800, 22803 e 22810 del 9 novembre[46]). Tali pronunce hanno concordemente ritenuto che l'eventuale illegittimità del conferimento al capo dell'ufficio della qualità di dirigente, avvenuta sulla base di una norma regolamentare illegittima o di una norma di legge dichiarata incostituzionale, non è circostanza idonea ad inficiare la legittimità dell'atto di accertamento sottoscritto dal dirigente decaduto (o alla cui firma ha delegato) poiché l'eventuale nullità dell'atto è rigidamente circoscritta nei limiti tracciati dall'art. 42, d.p.r. n. 600/1973. Più precisamente si è affermato che i due aspetti, quello dell'assegnazione dell'incarico dirigenziale e quello della validità degli atti anteriormente sottoscritti da impiegati della carriera direttiva, preposti agli uffici finanziari o delegati, non sono in alcun modo confondibili, non essendo previsto che gli avvisi di accertamento promanino, per essere imputabili all'amministrazione finanziaria, da soggetti aventi qualifica dirigenziale e con la conseguenza che rimane irrilevante, ai fini specifici, la sopravvenuta decisione n. 37/2015 della Corte costituzionale. Secondo la Cassazione tale sentenza, riguardando l'attribuzione di incarichi dirigenziali senza concorso, non supera, sul piano effettuale, i confini del rapporto interno tra l'amministrazione e il personale direttivo, e non attinge la sorte degli atti, rispetto ai quali rileva in modo autosufficiente solo l'art. 42, d.p.r. n. 600/1973 in rapporto alla cui disciplina si deve stabilire se la volontà dell'ente sia stata validamente manifestata da un soggetto che, indipendentemente dalla qualifica dirigenziale, legittimamente rivestiva la funzione considerata dall'articolo[47]. Ciò anche in considerazione di un importante elemento testuale desumibile dallo stesso art. 42 il quale nel consentire la delega a favore di "altro" impiegato della carriera direttiva ha voluto sottolineare che anche il capo dell'ufficio delegante possa rivestire tale qualifica dal quale si ricava la finalità di tutelare l'interesse fiscale (e, quindi, pubblico) all'accerta-

---

[46] Cass., sez. V, 9 novembre 2015, n. 22800; Cass., sez. V, 9 novembre 2015, n. 22803; Cass., sez. V, 9 novembre 2015, n. 22810.

[47] V. Cass., sez. V, 10 agosto 2010, n. 18515 ove espressamente si afferma esplicitamente che ai fini della valida sottoscrizione dell'atto impositivo sia sufficiente la qualifica di direttore dell'ufficio non occorrendo altresì la qualifica dirigenziale; analogamente Cass., sez. V, 10 luglio 2013, n. 17044.

mento e riscossione dei tributi. La condivisibile soluzione cui giunge la giurisprudenza di legittimità, in continuità con quanto affermato dalla Corte costituzionale, deriva, dunque, dall'interpretazione della disciplina tributaria (espressione di quella specialità rispetto al diritto amministrativo in precedenza evocata), e non invocando in via autonoma la teoria del funzionario di fatto, o il principio di continuità dell'azione amministrativa, o quello, ancora, di conservazione dell'attività, invocato dalla giurisprudenza amministrativa per sancire l'autonomia del procedimento di nomina del dirigente (e degli eventuali vizi) rispetto agli atti emessi a valle[48].

Per quanto concerne la seconda questione, ovvero l'individuazione delle modalità di assegnazione delle funzioni dirigenziali già attribuite ai dirigenti decaduti, le Agenzie provvedevano ad attribuire incarichi *ad interim* ai (pochi) dirigenti di ruolo e deleghe di firme ai funzionari. Il che, tuttavia, non si configurava in concreto come un'idonea misura organizzativa data la sostanziale impossibilità per i dirigenti di governare tutte le attività. Per questa ragione seguì a breve distanza l'approvazione del citato art. 4-*bis*, d.l. 19 giugno 2015, n. 78 volto a definire un nuovo assetto, consentendo ai dirigenti di delegare a funzionari apicali le funzioni riferiti agli uffici di cui avevano l'*interim* nelle more dell'espletamento dei concorsi per l'assunzione di nuovi dirigenti.

---

[48] La giurisprudenza amministrativa ha, in particolare, affermato che "quando è annullata la nomina del titolare di un organo, l'accertata invalidità dell'atto di investitura non ha di per sé alcuna conseguenza sugli atti emessi in precedenza perché quando l'organo è dotato di funzioni di carattere generale il procedimento di nomina ha piena autonomia cosicché i vizi dello stesso non si ripercuotono sugli atti espressivi di detta competenza generale se non per il futuro, dovendosi comunque far sempre salvo il principio di conservazione degli atti della pubblica amministrazione che non opera nei soli casi di usurpazione di potere che hanno anche rilievo penale"; v. Cons. Stato, sez. IV, 21 maggio 2008, n 2407; Cons. Stato, sez. VI, 10 marzo 2005, n. 992; T.A.R. Puglia, Lecce, sez. I, 24 novembre 2016, n. 1797; T.A.R. Lombardia, Brescia, sez. I, 15 ottobre 2014, n. 1058; T.A.R. Abruzzo, Pescara, 3 luglio 2012, n. 333; T.A.R. Lombardia, Milano, sez. II, 8 febbraio 2011, n 402; T.A.R. Lazio, Roma, sez. III, 14 febbraio 2006, n. 1073; v. anche Cons. Stato, sez. IV, 27 giugno 2012, n. 3812 per un caso di contestata validità della notificazione, nonché T.A.R. Lazio, Roma, sez. III, 14 febbraio 2011, n. 1379 e T.A.R. Calabria, Catanzaro, 21 novembre 2011, n. 1380 che a conferma dell'efficacia riportano anche l'irrilevanza del rapporto verso i terzi del rapporto in essere tra la pubblica amministrazione e la persona fisica dell'organo che agisce.

10. Segue: *la delega di funzioni di cui all'art. 4-***bis***, comma 2, d.l. 19 giugno 2015, n. 78*

L'art. 4-*bis*, comma 2, d.l. 19 giugno 2015, n. 78 nel consentire alle Agenzie fiscali di annullare le procedure concorsuali per posti dirigenziali già bandite ma non ancora concluse e di indire nuovi concorsi pubblici, per un corrispondente numero di posti (procedure che si sarebbero dovute concludere entro il 31 dicembre 2016), contestualmente, riconosceva ai dirigenti delle Agenzie fiscali, entro lo stesso termine del 31 dicembre 2016, la facoltà di delegare a funzionari della terza area le funzioni dirigenziali (escluse quelle riservate dalla legge agli stessi dirigenti) relative agli uffici di cui avessero assunto la direzione *ad interim*. I funzionari, che dovevano comunque avere un'esperienza professionale di almeno cinque anni nella terza area, sarebbero stati individuati a seguito di una procedura selettiva con criteri oggettivi e trasparenti, tenendo conto della specificità della preparazione, dell'esperienza professionale, delle capacità richieste a seconda delle diverse tipologie di compiti, nonché della complessità gestionale e della rilevanza funzionale e organizzativa degli uffici interessati. Il numero di procedure selettive non avrebbe dovuto essere superiore a quello delle procedure concorsuali da indire (o già indette e non annullate) per posti dirigenziali. Ai funzionari delegati, in ragione delle responsabilità gestionali connesse all'esercizio delle deleghe e al solo scopo di fronteggiare l'eccezionalità della situazione, si attribuivano "nuove" POT, ai sensi dell'art. 23-*quinquies*, comma 1, lett. *a*), d.l. n. 95/2012 [49].

In seguito l'art. 4-*bis*, d.l. n. 78/2015 è stato oggetto di ripetute modifiche, tutte volte a spostare in avanti sia il termine per l'espletamento dei concorsi pubblici per posti dirigenziali sia quello (connesso) entro cui sarebbe stato possibile delegare ai funzionari della terza area le funzioni relative agli uffici dirigenziali di cui avessero assunto la direzione interinale, termini entrambi dapprima prorogati al 31 dicembre 2018 dall'art. 1, comma 95, lett. *b*), l. n. 205/2017 e successivamente ulteriormente postici-

---

[49] La norma aveva disposto che le Agenzie fiscali potessero prevedere un massimo di 380 posizioni organizzative di livello non dirigenziale al posto degli uffici dirigenziali, che venivano contestualmente soppressi in una prospettiva di più ampia riorganizzazione delle Agenzie medesime; posizioni da affidare a personale della terza area che avesse maturato almeno cinque anni di esperienza professionale nell'area stessa; l'attribuzione di tali posizioni doveva essere disposta secondo criteri di valorizzazione delle capacità e del merito sulla base di apposite procedure selettive ed al personale che avrebbe ricoperto tali posizioni sarebbero state attribuite un'indennità di posizione, graduata secondo il livello di responsabilità ricoperto, e un'indennità di risultato.

pati "fino alla data a decorrere dalla quale sono rese operative le posizioni organizzative di cui all'articolo 1, comma 93, della legge la 27 dicembre 2017, n. 205, e comunque non oltre il 30 aprile 2019" dall'art. 1, comma 323, l. 30 dicembre 2018, n. 145 (Bilancio di previsione dello Stato per l'anno finanziario 2019 e bilancio pluriennale per il triennio 2019-2021).

Il legame previsto dal legislatore tra procedure concorsuali per la copertura di posizioni dirigenziali e delega di funzioni dirigenziali da parte dei dirigenti di ruolo cui erano stati assegnati incarichi *ad interim* non ha posto alcuna particolare questione. Si prevedeva, infatti, che il numero di deleghe di funzioni non potesse eccedere quello delle "nuove" procedure concorsuali per soli esami (indette a seguito dell'annullamento di quelle già bandite e non concluse) e delle "vecchie" procedure già bandite e non annullate, sì da garantire nel contempo la temporaneità della delega e il non aumento della spesa pubblica. Del pari ben definiti erano anche i deleganti ed i delegati, i primi individuati nei dirigenti di ruolo cui era stato affidato un incarico *ad interim* ed i secondi nei funzionari della terza area e con un'esperienza professionale di almeno cinque anni nell'area stessa. Anche l'esigenza di motivare la delega esplicitando le "esigenze di funzionalità operativa" e la definizione delle modalità per la scelta del delegato da individuare "previa procedura selettiva con criteri oggettivi e trasparenti (...) tenendo conto della specificità della preparazione, dell'esperienza professionale e delle capacità richieste a seconda delle diverse tipologie di compiti, nonché della complessità gestionale e della rilevanza funzionale e organizzativa degli uffici interessati" non appariva in contrasto con i principi di imparzialità e di buon andamento.

Ciò che, invece, sollevava problematicità era costituito dall'ampiezza della delega che riguardava "le funzioni relative agli uffici di cui hanno assunto la direzione interinale e i connessi poteri di adozione di atti, escluse le attribuzioni riservate ad essi per legge"; in sostanza era prevista una delega riferita a tutti i compiti dell'ufficio, non apparendo, peraltro, per nulla chiaro cosa volesse intendere il legislatore con l'esclusione delle attribuzioni riservate per legge ai dirigenti. È stato così che il T.A.R. del Lazio[50] sollevava la questione di legittimità costituzionale dell'art. 4-*bis* del d.l. n. 78/2015 per violazione degli artt. 3, 51, 77, 97 e 136 Cost.[51]. L'essenza del-

---

[50] T.A.R. Lazio, sez. II, 20 luglio 2018, n. 8253.

[51] Più precisamente il Giudice remittente riteneva che la norma violasse l'art. 77 in quanto, essendo stato introdotto nell'*iter* di conversione parlamentare di un decreto-legge in materia di enti territoriali e dettando disposizioni sull'organizzazione del personale delle agenzie fiscali, sarebbe stato eterogeneo rispetto al testo originario del decreto-legge, non essendo riscontrabile

le censure, e per quanto più rileva in questa sede, era data dalla creazione di un meccanismo in forza del quale al conferimento di incarichi *ad interim* a dirigenti dell'amministrazione si accompagnava il contemporaneo svuotamento di tali incarichi con la delega a funzionari della stessa amministrazione di tutte le attribuzioni non riservate ai dirigenti, con riconoscimento a favore dei funzionari di un trattamento economico non corrispondente a quello dirigenziale, ma comunque parametrato a quello attribuito al dirigente di seconda fascia di livello retributivo più basso; un meccanismo che in ragione delle molteplici proroghe intervenute faceva di fatto anche venir meno la natura temporanea degli incarichi, sì da perpetuare i vizi di legittimità censurati dalla sentenza n. 37/2015. In sostanza la disposizione normativa, pur non stabilendo formalmente, a differenza di quella dichiarata illegittima con la sentenza n. 37/2015, il conferimento di incarichi dirigenziali (asseritamente) temporanei a funzionari, raggiunge in concreto il medesimo scopo del perpetuarsi di tali incarichi, con compressione del principio di necessaria copertura dei posti in organico tramite concorso pubblico in ragione della scelta dei delegati nell'ambito della stessa amministrazione.

La Corte costituzionale, con ordinanza n. 55/2020[52], disponeva la restituzione degli atti al rimettente, per un nuovo esame dei presupposti e dei termini delle questioni di legittimità costituzionale alla luce dello *jus superveniens* costituito dall'introduzione delle posizioni organizzative di cui

alcun collegamento funzionale tra gli enti territoriali e le agenzie fiscali; gli artt. 3 e 97 poiché si sarebbero attribuite funzioni dirigenziali a funzionari reclutati nell'ambito della compagine dell'amministrazione in violazione della regola del concorso pubblico ed aperto non solo per l'accesso agli impieghi nella pubblica amministrazione ma anche alle qualifiche dirigenziali, gli artt. 3 e 51 perché l'elusione della regola del pubblico concorso comportava che l'accesso alle funzioni dirigenziali fosse limitato ai soli funzionari di ciascuna agenzia fiscale, e non fosse invece consentito, in condizioni di uguaglianza, a tutti i cittadini che aspirano ad accedere ai pubblici uffici; l'art. 97 in quanto il meccanismo definito dal legislatore violerebbe i principi di imparzialità e di buon andamento; infine l'art. 136 perché consentendo l'attribuzione di funzioni dirigenziali a funzionari già incardinati all'interno delle agenzie fiscali, la disposizione censurata avrebbe reiterato il meccanismo già dichiarato costituzionalmente illegittimo con la sentenza della Corte Cost. n. 37/2015, violando così il giudicato costituzionale formatosi su tale decisione. Quanto alla violazione dell'art. 136 è principio consolidato della Corte Costituzionale quello secondo cui il giudicato costituzionale è violato non solo quando il legislatore emana una norma che costituisce una mera riproduzione di quella già ritenuta lesiva della Costituzione, ma anche laddove la nuova disciplina miri a perseguire e raggiungere, anche se indirettamente, esiti corrispondenti; in merito v. Corte Cost. 17 maggio 2018, n. 101; Corte Cost. 2 novembre 2017, n. 231; Corte Cost. 11 gennaio 2017, n. 5; Corte Cost. 23 aprile 2013, n. 72; Corte Cost. 31 ottobre 2012, n. 245; Corte Cost. 3 dicembre 2010, n. 350.

[52] Corte Cost. 16 marzo 2020, n. 55.

all'art. 1, comma 93, l. n. 205/2017 e dei successivi provvedimenti attuativi delle Agenzie fiscali del 2018 che avevano reso operative le posizioni organizzative ivi previste per lo svolgimento di incarichi di elevata responsabilità (le c.d. POER)[53].

La rimessione degli atti al giudice *a quo* non esclude alcune brevi considerazioni. Senza dubbio l'attribuzione ai funzionari di funzioni dirigenziali per un periodo più volte prorogato, poneva a prima vista le medesime questioni già affrontate nella sentenza n. 37/2015. Tuttavia, a ben vedere, l'accoglimento della censura di incostituzionalità non sarebbe stato così scontato posto il limite dell'oggetto della delega che non poteva riguardare le funzioni riservate per legge ai dirigenti. Dal che si sarebbe potuta desumere una non piena coincidenza tra funzioni dirigenziali e funzioni delegabili sulla scorta di una interpretazione sistematica volta, in ipotesi, a privilegiare un collegamento sistematico tra l'art. 4-*bis*, d.l. 19 giugno 2015, n. 78 e il comma 1-*bis* dell'art. 17, d.lgs. n. 165/2001, sì da ravvisare in forza di tale lettura la possibile delega nei limiti previsti da quest'ultima previsione, con una soluzione analoga a quella che sarà adottata nella sentenza n. 164/2020 (su cui *infra*), pur trattandosi in questo caso di delega di funzioni e non di attribuzione di incarichi, ma presentandosi nella sostanza le medesime problematiche giuridiche.

11. *Istituzione delle posizioni organizzative di elevata responsabilità. La previsione normativa*

Con il più volte richiamato art. 1, comma 93, l. n. 205/2017 (legge di Bilancio per il 2018) il legislatore ha previsto la possibile costituzione di posizioni organizzative di elevata responsabilità (c.d. POER). Più precisamente la norma ha consentito alle Agenzie fiscali, attraverso sostanziali modifiche ai rispettivi regolamenti di amministrazione, di istituire le POER, i cui titolari possono essere chiamati a svolgere incarichi di elevata responsabilità, alta professionalità o particolare specializzazione, compresa la re-

[53] È, infatti, principio consolidato della giurisprudenza costituzionale quello ripreso dalla sentenza della Corte n. 55/2020 per cui, in presenza di sopravvenute disposizioni che modifichino o integrino le disposizioni oggetto del giudizio *a quo*, o che incidano su di esse, si impone la restituzione degli atti al giudice rimettente quando lo *ius superveniens* possa "condizionare l'applicabilità delle norme censurate nel procedimento a quo" (*ex plurimis*, Corte Cost. 8 novembre 2019, n. 230), muti in modo sostanziale "i termini della questione così come è stata posta dal giudice a quo" (Corte Cost. 9 aprile 2019, n. 79; in tal senso anche Corte Cost. 14 dicembre 2018, n. 236 e Corte Cost. 13 giugno 2018, n. 125) o intacchi "il meccanismo contestato dal rimettente" (Corte Cost. 15 marzo 2019, n. 51 e Corte Cost. 8 novembre 2018, n. 194).

sponsabilità di uffici operativi di livello non dirigenziale, stabilendo che l'istituzione delle POER dovesse avvenire "nei limiti del risparmio di spesa conseguente alla riduzione di posizioni dirigenziali" [lett. *a*)] [54]. Quale requisito necessario per l'attribuzione dell'incarico è stato individuato l'essere funzionario con almeno cinque anni di esperienza nella terza area e quanto alle modalità di conferimento delle posizioni è stata prescritta una selezione interna che tenga conto "delle conoscenze professionali, delle capacità tecniche e gestionali degli interessati e delle valutazioni dagli stessi conseguite negli anni precedenti" [lett. *b*)]. Di rilievo – per quanto si andrà successivamente ad evidenziare – è l'indicazione delle funzioni che possono essere attribuite ai titolari di tali posizioni, individuati nel potere di adottare atti e provvedimenti amministrativi, compresi gli atti che impegnano l'Agenzia fiscale verso l'esterno; nei poteri di spesa e di acquisizione delle entrate rientranti nella competenza dei propri uffici, di livello non dirigenziale; nella responsabilità dell'attività amministrativa, della gestione e dei risultati dei propri uffici; nella gestione finanziaria, tecnica e amministrativa mediante autonomi poteri di organizzazione delle risorse umane, strumentali e di controllo [lett. *c*)]. Dopo aver previsto che le Agenzie fiscali possono articolare le POER "secondo diversi livelli di responsabilità, con conseguente graduazione della retribuzione di posizione e, in caso di valutazione positiva, l'attribuzione della retribuzione di risultato sulla base del livello di valutazione annuale riportata" [lett. *d*)], la norma disciplina le modalità di svolgimento delle procedure concorsuali per l'accesso alla qualifica dirigenziale, introducendo, ed è l'aspetto che rileva ai fini del presente discorso, "la possibilità di prevedere una prova preselettiva con quesiti a risposta chiusa qualora il numero di candidati superi il limite indicato nel bando", dalla quale sono esonerati sia "i candidati dipendenti dell'Agenzia delle Entrate e dell'Agenzia delle Dogane e dei Monopoli che abbiano svolto per almeno due anni, alla data di pubblicazione del bando, funzioni dirigenziali" o incarichi di responsabilità relativi a POER e POT, sia "il personale assunto mediante pubblico concorso e in servizio presso l'Agenzia delle entrate o l'Agenzia delle dogane e dei monopoli, con almeno dieci anni di anzianità nella terza area, senza demerito", prevedendosi, altresì, che "fino al 50 per cento dei posti messi a concorso può essere riservato al personale assunto mediante pubblico concorso e in servizio presso l'Agen-

---

[54] Si precisava ulteriormente che tale riduzione non rileva ai fini del calcolo del rapporto tra personale dirigenziale di livello generale e personale dirigenziale di livello non generale, di cui all'art. 23-*quinquies*, comma 1, lett. *a*), n. 2), d.l. 6 luglio 2012, n. 95, convertito, con modificazioni, dalla l. 7 agosto 2012, n. 135.

zia delle entrate o l'Agenzia delle dogane e dei monopoli, con almeno dieci anni di anzianità nella terza area, senza demerito" [lett. *e*)].

Come già emerso, a seguito dell'entrata in vigore delle disposizioni di cui sopra le Agenzie fiscali provvedevano a modificare i rispettivi regolamenti di amministrazione secondo quanto previsto dall'art. 1, comma 93 [55]. In particolare quanto alla configurazione delle POER e dei poteri attribuiti ai funzionari titolari delle stesse il Regolamento di amministrazione delle Agenzie delle entrate ha previsto che "[i] titolari delle predette posizioni adottano atti e provvedimenti amministrativi, compresi quelli che impegnano l'Agenzia verso l'esterno; hanno i poteri di spesa e di acquisizione delle entrate rientranti nella competenza dei propri uffici; sono responsabili dell'attività amministrativa e dei relativi risultati; esercitano autonomi poteri di organizzazione delle risorse umane e strumentali" (art. 18-*bis*, comma 2) [56].

---

[55] Tali regolamenti hanno: 1) previsto che le procedure di selezione e di assunzione del personale dirigenziale avvengano in conformità alle indicazioni contenute nell'art. 1, comma 93, lett. *e*), l. n. 205/2017; 2) consentito di esonerare dalla prova preselettiva i rispettivi dipendenti che per almeno due anni abbiano svolto funzioni dirigenziali o abbiano ricoperto incarichi relativi a POT o POER o che, assunti mediante pubblico concorso, siano in servizio da dieci anni nella terza area (mentre il regolamento dell'Agenzia delle dogane e dei monopoli richiede che il personale in questione abbia svolto il proprio servizio "senza demerito", quello dell'Agenzia delle entrate richiede che non abbia riportato, nei dieci anni di servizio, sanzioni disciplinari superiori al rimprovero verbale); 3) previsto la possibilità di riservare fino al cinquanta per cento dei posti al personale delle Agenzie assunto mediante pubblico concorso, con almeno dieci anni di anzianità nella terza area (anche in questo caso, l'Agenzia delle dogane e dei monopoli richiede che il personale in questione abbia svolto il proprio servizio "senza demerito", mentre l'Agenzia delle entrate richiede che non abbia riportato, nei dieci anni di servizio, sanzioni disciplinari superiori al rimprovero verbale); 4) istituito le POER; 5) contemplato per i titolari di POER una retribuzione di posizione (graduata in livelli a seconda delle responsabilità attribuite: tre livelli nell'Agenzia delle dogane e dei monopoli e quattro nell'Agenzia delle entrate) – che va ad aggiungersi a quella spettante in base alla fascia economica di appartenenza nella terza area e che determina il venir meno dell'erogazione dei compensi per lavoro straordinario e per le altre voci accessorie – nonché una retribuzione di risultato, non inferiore al quindici per cento della retribuzione di posizione, in caso di valutazione positiva dell'attività svolta; 6) previsto che "[l]e posizioni sono conferite a funzionari con almeno cinque anni di anzianità nella terza area, mediante selezioni interne"; che "[l]'attribuzione di una posizione organizzativa non configura progressione di carriera"; che "[l]e posizioni sono di norma conferite per un periodo di tre anni, con possibilità di rinnovo" e che "possono essere revocate anticipatamente per motivate esigenze organizzative, nonché in caso di rendimento negativo o di comportamenti sanzionabili sul piano disciplinare o penale"; 7) quanto alle modalità di selezione, rinviato la disciplina ad atti successivi, prescrivendo la necessità di tenere conto delle conoscenze professionali, delle capacità gestionali e tecniche degli interessati, nonché delle valutazioni conseguite dai candidati.

[56] L'art. 15 del regolamento di amministrazione dell'Agenzia delle dogane e dei monopoli ha previsto, al comma 2, che "[a]i titolari delle Posizioni Organizzative di cui al comma 1 possono

12. Segue: *le censure di illegittimità costituzionali avanzate nei confronti della norma*

Il T.A.R. del Lazio, sezione seconda-*ter*[57], sollevava la questione di legittimità costituzionale dell'art. 1, comma 93, lett. *a*), *b*), *c*) e *d*), in quanto nella prospettazione del rimettente la facoltà prevista dalla norma di istituire posizioni organizzative caratterizzate dallo svolgimento di poteri di natura dirigenziale, oltre a violare l'art. 136 Cost. (in relazione alla sentenza n. 37/2015), contrastava anche con gli artt. 3, 51 e 97 della carta costituzionale poiché l'accesso a tali posizioni organizzative avrebbe consentito ai dipendenti appartenenti alla terza area, attraverso una progressione di carriera verticale in assenza di concorso pubblico, lo svolgimento di funzioni tipicamente dirigenziali. Ciò in quanto le POER, pur riservate, previa selezione, a funzionari della terza area in possesso di cinque anni di anzianità, attribuivano, tra gli altri, poteri di spesa e di acquisizione delle entrate e la complessiva "responsabilità dell'attività amministrativa, della gestione e dei relativi risultati, nonché la gestione finanziaria, tecnica e amministrativa mediante autonomi poteri di organizzazione delle risorse umane", ovvero poteri estranei a quelli tipici della terza area e, invece, tipici della qualifica dirigenziale. Veniva, altresì, censurata la lett. *e*) dell'art. 1, comma 93, poiché, esonerando alcuni dipendenti delle Agenzie fiscali dalla prova preselettiva del concorso pubblico prevista per l'accesso alla funzione dirigenziale, e riservando il cinquanta per cento dei posti ai dipendenti della terza area con dieci anni di anzianità, avrebbe attribuito loro un significativo vantaggio rispetto ad altri iscritti al concorso, non trovando giustificazione l'esonero dalla prova preselettiva né in esigenze di speditezza, in considerazione del presumibile non rilevante numero di dipendenti interni potenziali partecipanti, né nella particolare qualificazione dei soggetti a favore dei quali avrebbe operato, essendo l'esenzione prevista sia per coloro che vantano una particolare esperienza conseguita grazie all'espletamento per due anni di funzioni dirigenziali o di incarichi di responsabilità relativi a POER o posizioni organizzative speciali temporanee, sia per tutti coloro che hanno almeno dieci anni di servizio di anzianità nella terza area.

---

essere attribuiti: il potere di adottare atti e provvedimenti amministrativi, compresi gli atti che impegnano l'Agenzia verso l'esterno; i poteri di spesa e i poteri di acquisizione delle entrate rientranti nella competenza delle articolazioni dei rispettivi uffici; la responsabilità dell'attività amministrativa, della gestione e dei relativi risultati; la gestione finanziaria, tecnica e amministrativa; autonomi poteri di organizzazione delle risorse umane e strumentali e di controllo".

[57] T.A.R. Lazio, sez. II-*ter*, 3 giugno 2019, n. 7067.

13. *Rigetto da parte della Corte costituzionale delle questioni di illegittimità costituzionale prospettate*

La Corte costituzionale con la sentenza n. 164/2020, dopo aver dato atto in punto di fatto che le Agenzie (delle Entrate e delle Dogane) avevano proceduto, pur con diverse tempistiche e modalità, ad una riorganizzazione del proprio assetto, istituendo le posizioni organizzative di elevata responsabilità ed avevano avviato i nuovi concorsi pubblici per dirigenti, rigetta la questione di legittimità costituzionale affermando che l'assetto organizzativo delineato dall'art. 1, comma 93, lett. *a*), *b*), *c*) e *d*) non comportava l'attribuzione agli incaricati di tali posizioni di vere e proprie funzioni dirigenziali, escludendo, altresì, la configurabilità di una nuova area intermedia tra funzionari e dirigenti.

L'analisi critica delle argomentazioni della Corte per dichiarare l'infondatezza delle prospettate questioni di legittimità costituzionale deve essere preceduta dall'evidenziazione di due specificità "processuali", emblematiche di una delicatezza non solo giuridica di quanto sottoposto al suo esame. La prima attiene alla discrasia tra giudice relatore e giudice redattore, situazione non estranea alla prassi della Corte, ancorché non frequente. La ragione può essere rinvenuta in una situazione di dissenso all'interno del Collegio, o, comunque, per l'essere stato il designato relatore colui che aveva redatto la motivazione della sentenza n. 37/2015, rispetto alla quale l'ordinanza di rimessione aveva eccepito la violazione dell'art. 136 Cost. per avere la nuova disciplina perseguito esiti corrispondenti a quelli già censurati. La seconda concerne l'intervenuta audizione di esperti di "chiara fama", come previsto dall'art. 14-*bis* delle "Norme integrative per i giudizi di fronte alla Corte costituzionale", consentita qualora la Corte "ritenga necessario acquisire informazioni attinenti a specifiche discipline". Rispetto a detta audizione si condivide l'impressione, già formulata da altri, che essa "non abbia influito in modo particolare sulla decisione, a meno di non ritenere che in realtà ciò sia accaduto ma la Corte non ne abbia dato atto nella motivazione" [58].

---

[58] Così espressamente G. Dolso, *Note sulla sentenza n. 164/2020 della Corte Costituzionale*, in *Amministrazione e Contabilità dello Stato e degli enti pubblici*, 2021, 355, cui si rinvia per ulteriori approfondimenti; in senso contrario, però, G. Tropea, *La Consulta salva "il Re Pallido" nell'annosa vicenda delle c.d. Poer (posizioni organizzative a elevata responsabilità) presso l'Agenzia delle Entrate*, in *Osservatorio costituzionale*, 2020, n. 6, 490.

14. Segue: *esclusione dell'attribuzione di vere e proprie funzioni dirigenziali in capo agli incaricati di posizioni organizzative di elevata responsabilità*

Quanto al merito della decisione, si ritiene innanzitutto che l'esclusione dell'attribuzione di vere e proprie funzioni dirigenziali in capo agli incaricati di posizioni organizzative di elevata responsabilità (nella sentenza si legge "Dal confronto fra i compiti dei titolari delle POER e quelli dei dirigenti, emerge, infatti, la loro non omogeneità") costituisca una conclusione forzata e per questo non condivisibile, frutto in larga parte di petizioni di principio. L'asserita comparazione tra i compiti attribuiti ai titolari delle posizioni organizzative e le funzioni spettanti ai dirigenti in realtà non è stata compiutamente svolta dalla Corte, essendosi dato per presupposto ciò che per la delicatezza della questione andava, invece, analiticamente dimostrato.

La prima osservazione critica attiene all'affermazione secondo cui "l'attribuzione ai titolari delle POER del potere 'di adottare atti e provvedimenti amministrativi, compresi gli atti che impegnano l'Agenzia verso l'esterno, i poteri di spesa e quelli di acquisizione delle entrate' (...) è – a differenza di quanto previsto per i dirigenti dall'art. 4 del d.lgs. n. 165 del 2001 – limitata a quelli rientranti nella competenza dei propri uffici, di livello non dirigenziale". In merito la questione non riguarda (o, meglio, non avrebbe dovuto riguardare) tanto il perimetro delle attribuzioni di un ufficio (ovvero la sua estensione) poiché anche gli uffici dirigenziali hanno competenze più o meno ampie (dipendendo con tutta evidenza dall'assetto organizzativo), ma concerne (o, anche qui, avrebbe dovuto concernere) l'attribuzione ai titolari delle POER del potere di adottare atti definitivi con rilevanza esterna. Dunque l'attribuzione di una competenza che ha la stessa "qualità" di quella attribuita ai dirigenti. E a differenza della delega di funzioni si tratta di poteri che l'incaricato di posizione organizzativa esercita in ragione dell'incardinamento nella posizione e non per delega del dirigente. Si tratta, in definitiva, di poteri propri, non derivati dal dirigente. Il che pone già un primo rilevante dubbio circa l'affermata "chiara espressione della posizione di sostanziale subordinazione gerarchica ai dirigenti dei titolari di POER".

Analogamente non convince quanto fin troppo sinteticamente affermato con riguardo alla responsabilità per lo svolgimento dell'attività amministrativa, della gestione e dei relativi risultati che non sarebbe, a differenza di quella dei dirigenti, esclusiva ed autonoma. Anche qui pare esservi un salto logico nella motivazione poiché la responsabilità, come si avrà modo di riprendere anche nella parte finale di questo scritto, è connessa allo svolgimento di certe attribuzioni, sì da essere la conseguenza dell'esercizio di una certa attività e di certi poteri, ponendosi come *posterius* e non come *prius* rispetto all'autonomia d'azione e sul piano del rapporto di lavoro configurandosi come responsabilità da inadempimento contrattuale. Ne consegue che se una certa attività è svolta in autonomia, la relativa responsabilità non potrà che esserne connessa, sì da risultare sul piano logico-sistematico propria e come tale autonoma. L'incaricato risponde rispetto ad una competenza che gli è propria e che rileva ai fini del mantenimento dell'incarico, del suo rinnovo e della corresponsione del trattamento accessorio. A conferma dell'autonomia vi è, infatti, anche il collegamento di una parte della retribuzione accessoria, quella di risultato, alla valutazione annuale positiva. Emerge con chiarezza come si tratti della stessa soluzione normativa dettata per la dirigenza e che presuppone un'autonomia d'azione. Sulla scorta di quanto evidenziato deriva anche l'irrilevanza (oltreché a parere di chi scrive l'erroneità) dell'affermazione secondo cui la responsabilità non sarebbe esclusiva. Se c'è autonomia d'azione, c'è anche responsabilità esclusiva in relazione alle relative attività. Peraltro nel proprio argomentare la Corte pare sovrapporre implicitamente due piani, quello della responsabilità esclusiva e quello della eventuale corresponsabilità nel verificarsi di un certo accadimento. Con tutta evidenza, una responsabilità esclusiva in merito all'adozione di un certo atto non esclude che vi possa essere una concorrente responsabilità di altri; una responsabilità che si pone su un diverso piano e che si concretizza, ad esempio, nel non aver fornito adeguate risorse, ma che è altra rispetto alla responsabilità connessa allo svolgimento dell'incarico di posizione organizzativa. Per sostenere la non esclusività della responsabilità dell'incaricato di posizione organizzativa la Corte avrebbe dovuto dimostrare che della sua azione con rilevanza esterna risponde sempre anche il dirigente o forse, in maniera ancor più radicale, risponde sempre solo il dirigente. Il che non è stato (né poteva essere) dimostrato in quanto nell'assetto organizzativo prefigurato all'interno delle Agenzie ad autonomi compiti degli incaricati di posizione organizzativa si affianca una loro consequenziale responsabilità, sì da dover essere qualificata come autonoma ed esclusiva.

Ancor più nel dettaglio, a ulteriore conferma di quanto fin qui evidenziato, se si abbandonano apodittiche affermazioni e si passa all'analisi dei compiti effettivi assegnati alle POER emerge come il contenuto concreto delle loro funzioni sia accumunabile a quello delle posizioni (*rectius*: degli incarichi) dirigenziali attribuite ai sensi del d.l. n. 16/2012. Sul piano dei principi vi è una differenza tra le posizioni introdotte ai sensi del decreto del 2012 e le POER: le prime erano state create per coprire temporaneamente posizioni dirigenziali vacanti, nelle more dell'espletamento delle procedure concorsuali per l'assunzione di dirigenti di ruolo, sì da essere contrassegnate dai caratteri della straordinarietà e della temporaneità, mentre le seconde, pur legate alle procedure concorsuali per l'assunzione di dirigenti, hanno risposto alla volontà dichiarata di ridurre le posizioni dirigenziali all'interno degli enti, in funzione del contenimento della spesa e dello snellimento dell'attività amministrativa, sì da coniugare temporaneità e stabilità. Sul piano concreto le funzioni affidate alle posizioni di cui al d.l. n. 16/2012 e quelle attribuite alle POER hanno, invece, indubbi elementi di comunanza, sì da condividersi quanto affermato da autorevole dottrina che con riguardo alle POER ha parlato di "dirigenti mascherati", cambiando il nome, ma restando gli stessi compiti [59]. Posto che la differenza tra le funzioni degli incaricati di POER e quelle proprie della dirigenza non si desume da un loro confronto, la Corte per supportare la propria tesi avrebbe forse più opportunamente dovuto seguire una differente via e vagliare la diversa posizione degli incaricati di POER e dei dirigenti rispetto agli organi politici ed all'indirizzo politico amministrativo, sì da dirigere l'attenzione al profilo strutturale piuttosto che a quello funzionale, con un percorso, però, anche in questo caso tutto in salita [60].

Nondimeno appare incongrua – e si passa così alla seconda notazione critica – la comparazione operata dalla Corte tra la regolamentazione delle POER e la disciplina delle posizioni organizzative di genesi contrattuale previste nel comparto Regioni ed autonomie locali, oggi Funzioni locali, operata al fine di dimostrare il mancato svolgimento in entrambi i casi di funzioni dirigenziali. Per tale comparazione la Corte ha ripreso un proprio precedente (la sentenza n. 128/2020 di poco tempo prima [61]) che la porta ad affermare che le "posizioni organizzative di elevata responsabilità, (sono) 'creat[e] per sottrazione dalle funzioni dirigenziali' e che 'non sono equiparabili al più elevato profilo dei dirigenti'" poiché "A questi ultimi, al contrario, sono riservati 'ancor più pregnanti compiti strategici e di coor-

---

[59] Cfr. S. Cassese, *Il Paese che rifiuta i concorsi*, in *Il Corriere della Sera*, 19 giugno 2020, il quale afferma che le Agenzie delle entrate, "per sottrarsi al chiaro dettato costituzionale e a una sentenza del 2015 della Corte costituzionale, hanno cambiato nome ai dirigenti, chiamandoli 'Posizioni organizzative di elevata responsabilità' (Poer), e quindi stabilito che a quelle posizioni si accede solo dall'interno".

[60] Così anche S. De Gotzen, *Accesso alla dirigenza e a posizioni organizzative: il perimetro del requisito del pubblico concorso*, in *Osservatorio costituzionale*, 2020, n. 6, 468.

[61] Corte Cost. 25 giugno 2020, n. 128.

dinamento', discendenti dalla loro esclusiva responsabilità nell'attuazione e specificazione dei piani, dei programmi e delle direttive generali fissate dall'organo politico (art. 16, comma 1, lettera b, del d.lgs. n. 165 del 2001, con riferimento ai dirigenti generali), nonché nell'attuazione dei progetti e delle gestioni assegnati da quest'ultimi (art. 17, comma 1, lettera b, con riferimento ai dirigenti); responsabilità, pertanto, che ha presupposti specifici e del tutto peculiari (art. 21 del d.lgs. n. 165 del 2001), per ciò solo non estensibili ai titolari delle posizioni organizzative". Il che conduce la Corte ad affermare che la riorganizzazione delle Agenzie fiscali "passa, dunque, per il rafforzamento e la valorizzazione delle competenze e delle professionalità maturate sul campo dai funzionari della terza area, cui le norme censurate riservano l'attribuzione delle posizioni organizzative in oggetto" e questo, prosegue la Corte, "secondo uno schema già conosciuto dal nostro ordinamento" richiamando a tal fine sia l'abrogata previsione dell'art. 45, comma 3, d.lgs. n. 29/1993 che demandava alla contrattazione collettiva la disciplina delle "figure professionali che, in posizione di elevata responsabilità, svolgono compiti di direzione o che comportano iscrizione ad albi oppure tecnico scientifici e di ricerca", sia la vigente disposizione dell'art. 40, comma 2, d.lgs. n. 165/2001 che demanda alla contrattazione collettiva l'istituzione di "apposite sezioni contrattuali per specifiche professionalità".

In primo luogo la sentenza nell'accomunare le posizioni organizzative previste dalla contrattazione collettiva (rispetto alle quali occorre operare ulteriori distinguo, come sarà appresso evidenziato) e le specifiche professionalità destinatarie di un'apposita sezione contrattuale compie un'indubbia forzatura. Le posizioni organizzative di genesi negoziale hanno una natura necessariamente temporanea, mentre le specifiche professionalità costituiscono figure stabili ed è proprio per questo che si prevede la possibile istituzione di una specifica sezione contrattuale che le disciplini. Nondimeno il concetto di specifica professionalità si lega, di regola, all'iscrizione ad albi e/o allo svolgimento di compiti tecnico-scientifici e di ricerca, a prescindere allo svolgimento di incarichi di direzione/gestione che rappresenta l'elemento sostanzialmente qualificante delle posizioni organizzative.

In secondo luogo la sentenza n. 164/2020 nel definire in che cosa consistano le posizioni organizzative e quali siano i compiti di chi ne è incaricato non tiene conto delle differenze esistenti nell'ambito del comparto Funzioni locali (ovvero del comparto alla cui disciplina contrattuale si richiama) tra enti con dirigenti ed enti senza dirigenti, anche alla luce di quanto previsto dal d.lgs. n. 267/2000, c.d. Testo Unico degli enti locali (TUEL). Si tratta di una lacuna di non poco conto. Infatti negli enti in cui è prevista (o, meglio, istituita) la dirigenza (in sostanza tutte le Regioni e gli enti locali di maggiori dimensioni) le posizioni organizzative possono essere costituite nell'ambito di uffici dirigenziali (come è, del resto, previsto, ancorché con formulazioni non sempre coincidenti, negli altri comparti); mentre negli enti locali in cui la dirigenza non è prevista l'art. 109 TUEL, al comma 2, prevede che le funzioni dirigenziali possono essere attribuite, a seguito di provvedimento motivato del sindaco, ai responsabili degli uffici e dei servizi, indipendentemente dalla loro qualifica funzionale, fatte salve quelle conferite dallo stesso sindaco al Segretario comunale. Tale disposizione normativa è da leggere in stretta connessione con la previsione della contrattazione collettiva secondo cui "Negli enti privi di personale con qualifica dirigenziale, i responsabili delle strutture apicali, secondo l'ordinamento organizzativo dell'ente, sono titolari delle posizioni organizzative" (art. 17, comma 1, CCNL comparto Funzioni locali 2016-18). Una previsione che trova conferma in quella dell'ultimo contratto collettivo in cui, nell'ambito di un rinnovato sistema di classificazione del personale, conforme a quanto previsto dall'art. 3, d.l. n. 80/2021, si è introdotta la nuova area dei Funzionari e dell'Elevata qualificazione (EQ) e si è previsto, da un lato, che "Negli enti privi di personale con qualifica dirigenziale, le posizioni di responsabile di ciascuna struttura apicale, secondo l'ordinamento organizzativo dell'ente, sono automaticamente individuate come posizioni di lavoro oggetto di incarichi di EQ" (art. 19, comma 1) e dall'altro lato che "Gli incarichi di posizione organizzativa in essere alla data di entrata in vigore del presente Titolo sono, in prima applicazione, automaticamente ricondotti alla nuova tipologia di incarichi di EQ" ed ancora che "Gli incarichi di posizione organizzativa conferiti secondo la predetta disciplina proseguono fino a naturale scadenza" (art. 13, comma 2). Occorre, peraltro, altresì ricordare che il d.lgs. 8 aprile 2013, n. 39 ("Disposizioni in materia di inconferibilità e incompatibilità di incarichi presso le pubbliche amministrazioni e presso gli enti privati in controllo pubblico, a norma dell'articolo 1, commi 49 e 50, della legge 6 novembre 2012, n. 190") nel definire all'art. 2 gli ambiti di applicazione espressamente afferma che "Ai fini del presente decreto al conferimento negli enti locali di incarichi dirigenziali è assimilato quello di funzioni dirigenziali a personale non dirigenziale".

Da quanto ricostruito emerge come negli enti privi di dirigenti i titolari delle posizioni organizzative svolgano le funzioni dirigenziali (e nel futuro le svolgeranno i titolari di incarichi di elevata qualificazione). Ne consegue che la sibillina affermazione, già contenuta nella sentenza della Corte n. 128/2020, secondo cui i compiti delle posizioni organizzative sono definiti per sottrazione dalle funzioni dirigenziali non è condivisibile. Non lo è negli enti privi di dirigenza per quanto appena detto; ma non lo è neppure con riguardo alle posizioni istituite nell'ambito di enti con dirigenza ove non vi è tanto l'attribuzione di compiti dirigenziali per sottrazione, quanto l'assegnazione di compiti di responsabilità comunque ascrivibili all'area di inquadramento. Una conclusione che trova espressa conferma nella stessa giurisprudenza di legittimità richiamata dalla Corte (ed invocata nella stessa sentenza per escludere che il legislatore avesse voluto introdurre una nuova area) ove si afferma che "il conferimento di una posizione organizzativa non comporta l'inquadramento in una nuova categoria contrattuale, ma unicamente l'attribuzione di una posizione di responsabilità, con correlato beneficio economico" [62] e si precisa che "il conferimento di una posizione organizzativa non è altro che esercizio – da parte del datore di lavoro pubblico – del potere confermativo di attribuire al dipendente mansioni esigibili, determinando unilateralmente l'oggetto del contratto di lavoro, in base al quale il lavoratore è obbligato a svolgere tutte le mansioni ascrivibili alla categoria di inquadramento" [63].

Infine, un'aggiuntiva dimostrazione della specificità delle POER si desume "a posteriori" dall'analisi del contratto Funzioni centrali del triennio 2019-2021 che, come anticipato, ha introdotto l'area delle elevate qualificazioni. Trattando dell'istituto delle deleghe di funzioni (§ 4) si è già posto in luce come in base al nuovo sistema di classificazione del personale il destinatario delle funzioni delegate dal dirigente possa essere un dipendente di tale nuova area e non un funzionario. Occorre ora aggiungere all'analisi due ulteriori disposizioni dello stesso contratto collettivo. La prima [art. 57 ("Clausole speciali per le Agenzie fiscali"), comma 2] prevede che le Agenzie in materia di trattamento economico continuano ad applicare le disposizioni dell'art. 1, comma 93, l. 27 dicembre 2017, n. 205, ovvero la specifica disposizione prevista per gli incaricati delle POER. La seconda [art. 15 ("Posizioni organizzative e professionali")] definisce la disciplina normativa ed economica degli incarichi di posizione organizzativa. Dalla lettura combinata di tali disposizioni negoziali emerge con tutta evidenza come le posizioni organizzative di elevata responsabilità siano altro, sia rispetto alle posizioni organizzative di genesi negoziali, sia rispetto agli incarichi di elevata qualificazione, rafforzando le argomentazioni fin qui espresse.

---

[62] Così Cass., sez. lav., 10 luglio 2019, n. 18561.

[63] Cass., sez. lav., 15 ottobre 2015, n. 20855.

15. Segue: *esclusione della configurabilità delle posizioni organizzative di elevata responsabilità quale nuova area intermedia tra funzionari e dirigenti*

Non meno rilevanti sono gli spunti critici suggeriti dalla seconda parte della sentenza. Dopo aver escluso nella prima parte della motivazione che agli incaricati di posizione organizzativa di elevata responsabilità siano attribuiti incarichi dirigenziali, nella seconda parte la Corte esclude, altresì, che le disposizioni censurate abbiano configurato una nuova area intermedia in quanto i compiti attribuiti ai responsabili di dette posizioni e i requisiti delineati dal legislatore per poterne essere destinatari "non possono ritenersi estranei a quelli propri dei funzionari della terza area". Secondo la Corte vi sarebbe solo un mutamento di compiti, senza cambiamento di profilo, né di area, trattandosi di incarichi non stabili, caratterizzati dalla turnazione, dalla temporaneità dell'assegnazione e dalla possibilità di rinnovo e di revoca. L'assenza di stabilità renderebbe l'assegnazione di tali incarichi incompatibile con un passaggio d'area e di ruolo, non comportando conseguentemente l'attribuzione di un nuovo *status* così da non essere necessario l'espletamento di un concorso per il loro conferimento, richiesto per l'appunto solo per il cambio di *status*.

La Corte motiva le proprie conclusioni richiamandosi a quanto previsto dal CCNL Agenzie Fiscali del quadriennio 2002/2005 e dall'art. 42, comma 1, d.p.r. n. 600/1973, nonché a quanto affermato in materia di posizioni organizzative dalla giurisprudenza di legittimità (in precedenza già in parte richiamata) e dalla parimenti già richiamata sentenza n. 128/2020 della Corte costituzionale e a quanto previsto dai regolamenti di organizzazione delle Agenzie fiscali. Più precisamente la Corte evidenzia come dall'art. 26 del CCNL del comparto Agenzie Fiscali del quadriennio 2002-2005 e dall'allegato A del medesimo CCNL emerga la possibilità di attribuire ai funzionari della terza area un incarico di posizione organizzativa che comporta anche l'esercizio di "funzioni di direzione di unità operativa, caratterizzate da un elevato grado di autonomia gestionale ed organizzativa; attività con contenuti di alta professionalità e specializzazione", con attribuzione ai medesimi soggetti della funzione di "dirigere o coordinare unità organiche anche di rilevanza esterna, la cui responsabilità non è riservata a dirigenti, garantendo l'attuazione delle attività di competenza". Una previsione che nella prospettazione della Corte è da considerare congiuntamente con l'art. 42, comma 1, d.p.r. n. 600/1973 con cui si attribuisce anche agli impiegati della carriera direttiva (ovvero ai funzionari di terza area), ove delegati, il compito di adottare atti amministrativi di particolare rilevanza esterna, quali sono gli atti di accertamento fiscale, nonché con quanto affermato dalla giurisprudenza di legittimità e costituzionale circa la natura temporanea degli incarichi di posizione organizzativa e il mantenimento da parte degli incaricati una volta cessato l'incarico dell'inquadramento nella categoria di appartenenza. La Corte precisa ulteriormente come anche i regolamenti di organizzazione delle Agenzie prevedano che l'attribuzione di una posizione organizzativa di elevata responsabilità non configuri una progressione di carriera, che le posizioni sono di norma conferite per un periodo di tre anni, con possibilità di rinnovo e che possono essere revocate anticipatamente per motivate esigenze organizzative, nonché in caso di rendimento negativo o di comportamenti sanzionabili sul piano disciplinare o penale.

Sulla scorta di tali premesse la Corte afferma, dapprima, che dal dato normativo e da quello giurisprudenziale emergerebbe "una caratteristica di tale istituto che è particolarmente significativa ai fini della sua qualificazione, e cioè la non stabilità, caratteristica di per sé incompatibile con un passaggio di area, e tanto meno di ruolo, cui fa riscontro l'attribuzione di un nuovo status" e precisa, poi, che nell'impiego alle dipendenze della pubblica amministrazione "l'acquisizione di uno status è un fenomeno caratterizzato da una naturale stabilità, assicurata dalla tassatività ed eccezionalità dei casi in cui può venir meno, e che per la dirigenza, in particolare, è garanzia di autonomia e di indipendenza". Sempre secondo la Corte è "solo in vista di una acquisizione di uno status che si impone il rispetto delle procedure concorsuali, procedure che sarebbe invece eccessivo pretendere per accedere a posizioni che non hanno il carattere della stabilità" risolvendosi "nell'affidamento di semplici incarichi alla cui cessazione i destinatari riprendono fisiologicamente ad esercitare le funzioni che sono proprie della loro area di appartenenza". Il che non esclude, continua la Corte, "che la selezione dei soggetti cui attribuire le POER debba rispondere ai princìpi di imparzialità, trasparenza ed efficienza, che presiedono ad ogni attività amministrativa e che ne condizionano la legittimità", com'è nel caso di specie ove "la selezione interna deve tenere conto 'delle conoscenze professionali, delle capacità tecniche e gestionali degli interessati e delle valutazioni dagli stessi conseguite negli anni precedenti'" essendo di tutta evidenza che per accedere a funzioni di alta specializzazione o responsabilità "serve acquisire specifiche conoscenze che devono essere imparzialmente vagliate dall'amministrazione conferente". La circostanza che si tratti di incarichi per loro natura temporanei e che non comportano l'attribuzione di un nuovo status porta la Corte a ritenere che la disciplina delle

POER sia differente da quella ritenuta illegittima con la sentenza n. 37/2015, non violando né il giudicato costituzionale, né il principio dell'accesso per concorso ai pubblici uffici.

Anche questa seconda parte della motivazione presenta elementi di criticità, sia se la si considera in sé, sia anche (e forse soprattutto) se viene analizzata alla luce della sua prima parte.

Innanzitutto già da una prima e veloce considerazione emerge, a parere di chi scrive, l'evidente contraddittorietà con quanto espresso dalla stessa Corte nella parte precedente della motivazione ove aveva affermato che i compiti delle POER sarebbero stati definiti per sottrazione da quelli della dirigenza. Con tutta evidenza, o si tratta di compiti sottratti ad altri e, dunque, non propri, oppure si tratta di compiti propri.

In secondo luogo la sentenza per delineare i contenuti degli incarichi delle posizioni organizzative di elevata responsabilità e, in particolare, per evidenziare il legittimo esercizio di funzioni di direzione da parte di chi ne è incaricato, opera un richiamo a disposizioni contrattuali che disciplinano le posizioni organizzative. Ma qui vi è un ulteriore elemento di non condivisibilità. Con tutta evidenza il semplice fatto che la fonte di disciplina sia differente, è elemento di per sé chiaro nel condurre a ritenere che le POER, istituite per legge, siano altro rispetto a quelle di fonte contrattuale e di alcuna utilità possa essere, dunque, il riferimento alla disposizione negoziale.

In terzo luogo il richiamo all'art. 42, comma 1, d.p.r. n. 600/1973 non può avere alcun rilievo per sostenere la tesi della Corte. Si è visto ampiamente nei primi paragrafi di questo scritto come detta norma implichi non una delega di funzioni, bensì di firma, sì da non assumere in concreto alcun rilievo nel senso dell'attribuzione di autonomi compiti di direzione e/o, comunque, di attività con rilevanza esterna.

Infine vi è l'elemento della temporaneità dell'incarico che denoterebbe l'assenza di un passaggio d'area e della conseguente mancata attribuzione di un nuovo status. Si tratta di un argomento senza dubbio importante ed a prima vista dirimente. Tuttavia, anche tacendo la circostanza per cui pure gli incarichi di cui al d.l. n. 16/2012 erano stati originariamente pensati dal legislatore come temporanei (e che la censura di incostituzionalità si fonda essenzialmente sul fatto che in concreto non siano stati tali) e che la valutazione della reale temporaneità delle POER sia stata sommariamente svolta dalla Corte (nella parte già richiamata della sentenza ove ha affermato il legame tra istituzione delle POER e attivazione di nuove procedure concorsuali per la copertura di posizioni dirigenziali), il punto pare essere anche in questo caso quello delle effettive funzioni svolte. In altri termini non può assumere rilievo solo la predeterminazione del tempo di svolgimento di un incarico, ma occorre dirigere l'attenzione anche all'oggetto dell'attività. Del resto anche il rapporto del dirigente di ruolo è connotato dalla scissione tra contratto a tempo indeterminato ed incarico a termine. E se si opera detta valutazione delle funzioni effettivamente attribuite, per tutto quanto è stato fin qui evidenziato, pare difficilmente contestabile che le posizioni organizzative di elevata responsabilità abbiano una loro specificità, come visto confermata anche dall'ultimo CCNL Funzioni centrali 2019-2021 che differenzia, da un lato, POER ed incarichi di elevata qualificazione e, dall'altro lato, POER e posizioni organizzative. Alla luce di tutto ciò si ritiene, dunque, che anche volendo accedere alla tesi per cui non si possa parlare dell'acquisizione di uno status definitivo in ragione della temporaneità degli incarichi, resta tuttavia il fatto che si tratti di posizioni peculiari per le quali sarebbero dovuti valere gli stessi principi affermati nella sentenza n. 37/2015 e, in particolare, la necessità di prevedere una procedura selettiva non riservata agli interni dato che si tratta dell'attribuzione di compiti corrispondenti a funzioni più elevate.

16. Segue: *legittimità costituzionale dell'esclusione dei funzionari interni dalle prove preselettive nelle procedure per l'accesso alla qualifica dirigenziale e del connesso riconoscimento della riserva a loro favore di posti*

Nell'ultima parte della sentenza la Corte ha rigettato le censure avanzate nei confronti della lett. *e*) del comma 93 escludendo che l'esonero dalla prova preselettiva per l'accesso alla qualifica dirigenziale in favore di alcuni dipendenti (i candidati che, come dipendenti delle Agenzie fiscali, abbiano svolto, per almeno due anni alla data di pubblicazione del bando, funzioni dirigenziali o siano stati titolari di POER o di POT, oppure siano stati assunti mediante pubblico concorso e abbiano almeno dieci anni di anzianità nella terza area, senza demerito) violi gli artt. 3, 51 e 97 Cost. Ciò in quanto il riconoscimento, comune ad altri concorsi pubblici, di una qualificata esperienza all'interno della stessa amministrazione sottende un profilo meritevole di apprezzamento da parte del legislatore ed è conforme al principio di buon andamento della pubblica amministrazione. In sostanza l'esonero degli interni dalle prove preselettive non darebbe un ingiustificato vantaggio competitivo agli interni, dato che essi saranno, comunque, tenuti a sostenere il concorso e che l'art. 35, comma 3, lett. *a*), d.lgs. n. 165/2001 dispone che per l'economicità e la celerità dello svolgimento dei concorsi si può ricorrere, ove opportuno (segnatamente nel caso di un numero elevato di candidati) a forme di preselezione. Posto che l'economicità e la celerità nello svolgimento dei concorsi riguarda anche il vantaggio di alleggerire l'ambito soggettivo delle prove preselettive secondo la Corte non è irragionevole esonerare dalle prove coloro che, attraverso il servizio già prestato nelle Agenzie fiscali, "abbiano sufficientemente dimostrato "sul campo" effettive capacità (e tanto vale sia per coloro che hanno espletato, per un periodo significativo, funzioni dirigenziali ovvero di elevata responsabilità, sia per coloro che hanno prestato, per un ancora più congruo numero di anni, la propria esperienza lavorativa nell'area immediatamente sottordinata alla dirigenza)".

Anche la riserva di posti in favore dei medesimi soggetti, nei limiti del 50%, è ritenuta dalla Corte conforme all'ultimo comma dell'art. 97 Cost. e ai principi espressi dalla consolidata giurisprudenza costituzionale che non ha mai escluso la riserva ai dipendenti interni di una quota dei posti messi a concorso purché sia contenuta entro limiti percentuali "per non precludere in modo assoluto la possibilità di accesso alla generalità dei cittadini"[64]. Un punto di equilibrio che il legislatore, sempre in conformità alla giurisprudenza costituzionale, avrebbe individuato nel 50 per cento dei posti messi a concorso[65] (cfr. art. 52, comma 1-*bis*, d.lgs. n. 165/2001[66]); una percentuale da considerare quale ragionevole bilanciamento tra il principio del pubblico concorso e l'interesse a consolidare pregresse esperienze lavorative presso l'amministrazione medesima, riconducibile al principio di buon andamento.

Le conclusioni della Corte in punto di diritto sono senza dubbio condivisibili, del tutto conformi alla consolidata giurisprudenza della Corte. Vi è solo un punto di attenzione ed è quello di evitare che durante la fase concorsuale l'essere dipendenti dell'Agenzia fiscale possa comportare un irragionevole vantaggio competitivo per gli interni, laddove, per esempio, si attribuisca all'essere dipendente (o, meglio, all'aver svolto certi compiti che, tuttavia, coincidono con quelli propri dell'Agenzia) un punteggio titoli tale da escludere di fatto gli altri concorrenti. In questo senso le regole

[64] Corte Cost. 1° luglio 2013, n. 167; Corte Cost. 16 maggio 2002, n. 194; Corte Cost. 4 gennaio 1999, n. 1.

[65] Corte Cost. 10 giugno 1994, n. 234.

[66] Tale norma è stata poi novellata dall'art. 3, d.l. n. 80/2021 che ha eliminato la riserva di posti e ha previsto che fatta salva una riserva di almeno il 50% delle posizioni disponibili destinata all'accesso dall'esterno, le progressioni tra le aree avvengano tramite procedura comparativa, sì da reintrodurre in via strutturale le progressioni verticali di carriera (v. anche art. 22, comma 15, d.lgs. n. 75/2017 che aveva previsto progressioni verticali "transitorie" per il periodo 2018-2020, poi prorogato fino al 2022 e le progressioni contrattuali previste dai contratti collettivi 2029-2021 per la fase di prima applicazione).

poste dal regolamento di cui al d.p.r. 16 aprile 2018, n. 78 che stabilisce i titoli valutabili nell'ambito del concorso per l'accesso alla qualifica di dirigente e il valore massimo assegnabile, ad ognuno di essi in sé non costituiscono un argine sufficiente [67].

17. *Delega di firma, delega di funzioni ed incarichi di elevata responsabilità: oggetto dell'obbligazione contrattuale e responsabilità*

Sulla scorta di quanto fin qui analizzato, la riflessione si dirige ora all'approfondimento delle responsabilità per inadempimento degli obblighi lavorativi da parte dei delegati e dei deleganti, nonché degli incaricati di posizione organizzativa di elevata responsabilità. Nell'ambito delle molteplici responsabilità del dipendente pubblico (civile, penale, amministrativa, disciplinare e dirigenziale), ci si occuperà, dunque, delle ultime due, disciplinare e dirigenziale, previa ricostruzione dei rispettivi caratteri di ordine generale.

Come è noto, la responsabilità disciplinare è propria di ogni prestatore di lavoro subordinato, privato e pubblico, dirigente e non. La norma fondamentale di riferimento è costituita dall'art. 2106 c.c. ove si prevede in caso di violazione degli obblighi di diligenza, obbedienza e fedeltà previsti nei precedenti due articoli, 2104 e 2105 la possibile applicazione di sanzioni disciplinari proporzionate alla gravità dell'inadempimento (le norma recita "secondo la gravità dell'infrazione"). Un ruolo centrale per la definizione della tipologia di infrazioni e di sanzioni, nel rispetto del principio legale di proporzionalità, è demandato alla contrattazione collettiva di diritto comune ed è concretamente attuato tramite la definizione del codice disciplinare. Le sanzioni disciplinari non sono necessariamente estintive del rapporto, ma possono rivestire anche natura conservativa, sì da segnare una evidente specialità rispetto alle regole "generali" codicistiche che governano l'inadempimento contrattuale. La ragione è da rinvenire nel fatto che l'unica misura estintiva (il licenziamento) potrebbe risultare troppo gravosa non solo per il prestatore di lavoro (che in questo modo perderebbe la propria fonte di reddito e, dunque, di sostentamento), ma anche per il datore di lavoro (il quale, pur non potendo tollerare certi comportamenti, considera nel contempo troppo oneroso perdere una risorsa umana), sì

---

[67] V. anche decreto del Ministro per la pubblica amministrazione 28 settembre 2022 recante "Adozione di linee guida per l'accesso alla dirigenza pubblica, ai sensi dell'art. 3, comma 6, del decreto-legge 80 del 2021".

da assumere l'esercizio del potere disciplinare una valenza non solo sanzionatoria, ma anche correttiva nei casi di condotte di minore gravità.

Vi è, tuttavia, una doppia rilevante differenza tra settore privato e pubblico che merita di essere subito posta in luce e che, unitamente a quelle che saranno in seguito evidenziate, costituiscono espressione dei principi di imparzialità e di buon andamento dell'azione dell'amministrazione. La prima concerne le tipologie di sanzioni di cui possono essere destinatari i dirigenti. Nel settore privato non sono previste sanzioni conservative per la categoria dirigenziale e anche per il licenziamento vi è una significativa specificità data dal regime legale di libera recedibilità e che ha comportato l'intervento della contrattazione collettiva per riconoscere il diritto del dirigente alla corresponsione di un'indennità risarcitoria nel caso di recesso ingiustificato, con una nozione di giustificatezza elaborata dalla giurisprudenza in maniera lata, tale da ritenersi giustificato anche un recesso conseguente ad una diversa visione delle strategie aziendali. Diversamente, nel settore pubblico il dirigente, al pari del personale del comparto, non solo può essere licenziamento solo per giusta causa o giustificato motivo, con diritto alla reintegrazione nel caso di licenziamento illegittimo, ma può essere, altresì, assoggettato a sanzioni conservative. La seconda riguarda il fatto che nel settore pubblico lo stesso legislatore è intervenuto definendo *ex lege* l'applicazione di una serie di sanzioni disciplinari, non solo conservative, ma anche estintive, in presenza di specifici comportamenti inadempienti e con un ambito soggettivo di applicazione non limitato al personale del comparto. La questione ha sollevato interesse in dottrina ed in giurisprudenza con particolare riguardo all'individuazione di condotte inadempienti in presenza delle quali, secondo la legge, "si applica" la sanzione del licenziamento (cfr. art. 55-*quater*, d.lgs. n. 165/2001); una previsione che, tuttavia, alla luce di quanto previsto dalla giurisprudenza di legittimità prima e da quella costituzionale poi, non implica alcun automatismo sanzionatorio, dovendosi comunque rispettare il principio di proporzionalità dettato dall'art. 2106 c.c.

Ma vi sono anche ulteriori e maggiormente pregnanti differenze tra settore pubblico e privato che devono essere richiamate, seppure sinteticamente. La prima, di indubbio rilievo sistematico, attiene alla sostanziale obbligatorietà dell'esercizio del potere disciplinare, tale da comportare una responsabilità in capo a chi non si attivi per far accertare e sanzionare comportamenti inadempienti e, parimenti, tale da escludere ogni tollerabilità e/o acquiescenza datoriale rispetto a condotte inadempienti. La seconda concerne l'affiancamento al codice disciplinare, di genesi contrattuale, di un codice di comportamento, di natura regolamentare (con una ulteriore bipartizione tra un codice "generale", con ambito oggettivo di applicazione riferito a tutte le amministrazioni, ed un codice di ente, con funzione specificativa in ragione delle peculiarità della singola amministrazione), che definisce una serie di condotte obbligatorie per tutti i dipendenti pubblici contrattualizzati [68], la cui violazione assume rilievo sul piano disciplinare.

La responsabilità dirigenziale è, invece, propria di colui che riveste la qualifica dirigenziale, non essendo riferibile al responsabile di una struttura che non la possegga. Si tratta di una responsabilità disciplinata nell'art. 21, d.lgs. n. 165/2001 che ha riguardo al doppio ruolo del dirigente pubblico, di dipendente e di datore di lavoro, ed è riferita all'attuazione degli obiettivi assegnati e alle modalità di gestione del personale. Sul piano sistematico l'istituto della responsabilità dirigenziale si lega al principio di distinzione funzionale tra politica ed amministrazione in forza del quale all'organo di indirizzo politico-amministrativo spetta la definizione di obiettivi, priorità, piani e programmi da attuare, emanando le relative direttive generali, mentre alla dirigenza l'attuazione concreta in maniera autonoma e responsabile.

Esaurita la trattazione di carattere generale, pare ora maggiormente utile analizzare in maniera analitica come le indicate forme di responsabilità si rapportino agli istituti della delega di firma e di funzioni e allo svolgimento degli incarichi di elevata responsabilità in ambito tributario.

Come visto, la delega di firma realizza un mero decentramento burocratico, poiché il delegato alla firma non esercita in modo autonomo e con assunzione di responsabilità i poteri inerenti alle competenze amministrative riservate al delegante, ma agisce in qualità di mero sostituto materiale del soggetto persona fisica titolare dell'organo cui è attribuita la competenza. Ne consegue che il delegante rimane l'unico ed esclusivo soggetto dal quale promana l'atto e del quale si assume la piena responsabilità verso l'ester-

[68] Le disposizioni del codice di comportamento emanato con il d.p.r. 16 aprile 2013, n. 62 e modificato dal d.p.r. 13 giugno 2023, n. 81 costituiscono, in quanto compatibili con le disposizioni dei rispettivi ordinamenti, anche principi di comportamento per il personale non contrattualizzato di cui all'art. 3, d.lgs. n. 165/2001; inoltre le pubbliche amministrazioni di cui all'art. 1, comma 2, del d.lgs. sono tenute ad estendere, per quanto compatibili, gli obblighi di condotta previsti dal codice di comportamento a tutti i collaboratori o consulenti, con qualsiasi tipologia di contratto o incarico e a qualsiasi titolo, ai titolari di organi e di incarichi negli uffici di diretta collaborazione delle autorità politiche, nonché nei confronti dei collaboratori a qualsiasi titolo di imprese fornitrici di beni o servizi e che realizzano opere in favore dell'amministrazione, dovendo inserire negli atti di incarico o nei contratti di acquisizioni delle collaborazioni, delle consulenze o dei servizi, le amministrazioni apposite disposizioni o clausole di risoluzione o decadenza del rapporto in caso di violazione degli obblighi derivanti dal codice di comportamento.

no. Diversamente, l'atto di delega della competenza amministrativa ha rilevanza esterna, essendo suscettibile di alterare il regime dell'imputazione dell'atto (ma lo stesso vale anche per la delega di compiti privatistici di gestione del personale che sono esercitati in autonomia nell'ambito di quanto definito nell'atto di delega) ed il delegato deve svolgere l'attività nel rispetto delle prescrizioni normative della cui violazione è responsabile.

In entrambi i casi, della delega di firma e della delega di funzioni, il delegato è responsabile sul piano disciplinare, ma con una significativa differenza tra le due situazioni. Nel caso della delega di firma occorrerà avere riguardo all'oggetto dell'obbligazione contrattuale così come desumibile dall'inquadramento e dalle mansioni concretamente assegnate alla luce dell'organizzazione interna della struttura. Il che vale anche nel caso di firma all'emanazione degli atti di accertamento posto che alla luce della più recente giurisprudenza anche in questo caso la delega non deve essere nominativa, sì da esservi omologazione con la delega di firma per gli atti di riscossione. Diversamente nel caso della delega di funzioni l'ambito dell'obbligazione esigibile è più ampio e occorrerà avere riguardo anche a quanto definito nell'atto di delega per ravvisare specifici profili di mancanza di diligenza nello svolgimento delle specifiche funzioni assegnate in ragione degli ambiti di autonomia riconosciuti. In nessuno dei due casi pare, invece, configurabile una responsabilità dirigenziale *strictu sensu* intesa posto che essa postula, come visto, il riconoscimento della qualifica dirigenziale e la delega di firma e di funzioni è prevista, di regola, a favore del personale del comparto (ovviamente in termini generali il discorso è diverso nel caso di delega di propri compiti da parte del dirigente incaricato della direzione di un ufficio dirigenziale generale ad un dirigente incaricato della direzione di un ufficio dirigenziale non generale).

Più articolata è la posizione del dirigente delegante (ma più in generale di qualsiasi delegante) che risponde innanzitutto sul piano disciplinare laddove si ravvisi una sua responsabilità *in eligendo* e *in vigilando*. La *culpa in eligendo* sussiste nel caso in cui sia stato delegato un soggetto non idoneo; nondimeno nel caso di delega conferita ad un soggetto idoneo si può porre un problema di *culpa in vigilando* qualora il delegato si dimostri in concreto inadeguato a svolgere i compiti assegnatigli, dovendo il delegante, stante il rapporto gerarchico tra delegante e delegato, verificare sempre l'operato del delegato. Ma il dirigente delegante risponde anche per responsabilità dirigenziale nel caso di un uso improprio dell'istituto della delega di funzioni posto che detta responsabilità concorre con quella disciplinare stante il chiaro disposto dell'art. 21, d.lgs. n. 165/2001 che, nel regolamentare la responsabilità dirigenziale, esplicita "fermo restando l'eventuale responsabilità disciplinare secondo la disciplina contenuta nel contratto collettivo". Più in generale deve osservarsi come il delegante non possa in alcun modo utilizzare l'istituto della delega di funzioni per cercare di circoscrivere (o, meglio limitare) la propria responsabilità. Il dirigente delegante rimane responsabile dell'azione complessiva dell'ufficio. Anzi, a ben vedere, l'abuso del sistema delle deleghe, in assenza di ragioni che ne giustificano il ricorso, può assumere rilievo sintomatico di un'incongrua strategia organizzativa e, dunque, di un'incompetenza del dirigente. Tuttavia anche nella diversa situazione in cui l'uso continuo di deleghe sia reso necessario da oggettive esigenze dell'amministrazione, conseguenza, ad esempio, dei troppi compiti riferibili ad un certo ufficio dirigenziale, occorre che il dirigente si attivi per una soluzione strutturale, anche nella prospettiva di una modifica del modello organizzativo.

Nel caso, poi, degli incaricati di posizioni organizzative di elevata responsabilità le argomentazioni e le conclusioni della Corte costituzionale, di cui occorre prendere atto, ancorché non condivisibili, inducono a non poter ravvisare in capo a loro una formale responsabilità dirigenziale. Ciò anche se tra le ragioni di revoca degli incarichi concorrono sia i comportamenti sanzionabili sul piano disciplinare sia condotte che si concretizzano in un rendimento negativo, ovvero una formula che se riecheggia sul piano formale una mancanza di diligenza e, dunque, una responsabilità disciplinare, sul piano sostanziale evoca, invece, altro, ovvero il raggiungimento o meno degli obiettivi assegnati, ciò soprattutto alla luce della previsione della corresponsione della retribuzione di risultato nel caso di valutazione positiva. Una valutazione che assume rilievo anche per quanto concerne l'eventuale conferimento di successivi incarichi, con una soluzione del tutto analoga a quella prevista dall'ordinamento per il conferimento di incarichi dirigenziali. Gli incaricati di posizione organizzativa di elevata responsabilità sono, invece, senza dubbio responsabili sul piano disciplinare ove il canone della diligenza richiesta deve essere, però, parametrato in maniera più rigorosa in ragione dell'importanza del ruolo ricoperto e dei requisiti richiesti per il conferimento degli incarichi, tali da presupporre anche una competenza qualificata.

18. *Conclusioni*

In chiusura, all'esito della lunga ricostruzione critica della disciplina della delega di firma e di funzioni e del conferimento degli incarichi di elevata responsabilità occorre rispondere al quesito di partenza, della continuità/discontinuità delle soluzioni adottate dal legislatore in materia e di come la giurisprudenza si sia approcciata rispetto alle soluzioni via via delineate.

Si ritiene che la risposta dovrebbe emergere in maniera chiara da quanto fin qui evidenziato. Il legislatore, fin dal d.p.r. n. 600/1973, ha inteso definire dei modelli di organizzazione interna volti a garantire efficienza ed efficacia all'azione delle Agenzie fiscali. In un contesto di carenza di dirigenti ciò è avvenuto tramite una distribuzione di compiti a favore di figure di qualifica non dirigenziale. Così è stato, prima, per la disciplina della delega di firma e, poi, per quella del d.l. n. 16/2012 del conferimento di incarichi dirigenziali agli interni nelle more delle procedure concorsuali per l'assunzione di dirigenti di ruolo, per quella della delega di funzioni di cui al d.l. n. 78/2015 ed infine per gli incarichi di elevata responsabilità attribuiti ai funzionari apicali interni.

Rispetto alle scelte operate dal legislatore, critica è stata la giurisprudenza amministrativa che si è dimostrata custode di un maggiore rigore giuridico, prima annullando disposizioni regolamentari degli enti ritenute illegittime e, poi, sollevando a più riprese la questione di legittimità costituzionale nei confronti delle norme che, con varie modalità, hanno previsto l'attribuzione di funzioni dirigenziali a funzionari interni. Diversamente la giurisprudenza costituzionale e di legittimità ha sempre accompagnato il percorso del legislatore con l'obiettivo evidente di non addivenire a soluzioni tali da compromettere l'azione dell'amministrazione fiscale. Così per la disciplina della delega di firma ove significativo è stato il mutamento di orientamento della giurisprudenza di legittimità che, modificando quello originario che richiedeva l'individuazione nominativa del delegato, nelle pronunce più recenti ritiene sufficiente l'indicazione della qualifica del delegato; e questo al fine di ridurre le situazioni in cui è ravvisabile la nullità degli atti di accertamento. Per la delega di funzioni, invece, "garante della continuità" si è dimostrata la Corte costituzionale la quale dopo aver dichiarato l'illegittimità costituzionale del conferimento degli incarichi dirigenziali ad interni, non tanto per l'istituto in sé considerato, ma per la sua reiterazione, in seguito, con una soluzione che a parere di chi scrive è apparsa un po' forzata, ha, invece, "salvato" le posizioni organizzative di elevata responsabilità. In sostanza la Corte costituzionale sembra aver preso atto della difficoltà di trovare una rapida soluzione all'esigenza di coprire le posizioni dirigenziali in un contesto in cui la vicenda aveva assunto un elevato tasso di "politicità". In sostanza, al prezzo di una certa forzatura esegetica ha prevalso il pragmatismo della continuità. L'impressione finale è, comunque, quella di una situazione che, lungi dall'essersi definitivamente assestata, interesserà ancora nel prossimo futuro tutti gli operatori.

LA PERCEZIONE SOCIALE DELLA TASSAZIONE. *ENFORCEMENT* E OTTEMPERANZA ALL'OBBLIGAZIONE D'IMPOSTA

di Luigi Cominelli

Sommario: 1. Le funzioni sociali del diritto tributario. – 2. Le ricerche empiriche sulla percezione e sull'attitudine verso il fisco. – 3. Ottemperanza e deterrenza. – 4. Coscienza fiscale e fiducia nelle istituzioni. – 5. Conclusioni.

1. *Le funzioni sociali del diritto tributario*

Secondo alcune recenti stime del Ministero dell'Economia e delle Finanze [1], l'evasione complessiva di tasse e contributi previdenziali ammonta annualmente in Italia a circa 157 miliardi di euro, pari al 9,5% del PIL nazionale, cioè circa un terzo di quanto dovuto complessivamente. Gli studi longitudinali ci dicono però che l'evasione è considerata sempre meno benevolmente: il 90% circa della popolazione intervistata la considera come qualcosa di grave o molto grave, e questa percezione negativa si è rafforzata nel tempo, specie nelle aree che in passato tendevano a considerarla con meno severità, che oggi si sono sostanzialmente allineate con il resto del paese [2]. Anche tra le categorie professionali c'è un sostanziale allineamento: rispetto ad esempio ai lavoratori autonomi, che in passato tendevano a essere più benevoli rispetto ai comportamenti elusivi, la differenza con la valutazione delle altre categorie produttive si è oggi ridotta. In generale, la

---

[1] Ministero dell'Economia e delle Finanze (2022), Relazione sull'economia non osservata e sull'evasione fiscale e contributiva, anno 2022, Commissione per la redazione della Relazione sull'economia non osservata e sull'evasione fiscale e contributiva, https://www.mef.gov.it/documenti-allegati/2022/PDF1_Aggiornamento_relazione_19_12_finale.pdf

[2] In passato il Sud del paese vedeva un gap di circa 10 punti percentuali rispetto al Nord e al Centro: G. D'Alessio, *What do Italians think about tax evasion?* (n. 607), 2019, 10.

tolleranza verso l'evasione rimane più elevata per le persone con un livello di istruzione più basso, per gli anziani e per i lavoratori autonomi [3].

La propensione all'evasione comunque resiste, e ha motivazioni composite. L'evasione come fenomeno "culturale" di certi paesi o aree del mondo, tuttavia, non rappresenta sempre la migliore spiegazione del fenomeno. Basti pensare che in paesi come la Svezia, il Regno Unito, la Danimarca o la Germania, la percentuale delle persone che ritiene l'evasione sempre inaccettabile è più bassa rispetto al nostro paese.

L'obbligazione fiscale è uno dei doveri socialmente più rilevanti. Immaginiamoci cosa succederebbe se anche solo il 10% dei consociati non ottemperasse all'obbligo di non uccidere. Certamente l'impatto di obblighi così diversi è difficilmente comparabile, ma ci troviamo comunque di fronte a uno dei doveri di solidarietà sociale più importanti (dipendono da esso il livello e la qualità di numerosi servizi pubblici essenziali), e per il quale l'*enforcement* è più problematico.

L'imposizione fiscale moderna è sempre stata politicamente non neutrale e subordinata agli scopi del *welfare state*, e quindi tendenzialmente indirizzata a produrre un cambiamento sociale [4]. Tuttavia, come ha rilevato Schumpeter, le politiche fiscali e le misure a esse connesse hanno irrazionalmente favorito o sfavorito determinati settori produttivi, anche ben oltre i loro intenti [5]. Come in ogni intervento di ingegneria sociale, nelle politiche di incentivazione e disincentivazione fiscale è in agguato il rischio di abusi e di effetti distorsivi. Si pensi ai massicci interventi pubblici in favore dei mutui per l'acquisto dell'abitazione, fondati sulla convinzione dell'importanza sociale della stabilità abitativa, considerata un valore positivo nelle società agrarie e industriali [6]. O si pensi ancora al risultato sostanzialmente elusivo (forse prevedibile) realizzatosi con i bonus per le ristrutturazioni edilizie e con la possibilità di cedere il credito fiscale.

---

[3] G. D'Alessio, *What do Italians think about tax evasion?*, cit., 10.

[4] G. Ardant, *Théorie sociologique de l'impot*, Sevpen, Paris, 1965, 1133 ss.

[5] J. Schumpeter, *The Crisis of the Tax State*, a cura di R. Swedberg, *The Economics and Sociology of Capitalism*, Princeton University Press, Princeton, 1991, 101.

[6] Questi interventi sono avvenuti per via diretta con la partecipazione pubblica a istituti di credito specializzati nell'erogazione di mutui, o per via indiretta con agevolazioni fiscali in favore dei contribuenti che pagano interessi sul capitale, ma hanno ad esempio contribuito in maniera decisiva alla crisi dei mutui *sub-prime*. Il sostegno ai mutui per l'acquisto di abitazioni è stato una delle maggiori concause nella bolla immobiliare della fine degli anni '00 e della crisi finanziaria iniziata nel 2007. In presenza di un mercato degli affitti libero e di sostegni ai cittadini in stato di bisogno, il vantaggio fiscale per chi stipula un mutuo per l'acquisto dell'abitazione ha in realtà natura regressiva, andando a beneficiare principalmente il ceto medio.

La funzione sociale delle politiche tributarie soffre della confusione tra scopi finali e finalità intermedie strumentali ai primi, e rischia di ignorare l'emersione di nuove priorità sociali. Il sistema fiscale può avere infatti tante funzioni sociali quanti sono i compiti dello stato. Qui più che altrove è necessario individuare le funzioni e le corrispettive norme sociali da cui discende tale obbligo fiscale. Fritz K. Mann, economista e sociologo tedesco emigrato negli Stati Uniti durante il periodo nazista, compendiava così le funzioni essenziali del sistema fiscale: 1) correzione di comportamenti umani socialmente indesiderabili; 2) riallocazione del potere economico tra gruppi sociali e classi; e infine, 3) contrasto degli abusi del capitalismo [7]. Secondo Leroy, in una versione più aggiornata, il sistema fiscale ha lo scopo di ridurre le disuguaglianze, finanziare gli interventi dello stato, e proteggere i membri più deboli della società [8].

Secondo le ricerche di psicologia sociale su conformità e devianza, un elemento determinante nell'orientare i comportamenti, al di là del contenuto della legge, della severità delle sanzioni, e dell'effettività della loro applicazione, è la percezione soggettiva di quali siano le norme sociali invalse. Il dato sull'evasione diventa quindi più comprensibile quando si consideri che una percentuale attorno al 20% circa degli italiani ritiene che tutti o quasi i propri connazionali evadano in qualche forma le tasse [9]. Dunque, a un sostanziale allineamento sul valore morale e giuridico della fedeltà fiscale, corrisponde una sfiducia abbastanza radicata, in una percentuale non trascurabile della popolazione, nell'onestà dei propri concittadini. Non è difficile capire come da questo possa discendere un cinismo di fondo che rende più agevole anche la propria inottemperanza attraverso l'autogiustificazione.

2. *Le ricerche empiriche sulla percezione e sull'attitudine verso il fisco*

Uno dei primi rilevanti risultati a cui è giunta la ricerca empirica è che, contrariamente a quanto si potrebbe assumere sulla base della teoria economica, la maggior parte dei cittadini paga regolarmente le imposte, e le pagherebbe anche se non ci fossero controlli e sanzioni [10].

---

[7] F.K. Mann, *The Sociology of Taxation*, *The Review of Politics*, n. 5, 2, 1943, 226.

[8] M. Leroy, *Tax Sociology. Sociopolitical Issues for a Dialogue with Economists*, *Socio-logos. Revue de l'association française de sociologie*, 3, 2008, 29.

[9] G. D'Alessio, *What do Italians think about tax evasion?*, cit., 10.

[10] M. Leroy, *The concrete rationality of taxpayers*, *Sociologia del diritto*, 2, 2011, 20 e 33. Si vedano anche S. Muehlbacher, *Prospect Theory and Tax Compliance*, a cura di B. van Rooij, D.D. Sokol, *The Cambridge Handbook of Compliance*, Cambridge University Press, 2021, 541-550; M. Fochmann *et al.*, *Tax Perception: An empirical survey*, arqus Arbeitskreis Quantitative Steuerlehre, 2010, 17.

Le tasse sono un fattore di motivazione abbastanza tangibile da permetterci di allineare in maniera immediata le nostre opinioni con l'interesse fiscale del nostro gruppo di riferimento. In genere, i tabagisti si schierano contro le imposte sui tabacchi, i bevitori contro le accise sull'alcool, i possessori di veicoli motorizzati contro l'incremento del bollo. Si è notato invece che lo stesso non avviene rispetto a politiche che impongono altri tipi di oneri, anche sostanziali, sulle finanze pubbliche. I disoccupati, ad esempio, se comparati con gli occupati, non hanno preferenze particolari rispetto a interventi specifici contro la disoccupazione, così come gli anziani non sono più favorevoli dei giovani ad interventi di previdenza sociale [11].

Come in ogni attività valutativa e decisionale, anche in quella che riguarda l'adempimento degli obblighi fiscali risulta decisivo il *frame* di riferimento. Secondo i paradigmi del *framing* e della *prospect theory* [12], diverse euristiche influenzano queste attività per il tramite di un *bias*, e ci fanno compiere sistematicamente errori, distogliendoci da una razionalità di tipo materiale ed economico. Rischi, punti di riferimento, ancoraggi statistici e valutazioni della probabilità, imprimono costantemente delle deviazioni dalla nostra razionalità, deviazioni che non sarebbero logicamente prevedibili secondo la teoria dell'utilità attesa, e quindi nemmeno secondo i punti di appiglio che siamo abituati a considerare quando si parla di legislazione, di implementazione e di *enforcement*.

Da questo discende che le decisioni sono largamente orientate dal frame decisionale in cui sono compiute, e che il livello di ottemperanza dipende dal punto di riferimento adottato dal contribuente, che ad esempio può variare notevolmente a seconda che si tratti del reddito lordo o del reddito netto [13]. Avendo a mente il reddito lordo, la scelta di pagare per intero le tasse è percepita come perdita di un capitale, e quindi tende a pesare di più psicologicamente, rispetto alla scelta di dichiarare un maggiore importo deducibile, la quale è percepita invece come un mancato guadagno, e dunque impatta meno negativamente [14].

L'importanza del frame di riferimento è dimostrata in uno studio in cui due diversi gruppi di partecipanti erano invitati a dichiarare rispettivamen-

---

[11] A.L. CAMPBELL, *What Americans Think of Taxes*, a cura di I.W. Martin *et al.*, *The New Fiscal Sociology. Taxation in Comparative and Historical Perspective*, Cambridge University Press, Cambridge UK, 2009, 48-49.

[12] D. KAHNEMAN, A. TVERSKY, *Choices, Values, and Frames*, a cura di D. Kahneman, A. Tversky, *Choices, Values, and Frames*, Cambridge University Press, Cambridge, 2000.

[13] S. MUEHLBACHER, *Prospect Theory and Tax Compliance*, cit., 544.

[14] S. MUEHLBACHER, *Prospect Theory and Tax Compliance*, cit., 545.

te un reddito positivo (da cui derivava un obbligo di pagamento) e un reddito negativo (da cui derivava il diritto a un rimborso), e venivano poi messi nella condizione di poter "barare" sia sul primo che sul secondo [15]. Mentre nel primo caso i partecipanti assumevano che il reddito fosse quello lordo, nel secondo caso si trovavano con un debito netto, con il risultato che in quest'ultima evenienza baravano molto di meno [16].

L'indice maggiormente utilizzato a livello internazionale per misurare l'attitudine verso la tassazione è il *tax morale*. '*Morale*' va tradotto in questo caso con "attitudine", cioè con il termine adottato nella psicologia sociale per indicare un atteggiamento o una propensione (positivi o negativi che siano) [17]. Le tecniche di rilevamento oggi si sono affinate grazie all'utilizzo di una molteplicità di parametri [18]. In generale, il nostro atteggiamento verso le tasse è influenzato positivamente da una pulsione etica verso i beni pubblici, ed è influenzato negativamente dalla sfiducia nelle istituzioni. Le ricerche empiriche [19] sembrano anche convergere su alcune correlazioni piuttosto regolari. Sono più favorevoli alle tasse *le persone più anziane, di sesso femminile, coniugate, con un livello di istruzione più alto, un reddito meno elevato, un rapporto di lavoro dipendente, un più alto livello di soddisfazione finanziaria, di opinioni politiche democratiche/progressiste e con un più alto livello di religiosità*. Per alcune tra queste variabili non sono mancati tuttavia gli studi che hanno negato la correlazione, quando non hanno affermato addirittura l'esistenza di una relazione inversa.

Rispetto al *tax morale* più elevato delle donne, si è ipotizzato che la propensione dipenda da maggiore un livello di *self-constraint* personale. Rispetto ai giovani, il minore *tax morale* si spiegherebbe con il fatto che es-

---

[15] M. Fochmann, N. Wolf, *Framing and salience effects in tax evasion decisions – An experiment on underreporting and overdeducting*, in *Journal of Economic Psychology*, n. 72, 2019, 260-277.

[16] S. Muehlbacher, *Prospect Theory and Tax Compliance*, cit., 545.

[17] G. Bohner, N. Schwarz, *Attitudes, Persuasion, and Behavior*, a cura di A. Tesser, N. Schwarz, *Blackwell Handbook of Social Psychology: Intraindividual Processes*, Blackwell Publishers Inc., Malden, MA, 2001, 413.

[18] J. Alm, B. Torgler, *Culture differences and tax morale in the United States and in Europe*, in *Journal of Economic Psychology*, n. 27, 2, 2006, 229.

[19] Ibid.; E. Kirchler, *The Economic Psychology of Tax Behaviour*, Cambridge University Press, Cambridge UK, 2007; E. Kirchler, C. Berti, *Contributi e contribuenti: una ricerca sulle rappresentazioni del sistema fiscale*, in *Giornale italiano di psicologia*, n. 28, 3, 2001; A. Tagliacozzo, *Per una sociologia dell'evasione fiscale*, Carucci, Roma, 1984; B. Torgler, *To evade taxes or not to evade: that is the question*, in *The Journal of Socio-Economics*, n. 32, 3, 2003, 283-302; *The importance of faith: Tax morale and religiosity*, in *Journal of Economic Behavior & Organization*, n. 61, 1, 2006, 81-109.

si non abbiano ancora usufruito dei benefici differiti che il sistema fiscale attribuisce ai contribuenti, come l'assistenza sociale, previdenziale e sanitaria, e che non abbiano ancora goduto degli sgravi concessi in età matura, come le agevolazioni per l'acquisto dell'abitazione o le detrazioni per i carichi di famiglia; infine, non hanno ancora un network sociale stabile che li rende più sensibili all'effetto reputazionale[20]. È inoltre particolarmente forte la correlazione positiva tra livello di religiosità e *tax morale*: la religiosità probabilmente vincola in maniera più salda alle regole morali di base, e tra queste anche all'adempimento degli obblighi sociali fondamentali[21].

Un ulteriore elemento significativo è che, mentre il livello del reddito individuale è generalmente correlato negativamente con l'attitudine verso le tasse, la soddisfazione finanziaria personale è invece correlata positivamente[22]. Ciò conferma che la percezione del benessere finanziario è relativa e difficilmente definibile in assoluto, poiché dipende dal contesto e dai punti di riferimento. La più recente ricerca empirica in materia di soddisfazione finanziaria ha scoperto ad esempio che il livello di felicità personale è una variabile determinante nella percezione del proprio reddito: le persone meno felici subiscono un appiattimento della curva della soddisfazione, che oltre certe soglie di reddito tende a non crescere più, mentre al contrario, la progressione è quasi geometrica nei gruppi di persone più felici[23].

Altri esperimenti hanno riscontrato un interessante fenomeno: i redditi da lavoro inducono nel percettore una migliore disposizione verso le tasse rispetto ai redditi ereditati o frutto di capitali e rendite. In questo caso è possibile che il rischio di subire un accertamento o una multa crei maggiore deterrenza nel percettore di un reddito da lavoro, che avrebbe: a causa del maggiore valore personale investito in termini di tempo, ci si sente in questo caso meno propensi a rischiare, per evitare la sensazione di aver lavorato per niente[24]. Un ulteriore effetto positivo sull'attitudine verso le tasse, pure se modesto, sembra inoltre verificarsi nel caso di una migliore conoscenza del diritto tributario[25], anche se questa non si traduce sempre

---

[20] B. Torgler, *The importance of faith: Tax morale and religiosity*, cit., 87.

[21] Ibid., 82-83.

[22] B. Torgler, *To evade taxes or not to evade: that is the question*, cit., 296.

[23] M.A. Killingsworth *et al.*, *Income and emotional well-being: A conflict resolved*, *Proceedings of the National Academy of Sciences*, n. 120, 10, 2023.

[24] S. Muehlbacher, *Prospect Theory and Tax Compliance*, cit., 546.

[25] L. Ferrari, S. Randisi, *Psicologia fiscale: illusioni e decisioni dei contribuenti*, Raffaello Cortina, Milano, 2011, 82.

e necessariamente in un maggiore livello di ottemperanza, neppure tra i professionisti.

La ricerca a livello internazionale e interculturale[26] aggiunge ulteriori spunti di interesse: la *tax morale* è in generale più alta nei paesi con il carico fiscale più elevato. In Africa, la variabile sembra invertita rispetto agli altri contesti: qui sarebbero gli uomini ad avere un'attitudine più positiva verso le tasse rispetto alle donne. Sempre a livello generale, la meta-analisi condotta dall'Organizzazione per la cooperazione e lo sviluppo economico suggerisce che la qualità e la legittimazione dell'amministrazione fiscale sono un ulteriore fattore di accettazione della tassazione, e che il principio di certezza nella tassazione può essere utilizzato come *proxy* per la *tax morale* delle multinazionali[27]. Dove l'operare della macchina pubblica è percepito come scevro da corruzione e da interessi di parte, l'obbligazione fiscale è sentita come più cogente.

3. *Ottemperanza e deterrenza*

Valerie Braithwaite distingue cinque principali motivazioni per l'ottemperanza e l'inottemperanza fiscale: impegno, capitolazione, resistenza, disimpegno e *game playing*[28]. McBarnet compie un'ulteriore specificazione, distinguendo tra ottemperanza convinta, ottemperanza capitolativa e ottemperanza creativa[29]. Dietro a tante tipologie di inottemperanza, si nascondono motivazioni e autorappresentazioni differenti.

Sono principalmente liberi professionisti e imprenditori a mettere in atto comportamenti elusivi[30]. Ciò avviene in misura minore per i lavoratori dipendenti, che pagano le imposte gradualmente e in maniera "invisibile" attraverso le ritenute. Altro fattore sono i maggiori costi di *compliance* per professionisti e imprenditori, sia in termini di regolare tenuta dei libri con-

---

[26] OECD, *Tax Morale*, OECD Publishing, Paris, 2019.

[27] Ibid.

[28] Le prime due motivazioni implicano l'accettazione dell'obbligo fiscale e sono i motivi empiricamente più ricorrenti V. Braithwaite, *Dancing with tax authorities: Motivational postures and non-compliant actions*, *Taxing Democracy. Understanding tax avoidance and tax evasion*, Ashgate, Aldershot, 2003.

[29] D. McBarnet, *Legitimate Rackets: Tax evasion, tax avoidance and the boundaries of the law*, *The Journal of Human Justice*, n. 3, 2, 1992.

[30] E. Kirchler, C. Berti, *Contributi e contribuenti: una ricerca sulle rappresentazioni del sistema fiscale*, cit.

tabili che di consulenza fiscale[31]. Maggiori tassi di evasione potrebbero anche dipendere dall'iniziale inesperienza di neo-imprenditori e neo-professionisti, o dalla difficoltà psicologica di accantonare quanto necessario per l'adempimento delle obbligazioni tributarie: spesso i piccoli imprenditori sono in difficoltà nel pianificare e nell'organizzare gli adempimenti.

Le scienze sociali hanno a più riprese modellizzato il comportamento del contribuente, talvolta utilizzando paradigmi solo parzialmente compatibili, e partendo in primo luogo dai modelli neoclassici dell'utilità attesa. Questi ipotizzano un soggetto intenzionato a massimizzare il reddito netto, e quindi tentato dal non dichiarare tutta l'entità dell'imponibile, salva la valutazione del rischio di essere scoperti, e di dover pagare tutto quanto dovuto, oltre a una sanzione.

La teoria comportamentale, portatrice della nozione di *tax morale*, identifica invece fattori di tipo diverso dietro alla decisione di adempiere/non adempiere, principalmente morali, emotivi, equitativi, o legati al livello di soddisfazione rispetto ai beni e servizi pubblici di cui si usufruisce[32]. Un terzo approccio ha mirato più prosaicamente a misurare le dimensioni dell'evasione fiscale attraverso i dati degli accertamenti, delle survey, dei condoni fiscali, degli esperimenti di laboratorio, o di analisi economico-statistiche volte a ricavare inferenze dalle discrepanze.

La complessità di un sistema fiscale impedisce in genere al contribuente di effettuare una stima precisa dell'importo dei suoi obblighi, e consente alle autorità fiscali l'esercizio di una notevole discrezionalità. I costi di *compliance* rappresentano una ulteriore variabile, considerando gli oneri non indifferenti spesso necessari anche solo a determinare correttamente l'entità dell'obbligazione[33]. Tuttavia, mentre Francia e Belgio hanno sistemi fiscali molto complicati ma buoni livelli di ottemperanza, altri paesi vivono la situazione opposta. È dunque probabile che vi sia un effetto combinato di fattori diversi che è difficile mettere in relazione tra loro[34].

L'ottemperanza fiscale è un esempio di "comportamento giuridico", cioè di comportamento volontario orientato in relazione a norme giuridi-

---

[31] B. Torgler, *The importance of faith: Tax morale and religiosity*, cit., 90.

[32] E. Christie, M. Holzner, *What explains tax evasion? An empirical assessment based on European data*, *Wiiw*, June, 2006, 1.

[33] Ibid., 30.

[34] La differenza nei tassi di ottemperanza tra paesi latino-americani è stata ad esempio riportata da alcuni alla maggiore possibilità percepita di controlli (Cile) rispetto a una percezione di sostanziale impunità (Argentina): I. William Martin, M. Prasad, *Taxes and Fiscal Sociology*, in *Annual Review of Sociology*, n. 40, 1, 2014, 339.

che[35], e un sistema di regole complicato favorisce una legislazione fondata sul principio del sospetto e della presunzione di disonestà, così ulteriormente incentivando fenomeni di *creative compliance*[36]. I sistemi fiscali, peraltro, proprio come i sistemi giuridici, hanno subito un processo di complicazione, e il cittadino comune non coglie o confonde le principali tipologie di imposizione, o la differenza tra tassazione progressiva e tassazione proporzionale[37]. Negli anni '80, si stimò che per raggiungere un *discreto* un livello di conoscenza del sistema fiscale, nei paesi anglosassoni occorressero almeno 12 anni[38]. Il 60% dei contribuenti francesi riteneva più oneroso il costo mentale di applicare regole complesse che non la tassa da pagare[39].

L'incidenza del carico fiscale ha essa stessa una certa rilevanza. Maggiore è il rateo della fiscalità e minore è la tendenza all'adempimento, il che sembrerebbe portare nuovamente linfa all'approccio neoclassico, e all'idea di una razionalità strategica di fondo del soggetto contribuente. Anche la diseguaglianza di reddito o il rischio di povertà sembrano pesare, questa volta in favore della scuola cognitiva e comportamentale: si riscontrano tassi tutto sommato ridotti di evasione nei redditi alti, nonostante i ratei marginali notevolmente più elevati, e d'altro lato una maggiore tendenza all'evasione per i redditi bassi e bassissimi, che considerando il punto di partenza percepiscono un rischio tutto sommato basse di serie conseguenze.

Nella prospettiva dell'analisi economica del diritto, in fondo, l'adempimento degli obblighi fiscali è anche un sistema di "segnalazione sociale" [40]. Le caratteristiche personali degli evasori riflettono una minore fiducia nell'efficacia delle istituzioni, un'inferiore conoscenza dell'economia, e un senso di benessere e di competenza personale minori[41]. Il contribuente onesto è considerato nella percezione comune come un buon lavoratore, ma meno intelligente dell'evasore, che è considerato furbo ma da non stigmatizzare come un ladro o un impostore. Non pagare le tasse perché si

---

[35] E. KIRCHLER, C. BERTI, *Contributi e contribuenti: una ricerca sulle rappresentazioni del sistema fiscale*, cit., 595.

[36] E. KIRCHLER, *The Economic Psychology of Tax Behaviour*, cit., 11.

[37] Dopo avere espresso una preferenza teorica per il sistema progressivo, e messi di fronte a casi concreti di imposizione, gli intervistati tendevano a preferire di fatto il sistema proporzionale o addirittura quello regressivo, corrispondenti a un *testatico* o a una *poll tax*: L. FERRARI, S. RANDISI, *Psicologia fiscale: illusioni e decisioni dei contribuenti*, cit., 83.

[38] A. LEWIS, *The Psychology of Taxation*, Martin Robertson, Oxford, 1982.

[39] M. LEROY, *Tax Sociology. Sociopolitical Issues for a Dialogue with Economists*, cit., 49.

[40] B. TORGLER, *To evade taxes or not to evade: that is the question*, cit., 292.

[41] E. KIRCHLER, *The Economic Psychology of Tax Behaviour*, cit., 187.

è convinti che le paghino in pochi è per alcuni un modo per ripristinare il senso di giustizia.

Quanto ai sistemi escogitati per contenere o ridurre l'evasione, occorre considerare che aumentare le fattispecie sanzionate e la misura della punizione non sempre produce risultati apprezzabili. In taluni casi si rischia addirittura il fenomeno inverso, innescando una dinamica di *crowding-out*: le motivazioni intrinseche all'ottemperanza, fondate sulle convinzioni etiche e morali individuali, finiscono per scemare perché si punta molto o tutto sull'attività sanzionatoria, in certo modo deresponsabilizzando moralmente l'individuo e favorendo il suo opportunismo [42].

Le modalità con cui viene svolta l'attività repressiva invece non sono mai state particolarmente approfondite. La questione è particolarmente rilevante, perché quando l'attività repressiva è percepita come casuale, irrazionale, oppure politicamente o socialmente orientata, l'effetto sulla *tax morale* è controproducente. Una conferma è fornita dallo studio dell'effetto dei condoni fiscali. È raro che il condono generi grandi entrate, perché ingenera l'aspettativa che successivamente ce ne sarà un altro [43]. Solo i contribuenti già sostanzialmente corretti continuano a comportarsi lealmente, mentre gli altri tenderanno a comportarsi peggio [44]. Inoltre, maggiore è il tempo che trascorre tra l'inottemperanza fiscale e la sanzione, minore è l'effetto della sanzione stessa sui comportamenti futuri.

Rispetto alla frequenza dei controlli, il tasso totale degli audit sui contribuenti è in assoluto relativamente basso [45], e anche un incremento sostanziale nel loro numero probabilmente non andrebbe a incidere in maniera significativa: al di sotto di una certa soglia è comunque improbabile che si realizzi un effetto di deterrenza sostanziale, vista la nota distorsione cognitiva per cui la frequenza di eventi rari, benché possibili, tende a essere sottostimata. Circa un terzo dei contribuenti ritengono ad esempio che le possibilità di una verifica fiscale siano basse o nulle, e anche tra i lavoratori autonomi questa porzione, anche se più bassa, è comunque significativa (17,1%) [46].

---

[42] B. Torgler, *To evade taxes or not to evade: that is the question*, cit., 290.

[43] P. Stella, *An economic analysis of tax amnesties*, *Journal of Public Economics*, n. 46, 3, 1991, 383-400.

[44] L. Ferrari, S. Randisi, *Psicologia fiscale: illusioni e decisioni dei contribuenti*, cit., 148.

[45] Negli Usa, ad esempio, si stima che l'attività di controllo interessi circa l'1% delle dichiarazioni E. Kirchler, *The Economic Psychology of Tax Behaviour*, cit., 199.

[46] G. D'Alessio, *What do Italians think about tax evasion?* (n. 607), cit., 10.

Un altro paradosso cognitivo è che l'ottemperanza sembra diminuire proprio nel periodo immediatamente successivo a un controllo, a causa del cosiddetto "effetto cratere", così chiamato osservando il comportamento istintivo dei soldati sotto un bombardamento: questi si riparavano proprio nei crateri appena esplosi, nella convinzione che i proiettili non sarebbero caduti di nuovo nello stesso punto [47].

Gli studi che guardano alla deterrenza con un approccio sperimentale e non puramente di correlazione si contano tuttavia sulle dita di una mano, e hanno principalmente guardato ai contribuenti individuali, manipolando la variabile-deterrenza tramite lettere di preavviso su un possibile accertamento. Peraltro, si sono riscontrati solo effetti statisticamente modesti o nulli, e principalmente nei gruppi di reddito medio-bassi, o effetti addirittura negativi nei gruppi di reddito alti (maggiore la minaccia, maggiore il livello di inottemperanza). Tra l'altro i metodi di deterrenza impiegati in questi protocolli di ricerca, in relazione per esempio al tono e alla percepita ostilità delle comunicazioni ricevute dall'amministrazione finanziaria, non erano sempre chiari.

Per citare un esempio particolarmente illuminante, Gangl e colleghi, in una ricerca su quasi duemila imprese austriache selezionate in un campione che includeva settori tradizionalmente a rischio di evasione come la ristorazione, le costruzioni e il commercio [48], scoprono che una supervisione esterna sull'autoliquidazione e sul versamento fiscale, pur rafforzando l'ottemperanza per le imprese ritardatarie, finiva in generale per sminuire le motivazioni intrinseche al pagamento delle tasse, portando a percepire le sanzioni semplicemente come un prezzo da pagare per l'infedeltà fiscale, e in ultima analisi riducendo in aggregato l'ottemperanza. Si raccomandava pertanto, come sistema alternativo per rafforzare la fedeltà fiscale, la fornitura di servizi fiscali di tipo diverso, come le consulenze telefoniche semplificate [49] e un approccio basato sulla fiducia.

---

[47] E. Kirchler, *The Economic Psychology of Tax Behaviour*, cit., 123; E. Kirchler, *Strengthening Tax Compliance by Balancing Authorities' Power and Trustworthiness*, *The Cambridge Handbook of Compliance*, Cambridge University Press 2021, 801.

[48] K. Gangl *et al.*, *Effects of supervision on tax compliance: Evidence from a field experiment in Austria*, *Economics Letters*, n. 123, 3, 2014.

[49] In questo senso sembrano meritoriamente andare il servizio di protocollazione e di archiviazione automatica delle fatture digitali oggi offerto dall'Agenzia delle Entrate italiana.

4. *Coscienza fiscale e fiducia nelle istituzioni*

Il quadro contemporaneo della fiducia pubblica nel sistema fiscale è certamente improntato a un certo grado di cinismo e di pessimismo. Senza arrivare all'idea delle tasse come furto legalizzato, è del resto lo stesso pessimismo che riguarda anche la politica, come ogni livello della burocrazia pubblica[50]. La progressiva complicazione del sistema tributario e la distanza rispetto agli uffici pubblici percepita dai cittadini hanno sicuramente spinto in questa direzione[51].

Il filone della "giustizia procedurale"[52] ha scoperto come le decisioni dell'autorità siano accettate più facilmente se il destinatario ha un controllo almeno parziale sul procedimento, e se ha la percezione che il proprio punto di vista sia ascoltato. Quando le amministrazioni (anche fiscali) agiscono in maniera aperta, i contribuenti sono meglio disposti[53]. Un'interazione ostile o minacciosa da parte dell'autorità fiscale sfavorisce invece l'ottemperanza[54]

Di importanza sostanziale sono la promozione del senso civico e la fiducia nelle istituzioni, e si è ipotizzato in proposito che un maggiore grado di coinvolgimento democratico potrebbe avere l'effetto di migliorare anche l'atteggiamento verso le tasse[55]. Ogni fenomeno di crescita del senti-

---

[50] J. ALM *et al.*, *Combining Psychology and Economics in the Analysis of Compliance: From Enforcement to Cooperation*, *Economic Analysis and Policy*, n. 42, 2, 2012, 134.

[51] Ma si veda anche la ricerca compiuta da Mason e Amer sull'effetto degli appelli alla correttezza fiscale lanciati dai mass media, secondo cui un appello pubblico ai valori morali avrebbe meno efficacia di un messaggio minaccioso di tipo sanzionatorio: R. MASON, S. AMER, *A Dual Process that Disables the Persuasive Impact of Mass Media Appeals to Obey Tax Laws*, a cura di B. Brooks-Gordon, M. Freeman, *Law and Psychology*, Oxford University Press, Oxford, 2006.

[52] R.L. COHEN, J. GREENBERG, *The Justice Concept in Social Psychology*, a cura di J. Greenberg, R.L. Cohen, *Equity and Justice in Social Behavior*, Academic Press, New York-London, 1982; J.M.L. POON, *Distributive Justice, Procedural Justice, Affective Commitment, and Turnover Intention: A Mediation-Moderation Framework*, in *Journal of Applied Social Psychology*, n. 42, 6, 2012; T.R. TYLER, E.A. LIND, *Procedural Justice*, a cura di J. Sanders, V. L. Hamilton, *Handbook of Justice Research in Law*, Kluwer Academic-Plenum Publishers, New York-Boston-Dordrecht-London-Moscow, 2001.

[53] B. TORGLER, *To evade taxes or not to evade: that is the question*, cit., 294.

[54] E. KIRCHLER, *Strengthening Tax Compliance by Balancing Authorities' Power and Trustworthiness*, cit., 801.

[55] J. ALM, B. TORGLER, *Culture differences and tax morale in the United States and in Europe*, cit., 240-241. L'effetto sarebbe osservabile anche in tutti quei cantoni svizzeri in cui sono più

mento di coesione sociale ha in genere effetti positivi sulla *tax morale*[56]. Nelle situazioni sperimentali in cui le regole erano apertamente discusse e decise da tutti attraverso forme di democrazia diretta, si verificava un'ottemperanza vicina al 100%[57]. Allo stesso modo, un'attività impositiva meno centralistica sembrerebbe assicurare livelli di compliance più elevati[58].

Lo stretto rapporto tra attitudine verso le tasse e attitudine alla cooperazione è attestato da quelle ricerche che stimano quale sia il limite impositivo percepito come equo. Gli individui ritengono sostanzialmente giusto o accettabile un prelievo pari a circa il 30-40% delle proprie entrate, e percepiscono invece come inaccettabile una tassazione che vada oltre il 50%[59]. Non è così sorprendente che questi limiti coincidano sostanzialmente con quelli ritenuti accettabili in ogni situazione di condivisione sociale con il prossimo[60].

Modificare l'atteggiamento verso le tasse non dipende solo dalla predisposizione di regole chiare e da un sistema sanzionatorio equilibrato. Il pagamento delle tasse è percepito in primo luogo come adempimento di un obbligo morale di cooperazione sociale e dipende anche dalla percezione che ogni individuo ha di sé rispetto al contesto sociale. In situazioni di sfiducia reciproca tra consociati e istituzioni, il cittadino può certamente essere obbligato ad adempiere, ma l'efficacia degli strumenti coercitivi può arrivare a essere bassa e il largo ricorso ad essi persino controproducente[61].

Gli squilibri sociali o il senso di ingiustizia costituiscono per alcuni una spiegazione del proprio comportamento inottemperante, ma è anche vero

---

affermati gli istituti di democrazia diretta M. Fochmann *et al.*, *Tax Perception: An empirical survey*, cit.

[56] Feldman e Slemrod notano ad esempio che il patriottismo che consegue a un coinvolgimento bellico migliora l'atteggiamento verso le tasse, anche se poi, quando le vittime del conflitto aumentano, il livello di approvazione torna a calare: N. Feldman, J. Slemrod, *War and Taxation: When Does Patriotism Overcome the Free-Rider Impulse?*, a cura di I.W. Martin *et al.*, *The New Fiscal Sociology. Taxation in Comparative and Historical Perspective*, Cambridge University Press, Cambridge UK, 2009, 154.

[57] L. Ferrari, S. Randisi, *Psicologia fiscale: illusioni e decisioni dei contribuenti*, cit., 120.

[58] M. Fochmann *et al.*, *Tax Perception : An empirical survey*, cit.

[59] E. Kirchler, *The Economic Psychology of Tax Behaviour*, cit., 74.

[60] Ci riferiamo in questo caso al gioco dell'ultimatum, ossia a uno degli esperimenti psicosociali più celebri in materia di giustizia distributiva: M.A. Nowak *et al.*, *Fairness Versus Reason in the Ultimatum Game*, *Science*, n. 289, September 2000; D. Proctor *et al.*, *Chimpanzees play the ultimatum game*, *Proceedings of the National Academy of Sciences of the United States of America*, n. 110, 6, 2013.

[61] E. Hofmann *et al.*, *Preconditions of Voluntary Tax Compliance*, in *Zeitschrift für Psychologie / Journal of Psychology*, n. 216, 4, 2008, 209.

che tendiamo ad auto-ingannarci circa le nostre stesse motivazioni. Quando il contribuente percepisce l'evasione come conforme a una regola sociale diffusa quando non prevalente, sarà più propenso a evadere. Anche in questo campo, è più facile farsi influenzare dai costumi del nostro sottogruppo sociale piuttosto che dalle sanzioni [62].

Puviani oltre un secolo fa ha evidenziato diverse distorsioni nella percezione delle imposte: la sensazione dell'onere fiscale è acuita negativamente o positivamente quando l'imposta è associata a momenti dolorosi o al contrario piacevoli nell'esperienza individuale [63], ed è minimizzata quando viene atomizzata o frazionata nel tempo, poiché permane al di sotto di una soglia minima di percezione [64]. Il carico fiscale in questi casi viene percepito minore di quello che è [65].

D'altro lato, non tutto ciò che è associabile al benessere del cittadino è necessariamente correlato a comportamenti fiscali prosociali. Una ricerca su più di ventimila contribuenti tedeschi rivela ad esempio che l'umore positivo, se comparato con l'umore neutrale o negativo, induce un maggiore grado di inottemperanza [66]. Evidentemente, anche le emozioni incidentali positive, per qualsiasi ragione indotte, influenzano l'attitudine ad assumere dei rischi, il che in questo caso implica anche il rischio di dichiarare meno di quanto dovuto. Come già ricordato, vi è poi l'effetto controproducente per i contribuenti onesti i quali, sottoposti a una verifica, hanno la percezione di essere trattati come criminali e sviluppano sentimenti di irritazione/rabbia se non di rivalsa verso l'amministrazione, aumentando in ultima analisi la loro tendenza a evadere o a eludere [67].

Una teoria formulata dagli studiosi del comportamento fiscale ipotizza infine che nel rapporto tra le variabili *autorità* e *fiducia* sia facile cadere nella trappola della cosiddetta *slippery slope* [68] (o china scivolosa): quando una di tali fattori scende significativamente di livello, vi è la probabilità che si verifichi un decadimento anche dell'altro fattore, e che ogni investimen-

---

[62] M. Wenzel, *An analysis of norm processes in tax compliance*, in *Journal of Economic Psychology*, n. 25, 2, 2004, 213-228.

[63] A. Puviani, *Teoria dell'illusione finanziaria*, R. Sandron, Milano, 1903, 133 e 192.

[64] Ibid., 211-213.

[65] M. Fochmann *et al.*, *Tax Perception: An empirical survey*, cit., 3.

[66] E. Kirchler, *Strengthening Tax Compliance by Balancing Authorities' Power and Trustworthiness*, cit., 812.

[67] Ibid., 814.

[68] E. Kirchler, *The Economic Psychology of Tax Behaviour*, cit., 202 ss.

to su uno di questi elementi sia dunque soggetto a ritorni decrescenti. Salve successive verifiche empiriche, si tratta comunque di un tentativo di spiegazione che rappresenta un progresso rispetto ai paradigmi esplicativi monodimensionali, poiché tenta di cogliere la complessità nell'interazione tra motivazioni soggettive di diversa natura [69].

5. *Conclusioni*

Il comportamento del contribuente rimane un interessante esempio di convergenza e interazione tra norme giuridiche, norme sociali e percezioni cognitive soggettive. Gli approcci multivariati e multidisciplinari, per quanto imperfetti, forniscono prospettive di ricerca interessanti. In un campo multiforme come è la tassazione, i rapporti di causazione sono influenzati anche da variabili culturali e temporali di incerta definizione e valutazione, e non è ancora chiaro quali siano i valori morali di cooperazione più importanti nell'orientare verso l'ottemperanza. È frequente pagare le tasse pur lamentandosi del loro cattivo impiego, o del loro livello troppo elevato, o dell'invadenza dello stato, che sottrae risorse produttive ai cittadini.

La teoria del prospetto e quella del *framing*, con il loro postulato dell'avversione alla perdita [70], illustrano come coloro che sono inclini a concepire l'obbligazione fiscale in termini di diminuzione patrimoniale (imprenditori, lavoratori autonomi), vedranno più favorevolmente l'opzione di contenerla, evadendo o eludendo, mentre coloro che vedono l'obbligazione fiscale come un minore credito di imposta, perché hanno già anticipato sotto forma di ritenuta una parte sostanziale di quanto dovuto (lavoratori dipendenti), evaderanno di meno. Da questo la legislazione fiscale potrebbe trarre spunto per ampliare l'applicazione delle ritenute e in generale dei sistemi di diluizione, di rateizzazione e di addebito automatico dell'obbligo fiscale.

Sull'aspetto del pagamento delle tasse come adempimento di una regola sociale, ci sono ulteriori considerazioni da fare. Abbiamo visto che in genere prevale una razionalità sociale di lungo periodo, che rende in effetti consapevoli degli svantaggi derivanti dalla propria infedeltà fiscale. L'ot-

---

[69] L. Ferrari, S. Randisi, *Psicologia fiscale: illusioni e decisioni dei contribuenti*, cit., 204.

[70] D. Kahneman, A. Tversky, *Prospect Theory. An Analysis of Decision under Risk*, a cura di D. Kahneman, A. Tversky, *Choices, Values, and Frames*, Cambridge University Press, Cambridge, 2000.

temperanza spontanea è giusta anche perché nel lungo periodo appare conveniente, a dispetto dell'idea di contribuente come puro massimizzatore dell'utilità economica nel breve periodo. È anche chiaro però come dinamiche istituzionali e culturali possano ingenerare un circolo vizioso e spingere verso una china di disillusione e infedeltà collettiva. Posto che ogni politica di contrasto si dovrebbe basare su un ragionevole mix di rimedi tra *moral suasion* e coercizione, non sembra tuttavia che sia mai stata tentata in maniera convincente la strategia di rendere pubblica la norma sociale seguita (almeno dove è possibile farlo) e di esplicitare che il tasso di ottemperanza (in numeri relativi e non assoluti) indica che sussiste, più spesso che non il contrario, una generalizzata onestà fiscale.

Bibliografia

Alm J., Kirchler E., Muehlbacher S., *Combining Psychology and Economics in the Analysis of Compliance: From Enforcement to Cooperation*, in *Economic Analysis and Policy*, n. 42, 2, 2012, 133-151.

Alm J., Torgler B., *Culture differences and tax morale in the United States and in Europe*, in *Journal of Economic Psychology*, n. 27, 2, 2006, 224-246.

Ardant G., *Théorie sociologique de l'impot*, Sevpen, Paris, 1965.

Bohner G., Schwarz N., *Attitudes, Persuasion, and Behavior*, a cura di A. Tesser, N. Schwarz, *Blackwell Handbook of Social Psychology: Intraindividual Processes*, Blackwell Publishers Inc., Malden, MA, 2001.

Braithwaite V., *Dancing with tax authorities: Motivational postures and non-compliant actions*, *Taxing Democracy. Understanding tax avoidance and tax evasion*, Ashgate, Aldershot, 2003.

Campbell A.L., *What Americans Think of Taxes*, a cura di I.W. Martin, A.K. Mehrotra, M. Prasad, *The New Fiscal Sociology. Taxation in Comparative and Historical Perspective*, Cambridge University Press, Cambridge UK, 2009.

Christie E., Holzner M., *What explains tax evasion? An empirical assessment based on European data*, *Wiiw*, June 2006.

Cohen R.L., Greenberg J., *The Justice Concept in Social Psychology*, a cura di J. Greenberg, R.L. Cohen, *Equity and Justice in Social Behavior*, Academic Press, New York-London, 1982.

D'Alessio G., *What do Italians think about tax evasion?* (n. 607), 2019.

Feldman N., Slemrod J., *War and Taxation: When Does Patriotism Overcome the Free-Rider Impulse?*, a cura di I.W. Martin, A.K. Mehrotra, M. Prasad, *The New Fiscal Sociology. Taxation in Comparative and Historical Perspective*, Cambridge University Press, Cambridge UK, 2009.

Ferrari L., Randisi S., *Psicologia fiscale: illusioni e decisioni dei contribuenti*, Raffaello Cortina, Milano, 2011.

FOCHMANN M., KIESEWETTER D., BLAUFUS K., HUNDSDOERFER J., WEIMANN J., *Tax Perception: An empirical survey*, *arqus Arbeitskreis Quantitative Steuerlehre*, 2010.

FOCHMANN M., WOLF N., *Framing and salience effects in tax evasion decisions – An experiment on underreporting and overdeducting*, in *Journal of Economic Psychology*, n. 72, 2019, 260-277.

GANGL K., TORGLER B., KIRCHLER E., HOFMANN E., *Effects of supervision on tax compliance: Evidence from a field experiment in Austria*, in *Economics Letters*, n. 123, 3, 2014, 378-382.

HOFMANN E., HOELZL E., KIRCHLER E., *Preconditions of Voluntary Tax Compliance*, in *Zeitschrift für Psychologie / Journal of Psychology*, n. 216, 4, 2008, 209-217.

KAHNEMAN D., TVERSKY A., *Choices, Values, and Frames*, a cura di D. Kahneman, A. Tversky, *Choices, Values, and Frames*, Cambridge University Press, Cambridge, 2000.

KAHNEMAN D., TVERSKY A., *Prospect Theory. An Analysis of Decision under Risk*, a cura di D. Kahneman, A. Tversky, *Choices, Values, and Frames*, Cambridge University Press, Cambridge, 2000.

KILLINGSWORTH M.A., KAHNEMAN D., MELLERS B., *Income and emotional well-being: A conflict resolved*, *Proceedings of the National Academy of Sciences*, n. 120, 10, 2023.

KIRCHLER E., *The Economic Psychology of Tax Behaviour*, Cambridge University Press, Cambridge UK, 2007.

KIRCHLER E., *Strengthening Tax Compliance by Balancing Authorities'Power and Trustworthiness*, *The Cambridge Handbook of Compliance*, Cambridge University Press 2021, 799-821.

KIRCHLER E., BERTI C., *Contributi e contribuenti: una ricerca sulle rappresentazioni del sistema fiscale*, in *Giornale italiano di psicologia*, n. 28, 3, 2001.

LEROY M., *Tax Sociology. Sociopolitical Issues for a Dialogue with Economists*, *Socio-logos. Revue de l'association française de sociologie*, 3, 2008, 1-26.

LEROY M., *The concrete rationality of taxpayers*, in *Sociologia del diritto*, 2, 2011.

LEWIS A., *The Psychology of Taxation*, Martin Robertson, Oxford, 1982.

MANN F.K., *The Sociology of Taxation*, in *The Review of Politics*, n. 5, 2, 1943, 225-235.

MASON R., AMER S., *A Dual Process that Disables the Persuasive Impact of Mass Media Appeals to Obey Tax Laws*, a cura di B. Brooks-Gordon, M. Freeman, *Law and Psychology*, Oxford University Press, Oxford, 2006.

MCBARNET D., *Legitimate Rackets: Tax evasion, tax avoidance and the boundaries of the law*, in *The Journal of Human Justice*, n. 3, 2, 1992.

MUEHLBACHER S., *Prospect Theory and Tax Compliance*, a cura di B. van Rooij, D. D. Sokol, *The Cambridge Handbook of Compliance*, Cambridge University Press 2021, 541-550.

NOWAK M.A., PAGE K.M., SIGMUND K., *Fairness Versus Reason in the Ultimatum Game*, *Science*, n. 289, September 2000.

OECD, *Tax Morale*, OECD Publishing, Paris, 2019.

POON J.M.L., *Distributive Justice, Procedural Justice, Affective Commitment, and*

Turnover Intention: A Mediation-Moderation Framework, in *Journal of Applied Social Psychology*, n. 42, 6, 2012.

PROCTOR D., WILLIAMSON R.A., DE WAAL F.B.M., BROSNAN S.F., *Chimpanzees play the ultimatum game*, in *Proceedings of the National Academy of Sciences of the United States of America*, n. 110, 6, 2013.

PUVIANI A., *Teoria dell'illusione finanziaria*, R. Sandron, Milano, 1903.

SCHUMPETER J., *The Crisis of the Tax State*, a cura di R. Swedberg, *The Economics and Sociology of Capitalism*, Princeton University Press, Princeton, 1991.

STELLA P., *An economic analysis of tax amnesties*, in *Journal of Public Economics*, n. 46, 3, 1991, 383-400.

TAGLIACOZZO A., *Per una sociologia dell'evasione fiscale*, Carucci, Roma, 1984.

TORGLER B., *To evade taxes or not to evade: that is the question*, in *The Journal of Socio-Economics*, n. 32, 3, 2003, 283-302.

TORGLER B., *The importance of faith: Tax morale and religiosity*, in *Journal of Economic Behavior & Organization*, n. 61, 1, 2006, 81-109.

TYLER T.R., LIND E.A., *Procedural Justice*, a cura di J. Sanders, V. L. Hamilton, *Handbook of Justice Research in Law*, Kluwer Academic-Plenum Publishers, New York-Boston-Dordrecht-London-Moscow, 2001.

WENZEL M., *An analysis of norm processes in tax compliance*, in *Journal of Economic Psychology*, n. 25, 2, 2004, 213-228.

WENZEL M., *The social side of sanctions: Personal and social norms as moderators of deterrence*, in *Law and Human Behavior*, n. 28, 5, 2004, 547-567.

WILLIAM MARTIN I., PRASAD M., *Taxes and Fiscal Sociology*, in *Annual Review of Sociology*, n. 40, 1, 2014, 331-345.

GLI ILLECITI AMMINISTRATIVI TRIBUTARI: LE CAUSE DI NON PUNIBILITÀ, IL RAVVEDIMENTO OPEROSO, L'ESTINZIONE DELL'ILLECITO E DELLA SANZIONE

di Francesco V. Albertini

Sommario: 1. La riforma del 1997 e l'adozione del modello afflittivo per l'illecito amministrativo tributario. – 2. Le cause di non punibilità. – 2.1. L'errore incolpevole sul fatto. – 2.2. Le rilevazioni contabili e le valutazioni estimative. – 2.3. L'incertezza normativa oggettiva. – 2.4. La conformazione a indicazioni dell'amministrazione. – 2.5. L'imputabilità del mancato pagamento a un terzo. – 2.6. L'errore di diritto derivante da ignoranza inevitabile della legge tributaria. – 2.7. La forza maggiore. – 2.8. Le mere violazioni formali senza alcun debito d'imposta. – 3. Le ipotesi di estinzione dell'illecito. – 3.1. Il ravvedimento operoso. – 3.2. *Segue*: il recepimento della novella del 2015 da parte della dottrina. – 3.3. *Segue*: effetti penali del ravvedimento: cenni. – 4. Le ipotesi di estinzione della sanzione

1. *La riforma del 1997 e l'adozione del modello afflittivo per l'illecito amministrativo tributario*

La riforma della disciplina delle sanzioni amministrative tributarie del 1997 [1] è ispirata all'idea di fondo di riferire la responsabilità alla persona fisica autrice materiale della violazione, conferendo dunque rilievo essenziale all'elemento soggettivo, in particolare all'imputabilità e alla colpevolezza [2]. Anche l'abrogazione della soprattassa tende a rendere tipicamente

---

[1] Di cui alla delega contenuta nell'art. 3, comma 133, l. 23 dicembre 1996, n. 662, attuata dai d.lgs. 18 dicembre 1997, nn. 471, 473 e, soprattutto, 472, recante «*Disposizioni generali in materia di sanzioni amministrative per le violazioni di norme tributarie*».

[2] A. Giovannini, *Per princìpi. Dodici saggi di diritto tributario e oltre*, Torino, 2022, 179, s., rammenta che «*il presupposto concettuale dal quale muoveva la riforma era semplice e si radicava non soltanto su un'interpretazione estensiva dell'art. 27 della Costituzione e sui principi che già informavano la legge n. 689 del 1981, ma anche sugli studi di altre branche delle scienze sociali*».

punitiva la superstite sanzione pecuniaria [3]. Con il passaggio dal modello risarcitorio a quello afflittivo, i caratteri dell'illecito amministrativo e delle sanzioni sono ora prossimi a quelli degli illeciti e delle sanzioni penali [4].

«*La "coloritura" penalistica attribuita all'illecito tributario*», che àncora la responsabilità al principio di colpevolezza dell'autore della violazione, determina la necessità del concorso di una serie di elementi costitutivi, quali l'imputabilità, l'elemento soggettivo della colpevolezza – nelle forme della colpa, della colpa grave o del dolo – l'assenza di cause di discolpa [5].

Com'è noto, tuttavia, l'impostazione della riforma ha subito pochi anni dopo una modifica, con l'introduzione di un sistema dualistico. Il principio personalistico, in base al quale la sanzione è riferibile alla persona fisica del trasgressore, non ha più applicazione per quanto attiene agli illeciti delle società e degli enti con personalità giuridica [6], con la conseguenza che, in tali casi, occorre «*riferire alla persona fisica autrice della violazione la sanzione come fattispecie e alla persona giuridica la sanzione come effetto della violazione medesima*» [7]. In particolare, «*riportando alla persona fisica la fat-*

L'Autore osserva che «*il cuore del ragionamento era questo: siccome solo la persona fisica può commettere materialmente una violazione e siccome solo la persona fisica può "sentire" la pena, tanto sul piano della prevenzione, quanto su quelli della retribuzione e rieducazione, è alla persona fisica soltanto che essa si può e si deve riferire*».

[3] A. Giovannini, *Per princìpi. Dodici saggi di diritto tributario e oltre*, cit., 179. F. Tesauro, *Istituzioni di diritto tributario. 1 – Parte generale*, 14ª ed., Milano, 2020, 317, ricorda che «*secondo il sistema abrogato, risalente alla L. 7 gennaio 1929, n. 4, le sanzioni amministrative avevano natura risarcitoria. Ecco perché destinatari della sanzione non erano solo le persone fisiche, ma anche le società e gli altri enti collettivi; in caso di pluralità di trasgressori, essi rispondevano in solido del pagamento della sanzione; in caso di morte del trasgressore, l'obbligo di pagare la sanzione passava agli eredi; l'elemento soggettivo aveva scarsa rilevanza; la sanzione era commisurata al danno provocato (era perciò rapportata al tributo cui si riferiva la violazione)*».

[4] Ne consegue che, anche nella materia delle sanzioni amministrative tributarie, vige il principio di legalità con i suoi corollari. L'art. 3, d.lgs., rubricato appunto «*Principio di legalità*», reca principi corrispondenti a quelli stabiliti nell'art. 1 c.p.: cfr. F. Tesauro, *Istituzioni di diritto tributario*, cit., 317 s.

[5] M. Logozzo, *Le cause di non punibilità*, in *Trattato di Diritto sanzionatorio tributario*, diretto da A. Giovannini, Tomo II, *Diritto sanzionatorio amministrativo*, a cura di A. Giovannini, A. Di Martino, E. Marzaduri, Milano, 2016, 1461.

[6] L'art. 7, d.l. 30 settembre 2003, n. 269, dispone, invero, che «*le sanzioni amministrative relative al rapporto fiscale proprio delle società o enti con personalità giuridica sono esclusivamente a carico della persona giuridica*».

[7] Cosicché, «*l'imputazione dell'azione rimane giocoforza in capo a chi materialmente commette l'illecito, mentre l'imputazione dell'obbligazione pecuniaria al pagamento non può che finire in capo alla persona giuridica*». Così A. Giovannini, *Per princìpi. Dodici saggi di diritto tributario e oltre*, cit., 181 s.

tispecie della violazione, rimangono ad essa riferibili anche le norme sulla determinazione della sanzione fra un minimo e un massimo edittale, le disposizioni sull'imputabilità, sulla colpevolezza e sulle cause di non punibilità»[8].

2. *Le cause di non punibilità*

In un ordinamento che presuppone, affinché sia ravvisabile un illecito, la colpevolezza del soggetto agente, la violazione può essere sanzionata solo in presenza di un comportamento rimproverabile o inescusabile. In alcune circostanze tipicamente previste il legislatore, tuttavia, considera assente la colpevolezza[9]: si tratta di quelle che, nell'ordinamento delle sanzioni amministrative tributarie e, in particolare, nell'art. 6, d.lgs. n. 472/1997, sono definite – con una dizione probabilmente non rigorosa nella prospettiva penalistica[10] – «*cause di non punibilità*».

Resta il fatto che quelle contemplate nell'art. 6, d.lgs. n. 472/1997, sono

---

[8] A. Giovannini, *Per princìpi. Dodici saggi di diritto tributario e oltre*, cit., 182.

[9] D. Stevanato, *Fondamenti di diritto tributario*, Milano, 2019, 394.

[10] Si veda, in proposito, D. Brunelli, *Il diritto penale delle fattispecie criminose*, 3ª ed., Torino, 2019, 315, ss., il quale individua «*tre tipologie di fattispecie a sanzione positiva*», vale a dire le cause di giustificazione, le cause scusanti e, appunto, le cause di non punibilità, osservando che «*tutte determinano, dall'esterno del fatto tipico, la non applicazione della pena nei confronti di chi lo ha commesso, ma diverge la ragione sistematica fondante e – per qual che più conta – la disciplina regolatrice*». La norma che fonda le cause di giustificazione «*è costruita in funzione di un interesse che si pone in radicale conflitto con l'incriminazione e tramite essa il legislatore, avendo valutato prevalente l'interesse in questione, risolve il conflitto, sancendo in tutti i casi o a determinate condizioni la liceità del fatto*» attraverso «*un bilanciamento operato una volta per tutte dalla legge e non rimesso alle personali valutazioni del giudice sul caso concreto*». «*Le cause scusanti sono invece calibrate sulle percezioni, le motivazioni e il vissuto del singolo agente in favore del quale operano*». Infine, nelle cause di non punibilità (in senso stretto) «*l'assenza di reazione da parte dell'ordinamento si spiega alla stregua di interessi "esterni alla meritevolezza di pena, che non hanno nulla a che vedere né con il disvalore oggettivo del fatto, né con la situazione esistenziale-psicologica dell'agente: sono cioè mere ragioni di opportunità pratica a determinare la rinuncia alla pena*». Conforme M. Romano, *Cause di giustificazione, cause scusanti, cause di non punibilità*, in *Riv. it. dir. e proc. pen.*, 1990, 60. Si vedano anche G. Marinucci, E. Dolcini, *Corso di Diritto penale 1. Le norme penali. Fonti e limiti di applicabilità, Il reato: nozione, struttura e sistematica*, 3ª ed., Milano, 2001, 655 e degli stessi Autori, *Manuale di Diritto Penale. Parte generale*, 12ª ed., Milano, 2023, 246, ss. In ogni caso, la stessa dottrina penalistica avverte che «*il legislatore utilizza una formulazione assai poco impegnativa sul piano della sistematica del reato, perché è unicamente interessato alla conseguenza pratica della non applicazione della pena, più che a indicare all'interprete quale sia l'elemento della fattispecie costitutiva il cui venir meno determina la produzione di quell'effetto*»: così D. Brunelli, *Il diritto penale delle fattispecie criminose*, cit., 315 s.

«*circostanze in presenza delle quali viene meno la colpevolezza*»: in tali ipotesi «*la mancanza di colpevolezza è "convenzionalmente" prevista dalla legge, in quanto fondata su una sorta di inesigibilità del comportamento alternativo lecito*» [11].

Il legislatore, prevedendo le cause di non punibilità, ha inteso «*"oggettivare" il metro di valutazione dell'inesigibilità ... anche al fine di raggiungere per il loro riconoscimento prove sicure e controllabili nell'ambito del procedimento istruttorio amministrativo, ovvero nell'ambito del processo tributario*» [12]. Invero, le scusanti in parola possono essere applicate, almeno in linea di principio, sia dall'amministrazione finanziaria, sia dal giudice.

Le cause di non punibilità applicabili agli illeciti amministrativi tributari sono contemplate essenzialmente nel già richiamato art. 6, d.lgs. 18 dicembre 1997, n. 472 e nell'art. 10, legge 27 luglio 2000, n. 212, e sono riconducibili a quattro categorie [13]:

(a) circostanze di carattere soggettivo che determinano un errore sul fatto non dovuto a colpa;
(b) circostanze che si ricollegano al venir meno della coscienza dell'antigiuridicità della condotta a motivo della non conoscenza della legge (incertezza normativa oggettiva o errore di diritto, affidamento legittimo, ignoranza inevitabile della legge);
(c) circostanze oggettive che escludono la volontà dell'agente (forza maggiore e responsabilità del terzo);
(d) circostanze che escludono la punibilità per la mancanza di un danno erariale o di un pregiudizio all'attività di accertamento (violazioni meramente formali).

Altre cause di non punibilità sono previste nell'art. 11, comma 4, terzo periodo, l. n. 212/2000 [14] (diritto di interpello) e nell'art. 1, comma 6, d.lgs. n. 471/1997, in materia di *transfer pricing* [15].

---

[11] Così M. Logozzo, *Le cause di non punibilità*, cit., 1461 s., il quale osserva, inoltre, che «*la punibilità è esclusa non tanto perché il contribuente non potesse concretamente osservare la norma, quanto piuttosto perché nella situazione data non si poteva esigere o non ci si poteva attendere che la osservasse*».

[12] M. Logozzo, *Le cause di non punibilità*, cit., 1461 s.

[13] La quadripartizione è proposta da M. Logozzo, *Le cause di non punibilità*, cit., 1462.

[14] Secondo l'art. 11, comma 4, terzo periodo, l. 27 luglio 2000, n. 212 (Diritto di interpello), «*gli atti, anche a contenuto impositivo o sanzionatorio, difformi dalla risposta, espressa o tacita, sono nulli*».

[15] L'art. 1, comma 6, d.lgs. n. 471/1997, stabilisce che «*in caso di rettifica del valore normale dei prezzi di trasferimento praticati nell'ambito delle operazioni di cui all'articolo 110, comma 7,*

Prima di passare alla disamina delle singole cause di non punibilità, occorre precisare che, secondo giurisprudenza costante – contrastata, peraltro, da dottrina autorevole – l'onere di allegare in giudizio la ricorrenza di una causa di non punibilità, grava sul contribuente, «*sicché va escluso che il giudice tributario di merito debba decidere d'ufficio l'applicabilità dell'esimente, né, per conseguenza, che sia ammissibile una censura avente ad oggetto la mancata pronuncia d'ufficio sul punto*» [16].

2.1. *L'errore incolpevole sul fatto*

Quello che, ai sensi dell'art. 6, comma 1, primo periodo, d.lgs. 18 dicembre 1997, n. 472 [17], esclude la responsabilità dell'agente è un errore, di fatto o di diritto, che a sua volta determina un errore sul fatto costitutivo dell'illecito, facendo mancare l'elemento soggettivo della colpevolezza [18]. Tale errore consiste, precisamente, in una «*inesatta o falsa conoscenza della realtà*» non determinata da colpa, ovvero «*postula una percezione od una ricognizione della percezione incolpevolmente difettosa su un elemento materiale della violazione*» [19], per cui «*il nesso tra volontà ed azione illecita*»

---

del decreto del Presidente della Repubblica 22 dicembre 1986, n. 917, da cui derivi una maggiore imposta o una differenza del credito, la sanzione di cui al comma 2 non si applica qualora, nel corso dell'accesso, ispezione o verifica o di altra attività istruttoria, il contribuente consegni all'Amministrazione finanziaria la documentazione indicata in apposito provvedimento del Direttore dell'Agenzia delle Entrate idonea a consentire il riscontro della conformità al valore normale dei prezzi di trasferimento praticati. Il contribuente che detiene la documentazione prevista dal provvedimento di cui al periodo precedente deve darne apposita comunicazione all'Amministrazione finanziaria secondo le modalità e i termini ivi indicati; in assenza di detta comunicazione si rende applicabile la sanzione di cui al comma 2». Si veda, in proposito, L. Del Federico, *Le sanzioni amministrative in materia di prezzi di trasferimento*, in *Riv. trim. dir. trib.*, 2022, 248 ss.

[16] Cass., sez. VI-trib., 26 giugno 2019, n. 17195; inoltre, Cass., sez. V, 24 febbraio 2017, n. 4787, e Cass., sez. V, 2 ottobre 2013, n. 22524. *Contra* M. Logozzo, *La disapplicazione delle sanzioni da parte del giudice tributario per obiettiva incertezza della legge*, in *Riv. trim. dir. trib.*, 2021, 862 ss., secondo il quale «*la disapplicazione delle sanzioni amministrative da parte delle Commissioni tributarie, in presenza dei presupposti previsti dalla legge, è da ritenersi doverosa ed esercitabile d'ufficio sulla base della ratio dell'istituto e della lettera della legge*». Si veda anche A. Quattrocchi, *Sanzioni amministrative tributarie e incertezza normativa oggettiva*, in *Dir. prat. trib.*, 2023, 679 ss.

[17] La norma richiamata stabilisce che «*se la violazione è conseguenza di errore sul fatto, l'agente non è responsabile quando l'errore non è determinato da colpa*».

[18] M. Logozzo, *Le cause di non punibilità*, cit., 1462. Cfr. anche S.D. La Ferla, *Rassegna di giurisprudenza. Le sanzioni amministrative in materia tributaria. Disposizioni generali. Parte prima (2011-2021)*, in *Dir. prat. trib.*, 2022, 1072.

[19] Così Cass., sez. V, 12 febbraio 2020, n. 3414.

viene meno «*ogni qualvolta la volontà del soggetto agente sia viziata da una falsa rappresentazione della realtà non determinata da colpa*»[20].

Si tratta di una causa di non punibilità di derivazione penalistica, in particolare dall'art. 47 c.p.[21], nell'ambito del quale l'errore che cade sulla realtà fattuale è equiparato all'errore sull'esistenza o sulla portata applicativa di una legge extrapenale (comma 3).

In dottrina si ritiene, dunque, che «*trasferendo tale impostazione penalistica in ambito tributario, si potrebbe ... sostenere che il contribuente è immune da responsabilità non solo nel caso in cui l'errore verta sulla realtà concreta, ma anche quando esso cada su una legge diversa da quella tributaria (civile, amministrativa, ecc.)*»[22].

Ai fini del riconoscimento dell'esimente in esame, ricade sul contribuente agente il duplice onere di precisare su quali elementi sarebbe incorso l'errore e di provare la sua assenza di colpa[23]. A quest'ultimo proposito, la giurisprudenza si è espressa nel senso che se «*l'errore ovvero la falsa rappresentazione della realtà che interviene nel processo formativo della volontà dell'agente ... dipende da imprudenza, negligenza o imperizia, non rileva ai fini dell'esclusione della responsabilità, laddove si tratti di errore evitabile con l'uso dell'ordinaria diligenza, quella che si può ragionevolmente pretendere dal soggetto agente*»[24].

2.2. *Le rilevazioni contabili e le valutazioni estimative*

L'art. 6, comma 1, secondo periodo, d.lgs. n. 472/1997, «*delimita la nozione di colpa*»[25] nei casi di violazioni tributarie conseguenti a rilevazioni contabili e a valutazioni estimative.

---

[20] M. LOGOZZO, *Le cause di non punibilità*, cit., 1462.

[21] In base all'art. 47, comma 1, c.p., «*l'errore sul fatto che costituisce il reato esclude la punibilità dell'agente. Nondimeno, se si tratta di errore determinato da colpa, la punibilità non è esclusa, quando il fatto è preveduto dalla legge come delitto colposo*».

[22] M. LOGOZZO, *Le cause di non punibilità*, cit., 1463 e nota 2, il quale menziona ad esempio il caso in cui «*il contribuente*» *ritiene di presentare una dichiarazione di successione completa e fedele, ignorando l'esistenza di determinati cespiti che sarebbero da ricomprendere nell'asse ereditario (errore di fatto), ovvero il contribuente non indica nella dichiarazione di successione determinati beni in quanto ritiene che la titolarità giuridica degli stessi non sia riconducibile al de cuius (errore sulla legge civile)*».

[23] In questo senso Cass., sez. V, 12 febbraio 2020, n. 3414.

[24] Così Cass., sez. V, 31 maggio 2013, n. 13755.

[25] M. LOGOZZO, *Le cause di non punibilità*, cit., 1463. La norma stabilisce precisamente che «*le rilevazioni eseguite nel rispetto della continuità dei valori di bilancio e secondo corretti criteri contabili e le valutazioni eseguite secondo corretti criteri di stima non danno luogo a violazioni punibili*».

Il successivo terzo periodo concerne, invece, il caso in cui siano state compiute valutazioni estimative non corrette, e quindi suscettibili di configurare in astratto una specifica violazione. Il legislatore ha escluso la sanzionabilità di tali violazioni, al di sotto di una «*soglia di non punibilità*» che «*trova la sua giustificazione nel fatto che qualsiasi attività valutativa implica una componente soggettiva, per cui, entro certi limiti, può ritenersi opinabile*»[26].

2.3. *L'incertezza normativa oggettiva*

La prima delle cause di non punibilità che attiene alla coscienza dell'antigiuridicità della condotta è costituita dalla c.d. incertezza normativa oggettiva, «*determinata da obiettive condizioni di incertezza sulla portata e sull'ambito di applicazione delle disposizioni alle quali si riferiscono, nonché da indeterminatezza delle richieste di informazioni o dei modelli per la dichiarazione e per il pagamento*»[27].

Oltre che nell'art. 6, comma 2, d.lgs. n. 472/1997, tale causa di non punibilità trova fondamento normativo negli artt. 10, comma 3, l. 27 luglio 2000, n. 212, e 8, d.lgs. 31 dicembre 1992, n. 546, circostanza che ne testimonia l'assoluto rilievo, a causa della peculiare e, in qualche misura, patologica complessità dell'ordinamento tributario[28].

L'esimente in parola «*si fonda sul dato oggettivo dell'incertezza della norma*»[29] e richiede un rapporto di causalità diretta tra incertezza norma-

---

[26] M. Logozzo, *Le cause di non punibilità*, cit., 1463. Cfr. inoltre L. Tosi, *Profili soggettivi della disciplina delle sanzioni tributarie*, in *Rass. trib.*, 1999, 1337. Secondo la norma richiamata, «*in ogni caso, non si considerano colpose le violazioni conseguenti a valutazioni estimative … se differiscono da quelle accertate in misura non eccedente il cinque per cento*».

[27] M. Logozzo, *Le cause di non punibilità*, cit., 1467, ricorda che «*l'esimente dell'obiettiva incertezza è stata introdotta nell'ordinamento dall'art. 2 del r.d. 28 gennaio 1929, n. 360, trasfuso nell'art. 15 del r.d. 15 settembre 1931, n. 1698, e dall'art. 5, lett. a), d.m. 1 settembre 1931, emanato in esecuzione dell'art. 63 della c.d. legge fondamentale delle sanzioni tributarie (l. 7 gennaio 1929, n. 4), che, per le violazioni in materia di imposte indirette, consentiva "l'abbandono totale delle pene pecuniarie quando le violazioni si riferiscono a casi dubbi di applicazione dei tributi e, come tali, riconosciuti dalla amministrazione centrale"*». Dello stesso Autore si veda anche *La disapplicazione delle sanzioni da parte del giudice tributario per obiettiva incertezza della legge*, cit., 847 ss. Cfr., inoltre, S.D. La Ferla, *Rassegna di giurisprudenza*, cit., 1074 s. e – anche in prospettiva storica – A. Quattrocchi, *Sanzioni amministrative tributarie e incertezza normativa oggettiva*, cit., 673 ss.

[28] Cfr. M. Logozzo, *Le cause di non punibilità*, cit., 1467, il quale osserva che «*il diritto tributario si presenta come un diritto estremamente incerto, tant'è che di frequente si parla di "crisi della legalità tributaria", dovuta alla confusione legislativa conseguente all'eccessivo e disordinato accavallarsi dei vari testi legislativi, emanati con una frequenza sempre più impressionante*».

[29] F. Tesauro, *Istituzioni di diritto tributario. 1 – Parte generale*, cit., 328. Anche la giurispru-

tiva e illecito fiscale, che giustifica la punibilità della violazione [30].

Secondo la giurisprudenza, l'incertezza normativa oggettiva che giustifica l'inapplicabilità delle sanzioni «*è la situazione giuridica oggettiva, che si crea nella normazione per effetto dell'azione di tutti i formanti del diritto, tra cui in primo luogo, ma non esclusivamente, la produzione normativa, e che è caratterizzata dall'impossibilità, esistente in sé ed accertata dal giudice, d'individuare con sicurezza ed univocamente, al termine di un procedimento interpretativo metodicamente corretto, la norma giuridica sotto la quale effettuare la sussunzione di un caso di specie*» [31]. L'esimente, quindi, «*non ha il suo fondamento nell'ignoranza giustificata, ma nell'impossibilità, abbandonato lo stato d'ignoranza, di pervenire comunque allo stato di conoscenza sicura della norma giuridica tributaria*» [32].

L'«*inevitabile incertezza sul contenuto, sull'oggetto e sui destinatari della norma tributaria*» e quindi «*l'insicurezza ed equivocità del risultato conseguito attraverso il procedimento d'interpretazione normativa*», che l'incer-

---

denza sottolinea che l'incertezza normativa va vista in «*senso oggettivo*», «*con conseguente esclusione di "qualsiasi rilevanza sia delle condizioni soggettive individuali sia delle condizioni soggettive categoriali"*»: così Cass., sez. V, 29 agosto 2018, n. 21307.

[30] «*La conoscibilità in concreto della legge rappresenta una pre-condizione oggettiva rispetto alla valutazione dell'elemento soggettivo. Ciò importa che l'obbligo per il giudice di verificare la sussistenza di insuperabili difficoltà interpretative, si pone come antecedente rispetto a qualsiasi giudizio; l'esistenza di tali difficoltà è da sola sufficiente ad escludere qualsiasi rimprovero all'agente, senza che vengano in considerazione apprezzamenti di tipo subiettivo*». Così M. LOGOZZO, *Le cause di non punibilità*, cit., 1470.

[31] Così Cass., sez. V, 29 agosto 2018, n. 21307; inoltre, Cass., sez. VI-trib., 19 febbraio 2020, n. 4169; Cass., sez. V, 12 aprile 2021, n. 9531; Cass., sez. V, 10 febbraio 2022, n. 4411. Ad avviso di M. LOGOZZO, *Le cause di non punibilità*, cit., 1469 s., «*con la locuzione "obiettiva incertezza della normativa tributaria" si fa riferimento ad una seria perplessità sul significato della disposizione tributaria applicabile al caso concreto, che può tradursi nell'ignoranza del suo "vero" contenuto*»; inoltre, «*la scusante deve essere ricostruita in termini oggettivi, senza giungere all'ipotesi estrema*» «*di una inconoscibilità assoluta, cioè dell'impossibilità anche per il giudice di cogliere un significato plausibile della norma in relazione al caso concreto*».

[32] Così Cass., sez. V, 29 agosto 2018, n. 21307; Cass., sez. V, 11 aprile 2019, n. 10126. M. LOGOZZO, *Le cause di non punibilità*, cit., 1470 s., ravvisa «*l'incertezza in quello stato intellettivo del soggetto rapportato ad un dato oggetto, nel caso di specie la norma tributaria, che si colloca in una zona mediana fra la conoscenza piena e sicura e l'ignoranza, distinguendosi da quest'ultima in quanto non si tratta di totale mancanza di conoscenza, ma di conoscenza insufficiente e insicura o equivoca*». L'Autore ha cura di precisare, inoltre, che «*il vaglio … in ordine all'esistenza del requisito dell'obiettiva incertezza … deve avere per oggetto la situazione di fatto esistente al momento in cui l'agente era chiamato ad applicare la disposizione violata: l'idoneità di una determinata circostanza impeditiva della corretta comprensione della legge, va valutata, quindi, esclusivamente mediante un giudizio ex ante, essendo irrilevanti eventuali circostanze sopravvenute*».

tezza normativa oggettiva presuppone non è da riferire né al «*generico contribuente*», né a soggetti professionalmente qualificati, né all'Amministrazione, bensì «*al giudice, unico soggetto dell'ordinamento cui è attribuito il potere-dovere di accertare la ragionevolezza di una determinata interpretazione*»[33].

In dottrina si ritiene, tuttavia, che non si possa svincolare «*la verifica dell'intelligibilità della norma dall'uomo di media esperienza, scienza e diligenza*»[34]. È indiscutibile, del resto, che le norme tributarie si rivolgono, prima ancora che ai giudici, ai contribuenti e, quindi, all'amministrazione, i quali devono dare attuazione a tali norme. Da un lato, dunque, all'amministrazione che ha il compito di irrogare le sanzioni è arduo negare il potere di disapplicarle. Inoltre, «*atteso che i presupposti d'imposta si verificano nei ... confronti*» dei contribuenti, v'è «*l'esigenza che il giudice*» – ma, come detto, anche l'amministrazione – «*rapporti l'erronea interpretazione alla conoscenza diligente del contribuente medio, cioè al parametro della "esigibilità" determinato dalla buona fede oggettiva*»[35].

Allo scopo di agevolare il riconoscimento delle ipotesi di incertezza normativa oggettiva, la giurisprudenza ha comunque elaborato un utile catalogo non esaustivo di «*fatti indice*», quali «*1) la difficoltà d'individuazione delle disposizioni normative; 2) la difficoltà di confezione della formula dichiarativa della norma giuridica; 3) la difficoltà di determinazione del significato della formula dichiarativa individuata; 4) la mancanza di informazioni amministrative o la loro contraddittorietà; 5) la mancanza di una prassi amministrativa o l'adozione di prassi amministrative contrastanti; 6) la mancanza di precedenti giurisprudenziali; 7) la formazione di orientamenti giurisprudenziali contrastanti, specie se sia stata sollevata questione di legittimità costituzionale; 8) il contrasto tra prassi amministrativa e orientamento giurisprudenziale; 9) il contrasto tra opinioni dottrinali; 10) l'adozione di norme di interpretazione autentica o meramente esplicative di norma implicita preesistente*»[36].

---

[33] Così Cass., sez. V, 29 agosto 2018, n. 21307; inoltre, Cass., sez. V, 11 febbraio 2020, n. 3231; Cass., sez. V, 11 marzo 2020, n. 6872; Cass., sez. V, 23 novembre 2020, n. 26542; Cass., sez. V, 6 maggio 2021, n. 11981; Cass., sez. V, 10 giugno 2021, n. 16479; Cass., sez. V, 24 giugno 2021, n. 18081; Cass., sez. V, 16 settembre 2021, n. 25027; Cass., sez. V, 14 febbraio 2022, n. 4599.

[34] Così A. GIOVANNINI, *Potere punitivo e incertezza della legge*, in *Giur. it.*, 2008, 2082, inoltre M. LOGOZZO, *Le cause di non punibilità*, cit., 1471 ss.

[35] M. LOGOZZO, *Le cause di non punibilità*, cit., 1473.

[36] Cass., sez. V, 12 aprile 2021, n. 9531; inoltre, Cass., sez. V, 14 febbraio 2022, n. 4599; Cass., sez. V, 26 giugno 2020, n. 12798; Cass. civ. 13 giugno 2018, n. 15452; Cass. civ. 17 mag-

2.4. *La conformazione a indicazioni dell'amministrazione*

L'art. 10, comma 2, l. n. 212/2000, introduce un'ulteriore causa di non punibilità che si fonda sull'affidamento legittimo del contribuente nei confronti dell'Amministrazione finanziaria[37] ed «*esclude la colpevolezza per inconoscibilità della legge tributaria*»[38].

La premessa di tale previsione è rinvenibile nel principio della collaborazione e della buona fede che, in base al comma precedente dello stesso articolo, deve improntare i rapporti fra contribuenti e amministrazione finanziaria[39]. Dal principio discendono per l'amministrazione il «*dovere … di compor-*

---

gio 2017, n. 12301. Cass., sez. V, 28 gennaio 2021, n. 1893, esclude, peraltro, che l'incertezza normativa oggettiva che esenta da responsabilità il contribuente ai sensi dell'art. 10, comma terzo, legge n. 212/2000, possa ravvisarsi nella semplice pendenza di un giudizio sulla legittimità costituzionale o comunitaria di una norma tributaria nazionale. Cfr., in proposito, A. QUATTROCCHI, *Sanzioni amministrative tributarie e incertezza normativa oggettiva*, cit., 677, ss.

[37] La norma in esame stabilisce che «*non sono irrogate sanzioni né richiesti interessi moratori al contribuente, qualora egli si sia conformato a indicazioni contenute in atti dell'amministrazione finanziaria, ancorché successivamente modificate dall'amministrazione medesima, o qualora il suo comportamento risulti posto in essere a seguito di fatti direttamente conseguenti a ritardi, omissioni od errori dell'amministrazione stessa*». Non è previsto, invece, alcun esonero del soggetto passivo dal pagamento del tributo dovuto, come la giurisprudenza ribadisce con costanza: si vedano, ad esempio, Cass., sez. V, 12 novembre 2019, n. 29169, secondo la quale si determinerebbe altrimenti un contrasto «*con il principio, coniugato secondo un diverso lessico, ma riferito ad un unico concetto, di inderogabilità della norma tributaria, di indisponibilità dell'obbligazione tributaria, di vincolatezza della funzione di imposizione, di irrinunciabilità del diritto di imposta*»; inoltre, Cass., sez. V, 30 gennaio 2020, n. 2145; Cass., sez. V, 30 settembre 2020, n. 20819. Si segnala, tuttavia, che Cass., sez. V, 10 dicembre 2002, n. 17576 – commentata criticamente da A. TURCHI, *In tema di tutela dell'affidamento riposto dal contribuente nelle indicazioni provenienti dall'amministrazione finanziaria*, in *Giur. it.*, 2003, 2194 ss. – in applicazione dell'art. 10, commi 1 e 2, l. n. 212/2000, ha annullato integralmente un avviso di rettifica – in quanto emesso in violazione del principio di affidamento e, quindi, illegittimo – compresa, quindi, la determinazione dell'imposta dovuta. L'avviso di rettifica era stato emesso contestualmente all'annullamento di un precedente atto di archiviazione in relazione a un caso di superamento del plafond IVA.

[38] M. LOGOZZO, *Le cause di non punibilità*, cit., 1477.

[39] La Corte di Cassazione, sez. V, nell'ordinanza 9 gennaio 2019, n. 370, precisa che «*il principio della tutela del legittimo affidamento del cittadino-contribuente, che guardi con diligenza e in buona fede alle affermazioni dell'Amministrazione Finanziaria, specialmente quelle rese in sede di documenti di prassi amministrativa*» è «*centrale … nel sistema*» e «*trova origine, non tanto – e non solo – nello Statuto del contribuente, art. 10, che lo esplicita sul piano legislativo, quanto – e soprattutto – in principi costituzionali di portata generale (artt. 3, 23, 53, 97) richiamati dalla disciplina statutaria (art. 1), ed è immanente in tutti i rapporti di diritto pubblico ivi compresi quelli tributari in particolare; detti principi costituiscono uno dei fondamenti dello Stato di diritto, limitandone l'attività legislativa e amministrativa …, e dell'ordinamento dell'UE nelle materia armonizzate, unitamente ai principi di neutralità fiscale e proporzionalità*».

tarsi secondo correttezza e lealtà, guidando e facilitando l'adempimento dei doveri fiscali da parte dei privati» e l'«*obbligo di comportarsi in modo coerente e non contraddittorio, ovvero nel dovere di non venire contra factum proprium*» [40].

Occorre considerare, inoltre, l'autorevolezza della fonte [41] dalla quale provengono le indicazioni, gli atti, i fatti o le omissioni [42]: l'amministrazione è ovviamente libera di modificare il proprio orientamento nel prosieguo [43]; tuttavia, il contribuente al quale sia contestata una condotta conforme alle indicazioni poi modificate può invocare l'affidamento legittimo.

Secondo la giurisprudenza, particolarmente rigorosa, costituiscono situazioni tutelabili ai sensi dell'art. 10, comma 2, quelle caratterizzate in primo luogo «*da un'apparente legittimità e coerenza dell'attività dell'amministrazione finanziaria in senso favorevole al contribuente*»; quindi «*dalla buona fede del contribuente, rilevabile dalla sua condotta, in quanto connotata dall'assenza di qualsiasi violazione del dovere di correttezza gravante sul medesimo*», infine «*dall'esistenza di circostanze specifiche e rilevanti, idonee ad indicare la sussistenza dei due parametri che precedono*» [44].

---

[40] M. LOGOZZO, *Le cause di non punibilità*, cit., 1478.

[41] L'esimente «*si fonda infatti non già su un dato meramente soggettivo o psicologico del contribuente, ma sul dato oggettivamente rilevabile dell'affidamento, che diviene legittimo in quanto riposto in atti interpretativi o, comunque, in atti formali provenienti dall'amministrazione finanziaria*» o, comunque, come pure prevede l'art. 10, comma 2, «*a seguito di fatti direttamente conseguenti a ritardi, omissioni od errori dell'amministrazione stessa*». Così M. LOGOZZO, *Le cause di non punibilità*, cit., 1478, il quale, alla nota 45, precisa che «*l'affidamento si distingue dalla buona fede in senso soggettivo sotto il profilo dell'oggetto su cui ricade la fiducia: nella buona fede soggettiva la fiducia investe il comportamento di chi la invoca; nell'affidamento, viceversa, la fiducia viene riposta nella apparente correttezza del comportamento di controparte*».

[42] A proposito dei casi di ritardo nel provvedere, M. LOGOZZO, *Le cause di non punibilità*, cit., 1479 s., osserva che l'inattività dell'amministrazione deve «*intendersi in senso tecnico come manifestazione (tacita, concludente) di una scelta determinata*» cosicché «*nessun rimprovero può essere mosso al soggetto che abbia assunto un comportamento fiscale conforme a quello che la stessa amministrazione, con il suo "silenzio" sembrava ritenere legittimo*». A tale proposito, Cass., sez. V, 19 dicembre 2019, n. 34067, ha ritenuto, tuttavia, che «*il mero decorso del tempo, abbinato ad un comportamento meramente passivo dell'amministrazione … rappresentano elementi inidonei ad integrare, rispetto agli interessi, l'esimente di cui alla L. n. 212 del 2000, art. 10, comma 2*».

[43] Si vedano, ad esempio, Cass., sez. V, 30 settembre 2020, n. 20819, e Cass., sez. V, 12 novembre 2019, n. 19169, le quali ribadiscono la regola secondo la quale le circolari non costituiscono fonte di diritti ed obblighi e non vincolano neppure la stessa amministrazione che le ha emanate, che può quindi mutare successivamente orientamento, disattendendo l'interpretazione adottata.

[44] Così Cass., sez. V, 1° aprile 2021, n. 9076; conforme Cass., sez. V, 14 novembre 2019, n. 29650.

2.5. *L'imputabilità del mancato pagamento a un terzo*

La causa di non punibilità prevista dall'art. 6, comma 3, d.lgs. n. 472/1997 [45], a favore del contribuente, ma anche del sostituto e del responsabile d'imposta, ricorre nel caso di mancato pagamento del tributo – con esclusione, quindi, delle violazioni solo formali – imputabile unicamente alla condotta di un soggetto terzo. Si tratta, di regola, del caso dell'intermediario incaricato non soltanto della tenuta della contabilità e della compilazione e presentazione delle dichiarazioni fiscali, ma anche di provvedere ai pagamenti [46].

---

[45] L'art. 6, comma 3, d.lgs. n. 472/1997, dispone che «*il contribuente, il sostituto e il responsabile d'imposta non sono punibili quando dimostrano che il pagamento del tributo non è stato eseguito per fatto denunciato all'autorità giudiziaria e addebitabile esclusivamente a terzi*». Si rammenta che l'art. 1, legge 11 ottobre 1995, n. 423, prevede che l'Agenzia delle Entrate sospenda la riscossione delle sanzioni pecuniarie nei confronti del contribuente e del sostituto d'imposta per omesso, ritardato o insufficiente versamento delle imposte, qualora la violazione consegua alla condotta penalmente rilevante di dottori commercialisti, ragionieri, consulenti del lavoro, avvocati, notai e altri professionisti, a condizione che l'illecito sia stato posto in essere nell'adempimento dell'incarico professionale e il contribuente abbia presentato denuncia all'Autorità giudiziaria. La norma – che è ritenuta introdurre una «*disciplina di carattere speciale*» in relazione alla riscossione delle pene pecuniarie (così Cass., S.U., 18 ottobre 2021, n. 28640), è applicabile in caso di illeciti penali contestati ai soggetti esercenti attività professionali iscritti agli albi protetti, mentre l'art. 6, comma 3, in esame ha un ambito soggettivo di applicazione più ampio, esteso a qualsiasi terzo. Cfr., in proposito, M. Logozzo, *Le cause di non punibilità*, cit., 1482; N. Zanotti, *Applicabilità delle sanzioni al contribuente vittima del professionista "di fiducia"*, in *Dir. prat. trib.*, 2019, 2240 s., e A. Tropea, *Il diritto del contribuente a non essere sanzionato per il fatto illecito del terzo*, cit., 959 ss. In base ai commi da 3 a 5 dell'art. 1, l. n. 423/1995, «*se il giudizio penale si conclude con un provvedimento definitivo di condanna o di applicazione della pena su richiesta delle parti*», l'ufficio dell'Agenzia «*annulla le sanzioni a carico del contribuente e provvede ad irrogarle a carico del professionista ai sensi dell'articolo 17, comma 3, del decreto legislativo 18 dicembre 1997, n. 472*» (comma 3). Invece (comma 4) «*se il giudizio penale si conclude con un provvedimento definitivo di non luogo a procedere ai sensi dell'articolo 425 del codice di procedura penale per motivi di natura processuale o per intervenuta estinzione del reato ovvero con un provvedimento definitivo di non doversi procedere ai sensi dell'articolo 529 del medesimo codice, la sospensione delle sanzioni non perde efficacia se il contribuente dimostra di aver promosso azione civile entro tre mesi dal deposito del provvedimento, fornendone prova all'ufficio di cui al comma 2. In tale ipotesi, se il giudizio civile si conclude con un provvedimento definitivo di condanna, l'ufficio annulla le sanzioni a carico del contribuente e provvede all'irrogazione a carico del professionista ai sensi dell'articolo 17, comma 3, del decreto legislativo 18 dicembre 1997, n. 472*». Ancora (comma 5), «*se il giudizio penale si conclude con un provvedimento definitivo di assoluzione ovvero, nei casi di cui al comma 4, il contribuente non promuove l'azione civile nei confronti del professionista o, laddove promossa, il giudizio civile si conclude con un provvedimento definitivo di rigetto, l'ufficio revoca la sospensione e procede alla riscossione delle sanzioni a carico del contribuente*».

[46] Cass., sez. VI-trib., 29 luglio 2020, n. 16236; inoltre Cass., sez. V, 7 novembre 2018, n. 28359; Cass., sez. V, 16 novembre 2012, n. 20113. In dottrina si vedano, ad esempio, F. Tesau-

In dottrina è stata censurata la formulazione della scusante, ravvisandovi «*tutte le caratteristiche tipiche di una norma in bianco*», in quanto «*difetta di precisione, determinatezza e tassatività*», lasciando eccessivo spazio all'interpretazione giurisprudenziale[47].

In base all'orientamento recente della Corte Suprema, l'applicazione dell'esimente in esame consegue a quattro circostanze. In primo luogo all'«*inadempimento degli obblighi riconnessi al mancato pagamento del tributo, esclusi pertanto gli obblighi solo formali*»; in secondo luogo all'«*imputabilità di tale inadempimento ad un soggetto terzo (normalmente l'intermediario incaricato), estraneo alla compagine sociale del contribuente*»; inoltre all'«*adempimento, da parte del contribuente, di un obbligo di denuncia all'autorità giudiziaria nei confronti dell'intermediario, cui è stato attribuito l'incarico*»; infine nell'«*insussistenza del dolo o della negligenza del contribuente nell'inadempimento, nemmeno sotto il profilo della culpa in vigilando, dovendo l'inadempimento medesimo essere imputabile in via esclusiva all'intermediario*»[48].

Per quanto attiene, in particolare, all'ultima circostanza, la giurisprudenza è costante nell'affermare che, per quanto attiene agli obblighi relativi alla tenuta delle scritture contabili e alle dichiarazioni, il contribuente non possa assolverli limitandosi ad affidarne le relative incombenze ad un professionista, ma sia tenuto a porre in essere un'attività di controllo e di vigilanza sulla loro effettiva esecuzione, obbligo che viene meno «*soltanto a fronte di un comportamento fraudolento del professionista finalizzato a mascherare il proprio inadempimento dell'incarico ricevuto*»[49].

Al contribuente è assegnato, quindi, un onere probatorio particolarmente rigoroso in merito non soltanto al controllo esercitato sull'attività del professionista, ma anche al comportamento fraudolento del medesimo[50].

RO, *Istituzioni di diritto tributario. 1 – Parte generale*, cit., 328; M. LOGOZZO, *Le cause di non punibilità*, cit., 1482 s.; N. ZANOTTI, *Applicabilità delle sanzioni al contribuente vittima del professionista "di fiducia"*, cit., 2237 ss.; A. TROPEA, *Il diritto del contribuente a non essere sanzionato per il fatto illecito del terzo*, in *Dir. prat. trib.*, 2021, 954 ss.

[47] Così A. TROPEA, *Il diritto del contribuente a non essere sanzionato per il fatto illecito del terzo*, cit., 961 s.

[48] Cfr. Cass., sez. VI-trib., 29 ottobre 2021, n. 30729. Conformi, tra le altre, Cass., sez. VI-trib., 18 novembre 2019, n. 29849; Cass., sez. VI-trib., 29 luglio 2019, n. 16236; Cass., sez. V, 20 ottobre 2020, n. 22745; Cass., S.U., 18 ottobre 2021, n. 28640; Cass., sez. VI-trib., 29 ottobre 2021, n. 30729; Cass., sez. VI-trib., 4 febbraio 2022, n. 3557.

[49] Così Cass., sez. VI-trib., 29 ottobre 2021, n. 30729.

[50] Secondo Cass., sez. VI-trib., 29 ottobre 2021, n. 30729 – pubblicata in *GT – Riv. giur. trib.*, 2022, 524 s. con nota di M. DAMIANI, *Sanzionabilità tributaria del contribuente e del consulente fiscale: un assetto ancora incerto*, 525 s. – il contribuente è tenuto a fornire la prova

2.6. *L'errore di diritto derivante da ignoranza inevitabile della legge tributaria*

La scusante dell'ignoranza incolpevole del diritto, prevista dall'art. 6, comma 4, d.lgs. n. 472/1997, ha origine penalistica e precisamente dalla sentenza della Corte Cost. 24 marzo 1988, n. 364, la quale ha dichiarato l'illegittimità costituzionale dell'art. 5 c.p., in quanto non esclude dall'inescusabilità dell'ignoranza della legge penale l'ignoranza inevitabile.

Nei casi di ignoranza assoluta di una disposizione legislativa in vigore, il contribuente «*ritiene di versare in una condizione di assoluta liceità, perché non si rappresenta neppure l'eventualità che esista nell'ordinamento una disposizione che gli imponga, sotto comminatoria di sanzione, l'adempimento di un determinato obbligo fiscale*»[51]. In altri termini, l'ignoranza scusante «*implica … uno stato negativo, la situazione di assoluta mancanza di conoscenza della norma tributaria che regolamenta il caso concreto*»[52].

L'ignoranza rilevante, tuttavia, è solo quella inevitabile, «*poiché causata da fattori estranei all'agente, che impediscono oggettivamente la conoscenza o l'esatta comprensione della norma*»[53].

Se si considera la previsione dell'art. 5 dello Statuto dei diritti del contribuente (l. n. 212/2000), che impone di promuovere la conoscenza delle leggi fiscali, la possibilità di invocare la scusante in parola appare ridotta; nondimeno «*si può dire che oggi esiste un plus di informazioni tributarie capace, talvolta, di generare incertezza*»[54]. Occorre forse considerare, inoltre,

---

dell'«*attività di vigilanza e controllo in concreto esercitata sull'operato di questi, facendosi anche consegnare le ricevute telematiche dell'avvenuta presentazione della dichiarazione, ma anche del comportamento fraudolento del professionista, finalizzato proprio a mascherare il proprio inadempimento all'incarico ricevuto, quindi anche mediante falsificazione di modelli F24 di pagamento delle imposte o delle ricevute di ricezione delle dichiarazioni telematiche o attraverso altre modalità di difficile riconoscibilità da parte del mandante*».

[51] M. LOGOZZO, *Le cause di non punibilità*, cit., 1480.

[52] M. LOGOZZO, *Le cause di non punibilità*, cit., 1480. Si veda anche, in proposito, S.D. LA FERLA, *Rassegna di giurisprudenza*, cit., 1078. La portata dell'istituto è tratteggiata in negativo dalla giurisprudenza di legittimità, che la richiama sovente per distinguerla dall'incertezza normativa oggettiva: «*l'incertezza normativa oggettiva … non ha il suo fondamento nell'ignoranza giustificata*», *ma nell'impossibilità, abbandonando lo stato d'ignoranza, di pervenire comunque allo stato di conoscenza sicura della norma giuridica tributaria*». Così, ad es., Cass., sez. V, 11 aprile 2019, n. 10126.

[53] M. LOGOZZO, *Le cause di non punibilità*, cit., 1481, il quale richiama G. MARONGIU, *La nuova disciplina delle sanzioni amministrative tributarie*, in *Dir. prat. trib.*, 1998, I; 274; L. DEL FEDERICO, *Introduzione alla riforma delle sanzioni amministrative tributarie: i principi sostanziali del d.lgs. n. 472/1997*, in *Riv. dir. trib.*, 1999, I, 130.

[54] M. LOGOZZO, *Le cause di non punibilità*, cit., 1481.

la particolare complessità dell'ordinamento tributario attuale, oppure le «*ipotesi di immediata entrata in vigore di una legge non preceduta da una sufficiente pubblicizzazione, ovvero di mutamento di un consolidato orientamento giurisprudenziale*»[55].

Utili indicazioni possono essere comunque tratte dalla già richiamata sentenza della Corte Cost. n. 364/1988, nella quale[56] sono esplicitati i parametri in base ai quali stabilire l'inevitabilità dell'ignoranza della legge che, in quel contesto, è quella penale. Ad avviso della Corte, in particolare, «*la spersonalizzazione che un giudizio formulato alla stregua di criteri oggettivi pur necessariamente comporta va … compensata … dall'esame di eventuali, particolari conoscenze ed "abilità" possedute dal singolo agente: queste ultime, consentendo all'autore del reato di cogliere i contenuti ed il significato determinativo della legge penale escludono che l'ignoranza della legge penale vada qualificata come inevitabile*»[57].

---

[55] M. LOGOZZO, *Le cause di non punibilità*, cit., 1481.

[56] In particolare, nei paragrafi 26 e seguenti.

[57] Del resto, «*ammettere … il soggetto agente (che è in errore sull'illiceità del fatto per ignoranza della legge penale, pur essendo in grado di conoscere quest'ultima e di non errare sulla predetta illiceità) a giovarsi del comune errore sul divieto, determinato dall'altrui, generale, inevitabile ignoranza della legge penale, val quanto riconoscere all'errore comune sul divieto penale il valore di consuetudine abrogatrice di incriminazioni penali*». Le trascrizioni – nel testo e in questa nota – sono tratte da Corte Cost. 24 marzo 1988, n. 364, che reca altre considerazioni di particolare rilievo in materia tributaria. La Corte rammenta che «*è stato, in dottrina, osservato che, realisticamente, l'ipotesi d'un soggetto, sano e maturo di mente, che commetta un fatto criminoso ignorandone l'antigiuridicità è concepibile soltanto quando si tratti di reati che, pur presentando un generico disvalore sociale, non sono sempre e dovunque previsti come illeciti penali ovvero di reati che non presentino neppure un generico disvalore sociale (es. violazione di alcune norme fiscali ecc.)*». La Corte ricorda, inoltre che, «*in relazione a queste categorie di reati, sono state opportunamente prospettate due ipotesi: quella in cui il soggetto effettivamente si rappresenti la possibilità che il suo fatto sia antigiuridico e quella in cui l'agente neppure si rappresenti tale possibilità*», e osserva in proposito che «*mentre nella prima ipotesi, esistendo, in concreto (ben più della possibilità di conoscenza dell'illiceità del fatto) l'effettiva previsione di tale possibilità, non può ravvisarsi ignoranza inevitabile della legge penale (essendo il soggetto obbligato a risolvere l'eventuale dubbio attraverso l'esatta e completa conoscenza della (singola) legge penale o, nel caso di soggettiva invincibilità del dubbio, ad astenersi dall'azione, il dubbio oggettivamente irrisolvibile, che esclude la rimproverabilità sia dell'azione sia dell'astensione è soltanto quello in cui, agendo o non agendo, s'incorre, ugualmente, nella sanzione penale); la seconda ipotesi comporta, da parte del giudice, un'attenta valutazione delle ragioni per le quali l'agente, che ignora la legge penale, non s'è neppure prospettato un dubbio sull'illiceità del fatto*» e «*se l'assenza di tale dubbio discende, principalmente, dalla personale non colpevole carenza di socializzazione dell'agente, l'ignoranza della legge penale va, di regola, ritenuta inevitabile*». Precisa ulteriormente la Corte che «*inevitabile si palesa anche l'errore sul divieto nell'ipotesi in cui, in relazione a reati sforniti di disvalore sociale è, per l'agente, socializzato oppur no, oggettivamente imprevedibile l'illiceità del*

2.7. *La forza maggiore*

La matrice penalistica dell'art. 6, comma 4, d.lgs. n. 472/1997[58], è evidente; tuttavia, a differenza dell'art. 45 c.p., nella norma in esame è assente il riferimento al caso fortuito[59]. Come nel codice penale, inoltre, nella normativa tributaria non si rinviene la definizione di forza maggiore, per la quale si può attingere alla dottrina[60] e, soprattutto, alla giurisprudenza tributaria, la quale oscilla fra il richiamo all'accezione penalistica e all'elaborazione della Corte di giustizia europea[61].

Le pronunce più recenti – anche con riferimento ai tributi armonizzati – riferiscono comunque la forza maggiore «*a un avvenimento imponderabile che annulla la signoria del soggetto sui propri comportamenti, impedendo di configurare un'azione penalmente rilevante per difetto del generale requisito della coscienza e volontarietà della condotta previsto dal comma 1 dell'art. 42 c.p.*»[62].

In altre pronunce, in materia di tributi armonizzati, la stessa Corte Suprema si uniforma all'elaborazione della Corte di giustizia europea, secondo la quale la nozione di forza maggiore presuppone sia «*un elemento og-*

---

fatto» e che «tuttavia, ove (a parte i casi di carente socializzazione dell'agente) la mancata previsione dell'illiceità del fatto derivi dalla violazione degli obblighi d'informazione giuridica, che sono, come s'è avvertito, alla base d'ogni convivenza civile deve ritenersi che l'agente versi in evitabile e, pertanto, rimproverabile ignoranza della legge penale».

[58] Secondo l'art. 6, comma 4, «*non è punibile chi ha commesso il fatto per forza maggiore*», mentre in base all'art. 45 c.p. «*non è punibile chi ha commesso il fatto per caso fortuito o per forza maggiore*».

[59] Ad avviso di M. Logozzo, *Le cause di non punibilità*, cit., 148, peraltro, il caso fortuito «*deve ritenersi assorbito nell'ambito della forza maggiore*».

[60] M. Logozzo, *Le cause di non punibilità*, cit., 1484, osserva – richiamando anche la Circolare dell'Agenzia delle Entrate 10 luglio 1998, n. 180/E e l'art. 9 dello Statuto dei diritti del contribuente – che «*la "forza maggiore" sussiste in tutti i casi nei quali l'agente abbia fatto quanto era in suo potere per uniformarsi alla legge, sicché per cause indipendenti dalla sua volontà non vi era la possibilità di impedire l'evento o la condotta antigiuridica*» e che l'amministrazione «*intende la forza maggiore come "ogni forza del mondo esterno che determina in modo necessario e inevitabile il comportamento del soggetto"*».

[61] Ad avviso di S.D. La Ferla, *Rassegna di giurisprudenza*, cit., 1079, «*sulla base della giurisprudenza, non è chiaro se l'esimente segua un doppio binario a seconda del tributo oggetto di violazione*».

[62] Così Cass., sez. V, 6 aprile 2022, n. 11111 (par. 6), nella quale – relativa alla materia doganale – è precisato inoltre che (par. 7) che «*la forza maggiore incide, elidendolo, sul nesso psichico*» e che (par. 6.1) che «*l'esimente prefigura … la situazione di un soggetto assolutamente privo della possibilità di sottrarsi a una forza per lui irresistibile (in proposito si dice che il soggetto* non agit, sed agitur*)*». Conformi Cass., sez. VI-trib., 16 gennaio 2023, n. 987 e Cass., sez. VI-trib., 18 ottobre 2022, n. 35360.

gettivo, relativo alle circostanze anormali ed estranee all'operatore» sia «*un elemento soggettivo, costituito dall'obbligo dell'interessato di premunirsi contro le conseguenze dell'evento anormale, adottando misure appropriate senza incorrere in sacrifici eccessivi*». Il riferimento è «*dunque non necessariamente*» a «*circostanze tali da porre l'operatore nell'impossibilità assoluta di rispettare la norma tributaria bensì*» a «*quelle anomale ed imprevedibili, le cui conseguenze, però, non avrebbero potuto essere evitate malgrado l'adozione di tutte le precauzioni del caso*» [63].

L'applicazione della causa di non punibilità in esame è, comunque, subordinata all'assolvimento, da parte del contribuente, dell'onere della prova che la violazione è stata determinata da una circostanza riconducibile, appunto, alla forza maggiore. Il contribuente è tenuto a dimostrare – basandosi su fatti oggettivi – non soltanto la mancanza di volontà propria, ma anche di aver posto in essere quanto era in suo potere per evitare l'evento [64].

In concreto, la giurisprudenza – assai restrittiva – esclude che la sussistenza di una situazione di illiquidità o di crisi aziendale costituisca, di per sé, un caso forza maggiore che rende applicabile la causa di non punibilità in esame [65].

È stata inoltre ritenuta non ricorrere un'ipotesi di forza maggiore nella «*situazione di carenza di liquidità derivante dai ritardi, anche notevoli, dei pagamenti delle pubbliche amministrazioni*», in quanto ritenuti prevedibi-

---

[63] Cass., sez. VI-trib., 13 dicembre 2021, n. 39548, nella quale è precisato, inoltre, che «*sotto il profilo naturalistico … la forza maggiore si atteggia come una causa esterna che obbliga la persona a comportarsi in modo difforme da quanto voluto, di talché essa va configurata, relativamente alla sua natura giuridica, come una esimente poiché il soggetto passivo è costretto a commettere la violazione a causa di un evento imprevisto, imprevedibile ed irresistibile, non imputabile ad esso contribuente, nonostante tutte le cautele adottate*». Si vedano, inoltre, Cass., sez. VI-trib., 8 febbraio 2018, n. 3049 e Cass., sez. V, 22 settembre 2017, n. 22153.

[64] M. Logozzo, *Le cause di non punibilità*, cit., 1484.

[65] Da ultimo, si veda Cass., sez. VI-trib., 16 gennaio 2023, n. 987; inoltre Cass., sez. V, 22 marzo 2019, n. 8175, secondo la quale «*in tema di accise, la sussistenza di una situazione di illiquidità o di crisi aziendale non costituisce, di per sé, forza maggiore, ai fini dell'operatività della causa di non punibilità di cui al d.lgs. n. 472/1997, art. 6, 5° comma, essendo invece necessaria la sussistenza di un elemento oggettivo, costituito da circostanze anormali ed estranee all'operatore, e di un elemento soggettivo, correlato al dovere del contribuente di premunirsi contro le conseguenze dell'evento anormale, mediante l'adozione di misure appropriate, pure senza incorrere in sacrifici eccessivi*»; conformi Cass., sez. VI-trib., 29 marzo 2018, n. 7850; Cass., sez. VI-trib., 8 febbraio 2018, n. 3049, e Cass., sez. V, 22 settembre 2017, n. 22153. Cfr. anche Cass., sez. VI-trib., pubblicata in *il fisco*, 2023, 377 ss., con nota di A. Vozza (379 ss.), secondo la quale «*il provvedimento di sequestro penale preventivo dell'intero patrimonio del contribuente, intervenuto prima della comunicazione di liquidazione IRPEF*» non concreta una causa di forza maggiore ai fini della non applicabilità delle sanzioni per omesso versamento di tale imposta.

li[66], oppure il riconoscimento dell'esimente, altrimenti escluso, è stato subordinato alla verifica dell'elemento soggettivo della prevedibilità[67].

2.8. *Le mere violazioni formali senza alcun debito d'imposta*

La previsione dell'art. 3, comma 133, lett. *l*), l. n. 662/1996[68], laddove delegava il Governo ad introdurre «*circostanze esimenti strutturate in modo … da escludere la punibilità nelle ipotesi di violazioni formali non suscettibili di arrecare danno o pericolo all'erario*» era stata inizialmente disattesa; la non punibilità delle violazioni formali è stata successivamente prevista dapprima nell'art. 10, comma 3, l. 27 luglio 2000, n. 212, quindi nell'art. 6, comma 3-*bis*, d.lgs. n. 472/1997[69].

La formulazione delle due norme non è, tuttavia, coincidente. Secondo la prima, «*le sanzioni non sono comunque irrogate quando la violazione … si traduce in una mera violazione formale senza alcun debito di imposta*»; in base alla seconda «*non sono … punibili le violazioni che non arrecano pregiudizio all'esercizio delle azioni di controllo e non incidono sulla determinazione della base imponibile, dell'imposta e sul versamento del tributo*»

Giurisprudenza e dottrina leggono le due disposizioni come complementari, cosicché la non punibilità consegue al concorso di due fattori, vale a dire «*la mancata integrazione (ex post) di un danno e l'assenza (ex ante) di una pericolosità fiscale della condotta del contribuente*»[70]. A prescindere,

---

[66] Cass., sez. V, 6 aprile 2022, n. 11111.

[67] Cass., sez. VI-trib., 13 dicembre 2021, n. 39548, che ha cassato la sentenza gravata con rinvio al Giudice d'appello in quanto si era riferito «*per quanto attiene all'elemento oggettivo, ad una situazione di illiquidità, fondata sul mancato adempimento di obbligazioni pecuniarie da parte di debitori enti pubblici e sull'ineseguibilità coattiva dei titoli aventi ad oggetto tali crediti, ma tralasciando ogni considerazione in merito all'elemento soggettivo, con particolare riferimento al correlato dovere del contribuente di premunirsi contro le conseguenze dell'evento anormale, adottando misure appropriate, pur senza incorrere in sacrifici eccessivi*».

[68] Precisamente, nell'art. 3, comma 133, lett. *l*) era contemplata la «*previsione di circostanze esimenti, attenuanti e aggravanti strutturate in modo da incentivare gli adempimenti tardivi, da escludere la punibilità nelle ipotesi di violazioni formali non suscettibili di arrecare danno o pericolo all'erario, ovvero determinate da fatto doloso di terzi, da sanzionare più gravemente le ipotesi di recidiva*».

[69] Introdotto dall'art. 7, comma 1, lett. *a*), d.lgs. n. 32/2001. A proposito di tale vicenda normativa si veda M. Logozzo, *Le cause di non punibilità*, cit., 1485.

[70] Così M. Logozzo, *Le cause di non punibilità*, cit., 1486, il quale osserva inoltre che, avendo il legislatore individuato «*il bene giuridico oggetto di tutela … sotto il profilo sostanziale, nell'acquisizione del tributo e, sotto il profilo strumentale, nella tutela dell'azione di controllo dell'amministrazione finanziaria, ha statuito che l'assenza del pregiudizio concreto del bene stesso,*

quindi, dalla comune non suscettibilità di incidere sul debito d'imposta, il discrimine, fra violazioni formali punibili e non risiede nell'idoneità *ex ante* della condotta a recare un pregiudizio all'esercizio delle azioni di controllo[71].

Ricorre nelle pronunce della Corte Suprema la distinzione fra violazioni sostanziali – che si traducono nella omessa o infedele dichiarazione degli elementi rilevanti per la determinazione dell'imponibile o dell'imposta e incidono, appunto, sulla determinazione del primo e/o sul pagamento del tributo – violazioni formali – che non incidono sulla determinazione dell'imponibile o dell'imposta e non sono collegate ad un omesso, irregolare od incompleto adempimento del contribuente – e violazioni meramente formali[72]. In particolare, la giurisprudenza recente ha escluso la non puni-

---

dunque, la insussistenza di alcun debito tributario, la presenza di una condotta che non ostacoli l'azione accertativa della stessa amministrazione finanziaria, determina la non punibilità del trasgressore». La Cassazione – cfr. la recente sentenza della Sezione tributaria 5 gennaio 2022, n. 141 – ravvisa «*l'unicità e l'univocità della disciplina per la individuazione delle violazioni meramente formali in quelle carenti di entrambi i requisiti (lesione alle azioni di controllo; non influenza sulla determinazione dell'imponibile)*» escludendo qualsivoglia «*distonia o contrasto*» tra le previsioni in esame, anzi riconoscendo alla norma successiva la funzione di precisare e circoscrivere la precedente. In particolare, secondo la Corte «*la portata eccessivamente ampia della norma*» dello Statuto, «*capace d'includere nel proprio ambito anche violazioni idonee ad ostacolare o addirittura ad impedire l'esercizio delle attività di controllo del fisco, ha indotto il legislatore a precisarne la portata, profittando dello stesso statuto dei diritti del contribuente, art. 16, che gli consentiva di emanare disposizioni correttive, operazione compiuta con il d.lgs. n. 32 del 2001 (che, nel secondo periodo della premessa, richiama esplicitamente l'art. 16*». Si vedano anche, fra le altre, Cass., sez. V, 15 luglio 2015, n. 14767; Cass., sez. V, 8 luglio 2020, n. 14275; Cass., sez. V, 17 dicembre 2020, n. 28938; Cass., sez. V, 17 febbraio 2021, n. 4152.

[71] Cass., sez. V, 5 gennaio 2022, n. 141. Nell'ordinanza della sez. V, 9 novembre 2022, n. 33093, la Cassazione precisa che la distinzione fra violazioni formali e meramente formali deve essere operata «*alla stregua dell'idoneità ex ante della condotta a recare il detto pregiudizio all'esercizio delle azioni di controllo, previo inquadramento della condotta stessa nel paradigma normativo di riferimento*». Invece, il discrimine fra violazioni formali e sostanziali presuppone l'accertamento «*in concreto se la condotta abbia cagionato un danno erariale, incidendo sulla determinazione della base imponibile, dell'imposta o del versamento*». Cfr. anche Cass., sez. V, 17 dicembre 2020, n. 28938 e Cass., sez. V, 10 giugno 2021, n. 16450.

[72] Cfr. ad esempio, Cass., sez. V, 10 giugno 2021, n. 16450, secondo la quale «*se la trasgressione della disposizione determina un pregiudizio per l'imposizione, in senso ampio, la violazione è sostanziale; se manca un simile pregiudizio ma comunque ne resta incisa la possibilità dell'esercizio delle azioni o dei poteri di controllo dell'Amministrazione finanziaria, la violazione è formale; se, invece, entrambe le condizioni sono assenti, allora la lesione della regola resta derubricata – in assenza di una disposizione che ne censuri in ogni caso la trasgressione, che può essere rilevante anche in assenza di una compromissione effettiva dei poteri di controllo ove il legislatore ne abbia valutata l'astratta idoneità rispetto a tale esito a mera irregolarità*». Inoltre, Cass., sez. V, 17 dicembre 2020, n. 28938; Cass., sez. V, 16 gennaio 2019, n. 901; Cass., sez. V, 9 novembre 2022, n. 33093; Cass., sez. V, 23 agosto 2023, n. 25169; Cass., sez. V, 28 agosto 2023, n. 25318.

bilità delle violazioni consistenti nell'indicazione, nella dichiarazione iva, di un credito in detrazione superiore a quello spettante, quantunque a tale indicazione non avesse fatto seguito l'utilizzo del medesimo [73]; nel trattare – in un caso di *reverse charge* – l'operazione come se fosse fuori campo iva, omettendo l'autofattura e le conseguenti registrazioni [74]; nell'utilizzo di un credito d'imposta in compensazione in un modello F24, anziché nella dichiarazione dei redditi [75]; nell'omissione della dichiarazione annuale degli investimenti e delle attività di natura finanziaria detenuti all'estero [76]; nell'inoltro, da parte del contribuente, di risposte a richieste di informazioni finanziarie ad un indirizzo di posta elettronica errato [77]; nell'emissione di fatture senza addebito di iva, in quanto erroneamente ritenute non imponibili, anche se successivamente il contribuente aveva emesso fatture in rettifica [78].

3. *Le ipotesi di estinzione dell'illecito*

Diverse sono nell'ordinamento attuale delle sanzioni amministrative tributarie le ipotesi di estinzione dell'illecito, ordinarie e transitorie. Oltre al ravvedimento operoso, anche nella modalità parziale, di cui rispettivamente agli artt. 13 e 13-*bis*, d.lgs. 18 dicembre 1997, n. 472, che sarà considerato nei paragrafi che seguono, un'ipotesi *speciale* di ravvedimento è prevista dall'art. 1, commi 174 ss., l. 29 dicembre 2022, n. 197 [79].

---

[73] Cass., sez. V, 17 febbraio 2021, n. 4152 e Cass., sez. V, 30 luglio 2019, n. 20463.

[74] Cass., sez. V, 20 gennaio 2022, n. 1690.

[75] Cass., sez. V, 17 luglio 2019, n. 19185.

[76] Cass., sez. V, 21 dicembre 2021, n. 40916.

[77] Cass., sez. V, 16 gennaio 2019, n. 901.

[78] Cass., sez. V, 9 novembre 2022, n. 33093.

[79] In base all'art. 1, comma 174, l. 29 dicembre 2022, n. 197, in vigore dal 31 marzo 2023, «*con riferimento ai tributi amministrati dall'Agenzia delle entrate, le violazioni diverse da quelle definibili ai sensi dei commi da 153 a 159 e da 166 a 173, riguardanti le dichiarazioni validamente presentate relative al periodo d'imposta in corso al 31 dicembre 2021 e a periodi d'imposta precedenti, possono essere regolarizzate con il pagamento di un diciottesimo del minimo edittale delle sanzioni irrogabili previsto dalla legge, oltre all'imposta e agli interessi dovuti. Il versamento delle somme dovute ai sensi del primo periodo può essere effettuato in otto rate di pari importo con scadenza della prima rata fissata al 30 settembre 2023. Sulle rate successive alla prima, da versare, rispettivamente, entro il 31 ottobre 2023, il 30 novembre 2023, il 20 dicembre 2023, il 31 marzo 2024, il 30 giugno 2024, il 30 settembre 2024 e il 20 dicembre 2024, sono dovuti gli interessi nella misura del 2 per cento annuo. La regolarizzazione di cui al presente comma e ai commi da 175 a*

L'art. 13, d.lgs. n. 471/1997, inoltre, reca una disciplina specifica di estinzione dell'illecito con il pagamento delle sanzioni in misura ridotta in caso di ritardati od omessi versamenti diretti e altre violazioni in materia di compensazione [80].

Costituiscono, ancora, casi di estinzione dell'illecito amministrativo tributario la decadenza dell'amministrazione dal termine per la notifica dell'atto di contestazione o dell'atto di irrogazione delle sanzioni [81] e la morte del trasgressore persona fisica, dato che, ai sensi dell'art. 8, d.lgs. n. 472/1997, «*l'obbligazione al pagamento della sanzione non si trasmette agli eredi*».

Si rammenta, tuttavia, che la morte del trasgressore non determina il venir meno della responsabilità solidale dei soggetti tenuti a titolo di garanzia, ad esempio quella delle società per le sanzioni irrogate al legale rappresentante o all'amministratore, anche qualora non sia stata ancora irrogata la sanzione nei confronti della persona fisica che ha commesso la violazione [82].

---

178 è consentita sempreché le violazioni non siano state già contestate, alla data del versamento di quanto dovuto o della prima rata, con atto di liquidazione, di accertamento o di recupero, di contestazione e di irrogazione delle sanzioni, comprese le comunicazioni di cui all'articolo 36-ter del decreto del Presidente della Repubblica 29 settembre 1973, n. 600».

[80] L'art. 13, comma 1, d.lgs. n. 471/1997, prevede che «*chi non esegue, in tutto o in parte, alle prescritte scadenze, i versamenti in acconto, i versamenti periodici, il versamento di conguaglio o a saldo dell'imposta risultante dalla dichiarazione, detratto in questi casi l'ammontare dei versamenti periodici e in acconto, ancorché non effettuati, è soggetto a sanzione amministrativa pari al trenta per cento di ogni importo non versato, anche quando, in seguito alla correzione di errori materiali o di calcolo rilevati in sede di controllo della dichiarazione annuale, risulti una maggiore imposta o una minore eccedenza detraibile. Per i versamenti effettuati con un ritardo non superiore a novanta giorni, la sanzione di cui al primo periodo è ridotta alla metà. Salva l'applicazione dell'articolo 13 del decreto legislativo 18 dicembre 1997, n. 472, per i versamenti effettuati con un ritardo non superiore a quindici giorni, la sanzione di cui al secondo periodo è ulteriormente ridotta a un importo pari a un quindicesimo per ciascun giorno di ritardo*».

[81] Secondo l'art. 20, comma 1, d.lgs. n. 472/1997, «*l'atto di contestazione di cui all'articolo 16, ovvero l'atto di irrogazione, devono essere notificati, a pena di decadenza, entro il 31 dicembre del quinto anno successivo a quello in cui è avvenuta la violazione o nel diverso termine previsto per l'accertamento dei singoli tributi. Entro gli stessi termini devono essere resi esecutivi i ruoli nei quali sono iscritte le sanzioni irrogate ai sensi dell'articolo 17, comma 3*». Il comma successivo stabilisce che «*se la notificazione è stata eseguita nei termini previsti dal comma 1 ad almeno uno degli autori dell'infrazione o dei soggetti obbligati in solido, il termine è prorogato di un anno*».

[82] Art. 11, comma 7, d.lgs. n. 472/1997. Cfr., in proposito, F. TESAURO, *Istituzioni di diritto tributario. 1 – Parte generale*, cit., 331, il quale precisa che «*da ciò deriva che la sanzione può essere irrogata anche dopo la morte del trasgressore, allo scopo di ottenere il pagamento della sanzione da parte dei coobbligati*».

3.1. *Il ravvedimento operoso*

Tra le ipotesi di estinzione dell'illecito, particolare rilevanza presenta il ravvedimento c.d. operoso, mediante il quale il contribuente può, appunto, estinguere l'illecito rimediando alla violazione commessa [83] e pagando, oltre alle imposte in misura integrale, la sanzione in misura tanto più ridotta quanto più è tempestivo il ravvedimento, «*secondo un criterio di premialità c.d. graduale*» [84].

L'istituto, disciplinato attualmente nell'art. 13, d.lgs. n. 472/1997, e nel successivo art. 13-bis, per quanto attiene al ravvedimento parziale, ha una storia più che trentennale nell'ordinamento tributario italiano [85].

La prima forma di ravvedimento operoso venne introdotta dall'art. 14, l. 29 dicembre 1990, n. 408, che consentiva al contribuente di correggere errori e omissioni della dichiarazione ai fini delle imposte dirette e sul valore aggiunto mediante una dichiarazione integrativa entro i termini per la presentazione di quelle dell'anno successivo.

Nella versione originaria dell'art. 13, d.lgs. n. 472/1997, la *ratio* dell'istituto era quella di permettere di rimediare spontaneamente, secondo

[83] Per quanto attiene all'ambito delle violazioni regolarizzabili, la giurisprudenza – in particolare Cass., sez. V, 17 novembre 2022, n. 33974 – è dell'avviso che quantunque l'art. 13, d.lgs. n. 472/1997, recando «*ripetuti riferimenti agli "errori od omissioni" quale presupposto per l'applicazione della relativa disciplina*» sembrerebbe non ricomprendervi le ipotesi «*di condotte fraudolente o dichiarazioni consapevolmente infedeli*», «*una tendenza ordinamentale all'ampliamento degli effetti premiali … gode di conforto anche nelle più recenti indicazioni che provengono dalla stessa Amministrazione*»: il riferimento è, in particolare, alla circolare 12 maggio 2022, n. 11/E dell'Agenzia delle Entrate. Ne consegue che «*in materia di imposte sui redditi, il contribuente può accedere allo strumento del ravvedimento operoso anche per regolarizzare le violazioni fiscali connesse a condotte fraudolente, ferma restando l'operatività dei limiti propri della relativa disciplina e tenendo conto della situazione concretamente in essere e dei relativi riflessi in ordine al quantum della sanzione; ciò in considerazione della volontà del legislatore – documentata dall'estensione delle cause di non punibilità anche ai reati di dichiarazione fraudolenta mediante altri artifici, determinata dall'inserimento, al D.Lgs. n. 74 del 2000, art. 13, comma 2, del riferimento esplicito agli artt. 2 e 3 del medesimo decreto – di incentivare progressivamente il ricorso al ravvedimento operoso ai fini degli effetti penali, senza alcuna distinzione circa la tipologia di reato tributario contestato*».

[84] G. Melis, *Note minime su talune questioni interpretative in tema di ravvedimento operoso*, in *Dir. prat. trib.*, 2021, 1567. Cfr., inoltre, F. Tesauro, *Istituzioni di diritto tributario. 1*, cit., 322.

[85] G. Melis, *Note minime su talune questioni interpretative in tema di ravvedimento operoso*, cit., 1587, osserva che «*l'istituto … ha formato oggetto … di ripetuti interventi legislativi, ora per adeguarlo alla nuova filosofia operativa della c.d. tax compliance, ora per rimediare ad alcuni interventi giurisprudenziali o di prassi non in linea con la politica del diritto perseguita dal legislatore di dare la massima estensione possibile all'istituto*» medesimo. Cfr. anche A. Fazio, *Gli effetti del ravvedimento in ambito tributario e penale: convergenze e discrasie sistematiche*, in *Rass. trib.*, 2021, 943 ss.

precisi limiti temporali e modalità, alle violazioni non più solo dichiarative commesse, beneficiando di una riduzione della sanzione amministrativa e di riflessi positivi sul piano penale. Ciò non era ritenuto contrastare con la natura afflittiva delle sanzioni amministrative tributarie.

Caratteristiche essenziali del ravvedimento operoso, come disciplinato nella versione dell'art. 13 anteriore alle modifiche della l. n. 190/2014, erano la «*generalità*», in quanto applicabile a tutti i tributi; la «*premialità*», ovvero la possibilità di definire la violazione con il pagamento di una sanzione ridotta, la «*spontaneità*» e la «*preventività*», dato che l'accesso ai benefici era sempre precluso nel caso anche di semplice avvio delle attività amministrative di controllo; la «*limitazione*» sotto il profilo temporale; la «*gradualità*» quanto alla riduzione delle sanzioni, in misura decrescente con l'aumentare della distanza temporale dall'inadempimento [86].

Il momento di svolta nella storia dell'istituto è costituito dalla legge di stabilità per il 2015 [87], che ne ha determinato modificazioni profonde, oltre all'ampliamento dell'ambito applicativo. Si segnala l'eliminazione degli originari limiti temporali al ravvedimento e delle cause preclusive connesse all'attività di verifica, volta a favorire nuove forme di comunicazione e collaborazione fra contribuente e Agenzia delle Entrate [88].

---

[86] Così G. PIZZONIA, *Il ravvedimento 2.0, tra deflazione del contenzioso, fiscalità* negoziata *e* cripto*condonismo. Prime note*, in *Riv. dir. fin.*, 2015, I, 75. Sul ravvedimento operoso nella disciplina originaria dell'art. 13, d.lgs. n. 472/1997 si veda anche A. FAZIO, *Gli effetti del ravvedimento in ambito tributario e penale: convergenze e discrasie sistematiche*, cit., 946 ss., specie a 949 s.

[87] In particolare, l'art. 1, comma 637, l. 23 dicembre 2014, n. 190.

[88] G. MELIS, *Note minime su talune questioni interpretative in tema di ravvedimento operoso*, cit., 1567 s.; R. CORDEIRO GUERRA, *La riforma del ravvedimento operoso: dal controllo repressivo alla promozione della "compliance"?*, in *Corr. trib.*, 2015, 325 s., e nota 2, osserva che il ravvedimento operoso, come da ultimo ridisegnato «*consente al contribuente di conoscere, in ottica di trasparenza, quali informazioni fiscalmente rilevanti l'Amministrazione finanziaria possieda con riguardo alla propria situazione, al fine evidente di stimolare sia un corretto adempimento dei propri obblighi dichiarativi che un eventuale ravvedimento in ordine a quelli già assolti*». Inoltre, con riferimento alla Relazione illustrativa al disegno di legge di stabilità 2015 A.C. 2679 del 23 ottobre 2014 e alle previsioni dei commi 634 e 635 dell'art. 1, l. 23 dicembre 2014, n. 190, l'Autore osserva che «*si tende a privilegiare un diffuso impiego delle informazioni acquisite dall'Amministrazione in relazione al contribuente per far sì che il medesimo presenti una dichiarazione il più possibile fedele, consapevole della alta possibilità che diversamente l'Agenzia, proprio utilizzando i dati a sua disposizione, possa contestarne la correttezza*» e che «*in quest'ottica si esalta, più che il controllo ex post, un'azione di suadente e mirata persuasione alla fedeltà fiscale, per sua natura in grado di raggiungere un numero maggiore di contribuenti e dunque di produrre un gettito più cospicuo e tendenzialmente anche più stabile*». Si vedano anche A. GIOVANNINI, *Il nuovo ravvedimento operoso: il "Fisco amico" e il "condono permanente"*, in *Il Fisco*, 2015, 315 ss.; G. PIZZONIA, *Il ravvedimento 2.0, tra deflazione del contenzioso, fiscalità* negoziata *e* cripto*condonismo. Prime note*, cit., 72 ss.

In particolare, il disposto dell'art. 13, d.lgs. n. 472/1997, prevedeva in origine una specifica preclusione procedimentale all'accesso al ravvedimento costituita dalla già avvenuta contestazione della sanzione, dall'avvio di accessi, ispezioni e verifiche o di altre attività amministrative di accertamento delle quali l'autore o i soggetti solidalmente obbligati avessero avuto formale conoscenza. La *ratio* di tale preclusione era comunemente ravvisata nell'intento «*di salvaguardare la "spontaneità" del comportamento del contribuente, ritenuto elemento distintivo dell'istituto*»[89].

Il venir meno della preclusione, solo per i tributi amministrati dall'Agenzia delle entrate e per i tributi doganali e le accise amministrati dall'Agenzia delle dogane[90], determina che l'art. 13, da un lato, detta due discipline diverse, a seconda dei tributi cui si riferiscono le violazioni, dall'altro «*ha abbandonato l'originaria ratio che sorreggeva e giustificava, anche costituzionalmente, il ravvedimento stesso, qualificando come irrilevanti, per la sua efficacia, le preclusioni oggettive e quelle temporali prima disposte*»[91].

Più di recente, è stato introdotto nel d.lgs. n. 472/1997[92] l'art. 13-*bis*, rubricato «*Ravvedimento parziale*», il quale, con disposizione applicabile ai soli tributi amministrati dall'Agenzia delle Entrate (comma 2), prevede – nel primo periodo del primo comma – che «*l'art. 13 si interpreta nel senso che è consentito al contribuente di avvalersi dell'istituto del ravvedimento anche in caso di versamento frazionato, purché nei tempi prescritti dalle lettere a), a-bis), b), b-bis), b-ter), b-quater) e c) del medesimo articolo*»[93]. In

---

[89] G. Melis, *Note minime su talune questioni interpretative in tema di ravvedimento operoso*, cit., 1582. Conforme A. Giovannini, *Il nuovo ravvedimento operoso*, cit., 317.

[90] Attualmente, l'art. 13, continua a prevedere, al comma 1, che «*la sanzione è ridotta, sempreché la violazione non sia stata già constatata e comunque non siano iniziati accessi, ispezioni, verifiche o altre attività amministrative di accertamento delle quali l'autore o i soggetti solidalmente obbligati, abbiano avuto formale conoscenza: …*». Il successivo comma 1-*ter*, tuttavia, stabilisce che «*ai fini dell'applicazione delle disposizioni di cui al presente articolo, per i tributi amministrati dall'Agenzia delle entrate non opera la preclusione di cui al comma 1, primo periodo, salva la notifica degli atti di liquidazione e di accertamento, comprese le comunicazioni recanti le somme dovute ai sensi degli articoli 36-bis e 36-ter del decreto del Presidente della Repubblica 29 settembre 1973, n. 600, e successive modificazioni, e 54-bis del decreto del Presidente della Repubblica 26 ottobre 1972, n. 633, e successive modificazioni. La preclusione di cui al comma 1, primo periodo, salva la notifica di avvisi di pagamento e atti di accertamento, non opera neanche per i tributi doganali e per le accise amministrati dall'Agenzia delle dogane e dei monopoli*».

[91] A. Giovannini, *Il nuovo ravvedimento operoso*, cit., 317.

[92] Con l'art. 4-*decies*, comma 1, d.l. 30 aprile 2019, n. 34, conv. dalla l. 28 giugno 2019, n. 58.

[93] L'art. 13-*bis*, comma 1, prosegue prevedendo (2° periodo) che «*nel caso in cui l'imposta dovuta sia versata in ritardo e il ravvedimento, con il versamento della sanzione e degli interessi, intervenga successivamente, la sanzione applicabile corrisponde a quella riferita all'integrale tardi-*

proposito, la Corte Suprema – che riconosce alla nuova disposizione natura di norma di interpretazione autentica dell'art. 13, d.lgs. n. 472/1997, «*come tale dotata di efficacia retroattiva e suscettibile di diretta applicazione d'ufficio, in sede di legittimità*» [94] – precisa che l'art. 13-*bis*, il quale si applica «*alla possibilità di definire per mezzo dell'istituto in argomento il debito tributario parziale*», non incide sull'orientamento, al quale viene «*data ulteriore conferma e continuità*», che non ammette il versamento parziale, «*inteso come incompleta corresponsione materiale della somma dovuta ex lege per il completamento della sub-procedura di cui al D.Lgs. n. 472 del 1997, art. 13*» [95].

3.2. Segue: *il recepimento della novella del 2015 da parte della dottrina*

Di fronte alla novella la dottrina si è divisa, esprimendo opinioni opposte.

Alcuni autori considerano assai criticamente l'eliminazione del limite rappresentato dall'inizio dei controlli amministrativi, ritenendo che «*la ratio della nuova normazione ... è, da un lato, condonistica (permanente) e, dall'altro, di incoraggiamento a rimanere nell'illegalità*» [96]. Grazie ai previgenti limiti all'accesso al ravvedimento, ora venuti meno, ad avviso di tale dottrina, «*la norma recuperava, in termini concretamente nuovi, la finalità rieducativa della sanzione: finalità che, seppure costituzionalmente riferita solo alla pena criminale (art. 27 Cost.) si poteva e si può tutt'oggi considerare "patrimonio" comune all'intero sistema punitivo*» [97].

---

vo versamento; gli interessi sono dovuti per l'intero periodo del ritardo; la riduzione prevista in caso di ravvedimento è riferita al momento del perfezionamento dello stesso» e che (terzo periodo) «*nel caso di versamento tardivo dell'imposta frazionata in scadenze differenti, al contribuente è consentito operare autonomamente il ravvedimento per i singoli versamenti, con le riduzioni di cui al precedente periodo, ovvero per il versamento complessivo, applicando in tal caso alla sanzione la riduzione individuata in base alla data in cui la stessa è regolarizzata*».

[94] Così Cass., sez. V, 20 dicembre 2023, n. 35587; inoltre Cass., sez. V, 30 settembre 2021, n. 26523.

[95] Le trascrizioni sono tratte da Cass., sez. V, 20 dicembre 2023, n. 35587, nella quale è richiamata la precedente sentenza della stessa sez. V, 13 settembre 2018, n. 22330.

[96] A. Giovannini, *Il nuovo ravvedimento operoso*, cit., 319.

[97] In tale prospettiva, si ritiene che «*l'eliminazione dell'originaria preclusione rafforzi la doppia riserva mentale che il colpevole normalmente porta in sé: perseverare nella situazione di illegalità e riuscire a tenere nascosta la violazione così da "farla franca", nella speranza, se scoperto, di poterla in qualche modo sanare*» e che si tratti di «*pensiero e comportamento tipici delinquenziali che da questa novella ne escono senz'altro irrobustiti*». Ne consegue che «*si passa da un ravvedimento spontaneo e limitato nel tempo alla correzione "indotta" e* sine die» e che «*la nuova norma finisce per scoraggiare, anziché incentivare, la resipiscenza spontanea del trasgressore, operando ... come*

Tali preoccupazioni e critiche non sono condivise, tuttavia, da altri, che leggono le modifiche all'istituto nell'ottica di incentivo alla *tax compliance*[98]. In tale diversa e convincente prospettiva, «*il pagamento, assieme al tributo evaso, della sanzione ridotta attua un recupero di deterrenza della sanzione ex post, tanto più efficace in quanto la certezza della pena è garantita*», dato che è «*meglio … l'irrogazione certa di una sanzione anche modesta, che la minaccia di una sanzione incerta, di ammontare pure esorbitante*»[99].

Certo la disciplina attuale non consente di escludere «*comportamenti opportunistici del contribuente*»[100]; tuttavia, come efficacemente osservato in

---

una sorta di "condono permanente", giustificato dall'ideologia distorta del "Fisco amico"». Così A. Giovannini, *Il nuovo ravvedimento operoso*, cit., 318. Analogamente, D. Conte, *Il gene mutante del ravvedimento operoso ed i suoi effetti sul nuovo modello di attuazione del prelievo*, in *Riv. dir. trib.*, 2015, I, 459 s., ritiene che con la nuova disciplina dell'istituto «*l'efficienza dell'azione amministrativa si riduce a una mera esigenza di cassa ed il ravvedimento potrebbe arrivare alla paradossale conseguenza di legittimare moralmente l'evasione*». G. Pizzonia, *Il ravvedimento 2.0*, cit., 86, s., esprime «*perplessità sulla scelta di allargare l'incentivo alla compliance anche alla fase dei controlli*» *e ritiene che* «*il rischio di aver generato un cripto-condono, oltre tutto permanente, non è da trascurare*». Infine, ad avviso di G. Melis, *Note minime su talune questioni interpretative in tema di ravvedimento operoso*, cit., 1584 non «*può escludersi la possibilità che il contribuente ponga in essere strategie opportunistiche in chiave di autofinanziamento – segnatamente il rinvio dei versamenti sapendo già di poter contare su una minore sanzione*».

[98] G. Ragucci, *Gli istituti della collaborazione fiscale. Dai comandi e controlli alla Coregulation*, 2ª ed., Torino, 2023, 56, ritiene che il ravvedimento si inserisca a pieno titolo nell'area in cui operano gli istituti della collaborazione fiscale. G. Marino, *La metamorfosi della sanzione amministrativa tributaria: dalla teoria della afflittività alla pratica della premialità (nell'insegnamento di Giuseppe Dragonetti)*, in *Dir. prat. trib.*, 2022, 1173, scorge nel ravvedimento operoso uno «*strumento di compliance ex post*» e «*uno degli istituti che mostra maggiormente la vocazione premiale*» della sanzione, nella prospettiva (p. 1155) di una «*fiscalità di massa che … prevede … delle "spinte gentili" che inducono i contribuenti a comportamenti virtuosi, riservando la risposta afflittiva solo a quelli più gravi*». Si veda, inoltre, A. Fazio, *Gli effetti del ravvedimento in ambito tributario e penale: convergenze e discrasie sistematiche*, cit., 958 s., il quale muove dalla considerazione che «*già da tempo il sistema penale ammette la possibilità di "riparare" (porre rimedio) all'illecito, senza che ciò determini un depotenziamento della finalità punitiva*». Secondo G. Melis, *Note minime su talune questioni interpretative in tema di ravvedimento operoso*, cit., 1584, la modifica «*parrebbe giustificabile nella nuova ottica dell'adempimento spontaneo ("tax compliance"), anche se per vero ciò legittimerebbe, al più, un termine più ampio per il ravvedimento, ma non anche una sua piena coincidenza con i termini di decadenza per l'accertamento*».

[99] G. Ragucci, *Gli istituti della collaborazione fiscale. Dai comandi e controlli alla Coregulation*, cit., 56 s. L'Autore, più in generale, è favorevole a «*una politica di contrasto all'evasione basata sull'idea che è preferibile neutralizzare le offese e impedirne di nuove, quando scoperte, che punire*».

[100] G. Melis, *Note minime su talune questioni interpretative in tema di ravvedimento operoso*, cit., 1587. A tale proposito, R. Cordeiro Guerra, *La riforma del ravvedimento operoso: dal con-*

dottrina, «*il rischio che il contribuente in crisi di liquidità adempia nei termini del ravvedimento operoso, contando sull'esiguità delle conseguenze sanzionatorie che esso assicura ..., è già contrastato dalla tempestiva trasmissione degli avvisi di liquidazione previsti dall'art. 36-bis d.p.r. n. 600/1973, e art. 54-bis d.p.r. n. 633/1972, che ... inibiscono l'accesso a questo istituto*» [101].

Del tutto condivisibile è, infine, l'osservazione secondo la quale «*la vera questione a monte*» è «*costituita dalla misura assolutamente spropositata e sproporzionata delle sanzioni amministrative tributarie, di gran lunga eccedenti quelle vigenti in altri Paesi e per nulla conformi al principio di proporzionalità delle sanzioni più volte affermato dalla Corte di giustizia UE e dalla Corte EDU*» [102].

3.3. Segue: *effetti penali del ravvedimento: cenni*

Occorre considerare brevemente, ancora, che l'estinzione del debito tributario, anche per effetto di ravvedimento, può produrre effetti nel processo penale, come prevedono gli artt. 13 e 13-*bis*, d.lgs. 10 marzo 2000, n. 74, nel testo vigente [103].

Anzitutto, i reati di omesso versamento di ritenute dovute o certificate, di omesso versamento di iva e di indebita compensazione, di cui rispettivamente agli artt. 10-*bis*, 10-*ter* e 10-*quater*, comma 1, d.lgs. n. 74/2000, «*non sono punibili se, prima della dichiarazione di apertura del dibattimento di primo grado, i debiti tributari, comprese sanzioni amministrative e interes-*

---

trollo repressivo alla promozione della "compliance"?, cit., 331 s., osserva che «*se il sistema va verso un'applicazione dei benefici forfetaria e oggettivamente imperniata sull'effettivo adempimento, a prescindere dalla sua spontaneità, si deve riflettere sulle conseguenze, in termini di disparità di trattamento, che questo può comportare nei confronti dei soggetti che scelgono strade diverse*», come nel caso in cui «*il soggetto che ha occultato ricavi ed è stato colto in flagrante potrà definire con il quinto del minimo; quello che decide di affrontare un contenzioso di natura interpretativa sulla spettanza di una agevolazione o la deducibilità di un costo, rischia in caso di esito negativo, una sanzione almeno cinque volte superiore (100% del debito), e soprattutto non riducibile (essendo questo il minimo edittale) dal giudice*».

[101] Così G. Ragucci, *Gli istituti della collaborazione fiscale. Dai comandi e controlli alla Coregulation*, cit., 47, nota 30.

[102] G. Melis, *Note minime su talune questioni interpretative in tema di ravvedimento operoso*, cit., 1587, anche per i riferimenti alla giurisprudenza della Corte di giustizia UE in materia.

[103] Che consegue, per quanto attiene all'art. 13 ("Causa di non punibilità. Pagamento del debito tributario"), alle modifiche introdotte dall'art. 39, comma 1, lett. *q-bis*), d.l. 26 ottobre 2019, n. 124, modificato in sede di conversione; l'art. 13-*bis* ("Circostanze del reato") è stato introdotto dall'art. 12, comma 1, d.lgs. 24 settembre 2015, n. 158.

si, sono stati estinti mediante integrale pagamento degli importi dovuti, anche a seguito ... del ravvedimento operoso» [104].

Inoltre, i reati di dichiarazione fraudolenta mediante uso di fatture o altri documenti per operazioni inesistenti, dichiarazione fraudolenta mediante altri artifici, dichiarazione infedele e omessa dichiarazione [105] «*non sono punibili se i debiti tributari, comprese sanzioni e interessi, sono stati estinti mediante integrale pagamento degli importi dovuti, a seguito del ravvedimento operoso o della presentazione della dichiarazione omessa entro il termine di presentazione della dichiarazione relativa al periodo d'imposta successivo, sempreché il ravvedimento o la presentazione siano intervenuti prima che l'autore del reato abbia avuto formale conoscenza di accessi, ispezioni, verifiche o dell'inizio di qualunque attività di accertamento amministrativo o di procedimenti penali*» [106].

Con riguardo ai reati dichiarativi, quindi, la causa di non punibilità conseguente al ravvedimento trova applicazione soltanto qualora si tratti di autentica resipiscenza, determinando una «*cesura*» rispetto all'impostazione adottata dal legislatore del 2015 in tema di ravvedimento operoso per quanto attiene alle sanzioni amministrative [107], ma anche svolgendo una funzione di incentivo all'adempimento spontaneo qualora le violazioni commesse in materia di dichiarazione rivestano rilevanza penale.

Secondo l'art. 13-*bis*, comma 2, d.lgs. n. 74/2000, infine, per tutti i delitti di cui allo stesso decreto l'istanza di parte per l'applicazione della pena ai sensi dell'art. 444 c.p.p. – il c.d. patteggiamento – può essere proposta soltanto a seguito dell'estinzione dei debiti tributari, comprese sanzioni

---

[104] Art. 13, comma 1.

[105] Di cui agli artt. 2, 3, 4 e 5, d.lgs. n. 72/2000. Con le modifiche recate all'art. 13, comma 2, d.lgs. n. 74/2000, dall'art. 39, comma 1, lett. *q-bis*), d.l. 26 ottobre 2019, n. 124, conv. dalla l. 19 dicembre 2019, n. 157, il legislatore ha accolto le indicazioni della dottrina e della Cassazione penale (in particolare nella sentenza 6 febbraio 2018, n. 5448, della Sezione terza) che hanno riconosciuto la praticabilità del ravvedimento operoso anche nelle ipotesi di dichiarazione fraudolenta: cfr., in proposito, G. Melis, *Note minime su talune questioni interpretative in tema di ravvedimento operoso*, cit., 1585 s.

[106] Art. 13, comma 2.

[107] G. Melis, *Note minime su talune questioni interpretative in tema di ravvedimento operoso*, cit., 1585. Si veda anche, in proposito, G. Ragucci, *Gli istituti della collaborazione fiscale. Dai comandi e controlli alla Coregulation*, cit., 59, s. e nota 67, il quale osserva, altresì, che mancando nella legge una definizione degli effetti del ravvedimento tardivo, «*si potrebbe ... ritenere che determini una riduzione di pena se compiuto prima dell'apertura del dibattimento, secondo quanto previsto nel c. 1 dell'art. 13-bis d.lgs. n. 74/2000*». Favorevoli a tale soluzione A. Lanzi, P. Aldrovandi, *Diritto penale tributario*, 2ª ed., Milano, 2017, 108 ss.

amministrative e interessi, mediante integrale pagamento degli importi dovuti, anche a seguito delle speciali procedure conciliative e di adesione all'accertamento previste dalle norme tributarie, nonché di ravvedimento operoso [108].

4. *Le ipotesi di estinzione della sanzione*

La prima e più importante ipotesi di estinzione della sanzione è costituita dal pagamento, ma lo stesso effetto produce la prescrizione del relativo credito.

A tale proposito l'art. 20, comma 3, d.lgs. n. 472/1997, stabilisce che «*il diritto alla riscossione della sanzione irrogata si prescrive nel termine di cinque anni*» e che «*l'impugnazione del provvedimento di irrogazione interrompe la prescrizione, che non corre fino alla definizione del procedimento*». Tuttavia, un'importante precisazione viene dalla giurisprudenza con riguardo ai casi in cui vi sia una sentenza passata in giudicato: ad avviso della Cassazione, invero, il diritto a riscuotere le sanzioni derivante da sentenza passata in giudicato si prescrive nel termine di dieci anni, previsto dall'art. 2953 c.c., norma che disciplina la cosiddetta «*actio iudicati*», mentre il termine di prescrizione quinquennale trova applicazione qualora la definitività della sanzione non deriva da un provvedimento giurisdizionale irrevocabile [109].

Ancora, costituisce causa di estinzione della sanzione, qualora sia stata già irrogata, la morte della persona fisica del trasgressore: come già ricordato, l'art. 8, d.lgs. n. 472/1997, sancisce il principio per cui la sanzione non è trasmissibile agli eredi. Tuttavia. come già ricordato in occasione della disamina delle ipotesi di estinzione dell'illecito, la morte del trasgressore non determina il venir meno della responsabilità solidale dei soggetti tenuti a titolo di garanzia, ad esempio quella delle società per le sanzioni irrogate al legale rappresentante o all'amministratore, anche qualora non sia stata ancora irrogata la sanzione nei confronti della persona fisica che ha commesso la violazione [110].

Infine, gli artt. 16, comma 3, e 17, comma 2, d.lgs. n. 472/1997, preve-

---

[108] Si veda in proposito G. RAGUCCI, *Gli istituti della collaborazione fiscale. Dai comandi e controlli alla Coregulation*, cit., 60 e nota 69.

[109] Cass., sez. VI-trib., 8 marzo 2022, n. 7486.

[110] Art. 11, comma 7, d.lgs. n. 472/1997.

dono delle ipotesi di definizione agevolata delle sanzioni irrogate, mediante pagamento di un terzo delle medesime, rispettivamente nei casi di notifica dell'atto di contestazione e di irrogazione immediata, con atto contestuale all'avviso di accertamento [111].

[111] L'art. 16, comma 3, d.lgs. n. 472/1997, prevede che «*entro il termine previsto per la proposizione del ricorso, il trasgressore e gli obbligati in solido possono definire la controversia con il pagamento di un importo pari ad un terzo della sanzione indicata e comunque non inferiore ad un terzo dei minimi edittali previsti per le violazioni più gravi relative a ciascun tributo. La definizione agevolata impedisce l'irrogazione delle sanzioni accessorie*». Analogamente, il successivo art. 17, comma 2, stabilisce che «*è ammessa definizione agevolata con il pagamento di un importo pari ad un terzo della sanzione irrogata e comunque non inferiore ad un terzo dei minimi edittali previsti per le violazioni più gravi relative a ciascun tributo, entro il termine previsto per la proposizione del ricorso*».

LA BIPOLARITÀ LEGISLATIVA NEL DIRITTO PENALE TRIBUTARIO, TRA RIFORME DI MATRICE OGGETTIVISTA E SOGGETTIVISTA: UN TENTATIVO DI SPIEGAZIONE*

di Alex Ingrassia

Sommario: 1. Ambientamento. Tre tesi per *provare* a spiegare l'inesauribile desiderio di cambiamento del legislatore penale tributario. – 2. *Prima tesi*: la *bipolarità legislativa* tra riforme di matrice oggettivista e soggettivista (orientata sul tipo normativo di autore). – 2.1. Le soglie di punibilità: la matrice oggettivista e la misura contesa. – 2.2. Le confische nella dicotomia oggettivismo-soggettivismo: dal recupero del *quantum* evaso all'apprensione del patrimonio (sproporzionato e non giustificato) dell'evasore. – 2.3. L'aggravamento delle cornici edittali: maggior bisogno o più intensa meritevolezza di pena? – 2.4. Una sintesi degli opposti modelli: *diritto penale riscossivo vs manette agli evasori*. – 3. *Seconda tesi*: la compresenza di una eterogeneità di giudizi sull'evasione e sull'evasore fiscale nell'opinione pubblica come spiegazione della *bipolarità legislativa*. – 3.1. Disprezzare, nobilitare o persuadere l'evasore? Rileggere l'opinione pubblica a partire dai libri divulgativi e dalla comunicazione sociale sull'evasione fiscale. – 3.2. Cosa pensano gli italiani dell'evasione e degli evasori fiscali? Il contributo della psicologia fiscale. – 3.3. La '*lotta all'evasione fiscale*': da costo a potenziale dividendo elettorale? – 4. *Terza tesi*: il *pas de deux* tra un legislatore alla ricerca di consenso ed un elettorato diviso.

1. *Ambientamento. Tre tesi per* **provare** *a spiegare l'inesauribile desiderio di cambiamento del legislatore penale tributario*

Il legislatore penale tributario non rappresenta certamente l'incarnazione dell'illuminato ingegnere sociale, disegnato da Paliero nel suo fon-

---

* La relazione compiuta e il presente scritto riprendono pedissequamente i contenuti di altra pubblicazione, dedicate al mio Maestro, Carlo Enrico Paliero, edita in C. Piergallini, G. Mannozzi, C. Sotis, C. Perini, M. Scoletta, F. Consulich, *Studi in onore di Carlo Enrico Paliero*, Milano, 2022, 1049 ss.

damentale '*Il Mercato della Penalità*' [1]: solo il d.lgs. 74/2000, '*codice*' [2] della materia per la responsabilità delle persone fisiche [3], è stato novellato ben nove volte dalla sua entrata in vigore [4].

Il legislatore, mosso da un inappagabile desiderio di cambiamento e paragonato ad una novella Penelope [5], che fa e disfa la propria tela, anche se non per nobili fini ma per temperamento lunatico [6], ha reso il sistema di criminalizzazione degli illeciti fiscali un cantiere perennemente aperto, in cui «si è provato e si continua a provare un po' di tutto» e «nessuna opzione [è mai stata] veramente esclusa» [7].

---

[1] Il riferimento è ovviamente a C.E. Paliero, *Il Mercato della Penalità. Bisogno e meritevolezza di pena nel* rationale *della punitività*, Torino, 2021.

[2] Termine con cui si vuole qui sottolineare, da un canto, il carattere di statuto criminale differenziato della materia penale tributaria, come già osservato da C.E. Paliero, *Il diritto liquido: pensieri post-delmasiani sulla dialettica delle fonti Penali*, in *Riv. it. dir. proc. pen.*, 2014, 1120 ss.; F. Sgubbi, *Il diritto penale totale, Punire senza legge, senza verità, senza colpa. Venti tesi*, Lavis, 2019, 54; F. Consulich, *Il diritto di Cesare. Lo stato del diritto penale tributario al volgere del decennio*, in *Riv. it. dir. proc. pen.*, 2020, 1355, e dall'altro, attribuire al d.lgs. n. 74/2000 le funzioni proprie di un codice, individuate in C.E. Paliero, *La riserva di codice "messa alla prova": deontica idealistica* versus *deontica realistica*, in *Crim.*, 2019, 42 ss. Va rilevato, a margine, che nemmeno per la sola materia penale tributaria è pienamente rispettata la "riserva di codice", ove si consideri che al di fuori del d.lgs. n. 74/2000 si collocano alcune fattispecie incriminatrici, anche se di scarsissima (*rectius* nulla) applicazione: si tratta dei reati in tema di disobbedienza fiscale di cui al d.lg.C.p.S. n. 1559/1947 e dell'illecito di false risposte all'amministrazione finanziaria *ex* art. 11, d.l. n. 201/2011 conv. in l. n. 214/2011.

[3] Si precisa fin d'ora al lettore, chiedendo contestualmente venia, che lo studio è dedicato alla responsabilità individuale e non affronta il pur fondamentale argomento della responsabilità dell'ente *ex* d.lgs. n. 231/2001 per i reati tributari: la diversità dei modelli imputativi avrebbe richiesto una riflessione più ampia di quella che qui era possibile proporre.

[4] Per un quadro puntuale di tutte le modifiche si rinvia alla puntualissima analisi di A. Lanzi, P. Aldrovandi, *Diritto penale tributario*, III ed., Vicenza, 2020, 56 ss. A tale quadro deve essere aggiunto il d.lgs. n. 156/2022, che ha modificato la disciplina del tentativo di cui all'art. 6, d.lgs. n. 74/2000. Ulteriori modifiche saranno compiute con il c.d. decreto sanzioni, esercizio della delega al Governo formulata con la l. n. 111/2023.

[5] La metafora si deve a G. Flora, *La "tela di Penelope" della legislazione penale tributaria*, in *Riv. trim. dir. pen. eco.*, 2017, 476.

[6] Secondo A. Dell'Osso, *Corsi e ricorsi nel diritto penal-tributario: spunti (critici) sul c.d. decreto fiscale*, in *Dir. pen. proc.*, 2019, 319 «se si allarga lo sguardo e si analizza, anche solo cursoriamente, l'evoluzione storica del diritto penale tributario, si avverte l'impressione di essere davvero di fronte a una manifestazione di lunaticità (per non dire schizofrenia) normativa».

[7] Come esattamente notato da S. Fiore, *Il caso del diritto penale tributario: da accezione a paradigma? Osservazioni sul diritto penale com'è e come (forse) sarà*, in E.M. Ambrosetti (a cura di), *Studi in onore di Mauro Ronco*, Torino, 2017, 535.

Tuttavia, ed è ciò che qui si vuole suggerire al lettore come *prima tesi*, il moto novellistico non è segnato da una completa inspiegabilità, come si trattasse di una microparticella osservata con le leggi della fisica quantistica, quanto piuttosto da una costante oscillazione pendolare verso due estremi.

Da un lato, il *diritto penale riscossivo* [8], di matrice chiaramente oggettivista, orientato finalisticamente alla riduzione del *tax gap*, attraverso un approccio *stick and carrot*, è incentrato su reati d'evento di danno al bene finale e dosa la risposta sanzionatoria – fino a rinunciarvi *tout court* – sulla base delle eventuali contro-azioni compensative [9] realizzate dopo il reato.

Dall'altro e all'opposto, il legislatore si muove in una *logica di lotta all'evasore fiscale*, *parassita sociale*, descritto addirittura – per la verità non solo in Italia [10] – come moderna figura di 'nemico' [11], in una '*guerra all'evasione*' *combattuta* con le armi [12] della pena detentiva e della confisca (specie per sproporzione) dei beni dell'evasore: è il paradigma delle "*manette agli evasori*" [13].

Il moto pendolare – qui la *seconda tesi* che si vuole sostenere – potrebbe

---

[8] Per l'approfondimento di tale paradigma e dei suoi limiti in termini di tensione con il principio di colpevolezza, proprio per la sua matrice marcatamente oggettivista, si veda C.E. PALIERO, *Prefazione*, in A. INGRASSIA, *Ragione fiscale vs 'illecito penale personale'. Il sistema penale-tributario dopo il d.lgs. 158/2015*, Santarcangelo di Romagna, 2016.

[9] Sulla nozione di contro-azione compensativa fondamentale C. PIERGALLINI, *Fondamento, funzioni e limiti delle moderne forme di impunità retroattiva*, in E. DOLCINI, C.E. PALIERO (a cura di), *Studi in onore di Giorgio Marinucci*, Milano, 2004, 1661, che la definisce come una condotta che determina «una riduzione *ex post* della caratura lesiva del reato». Il concetto di contro-azione si ritrova già in F. BRICOLA, *Funzione promozionale tecnica premiale e diritto penale*, in *Quest. crim.*, 1981, 449.

[10] Il riferimento, meramente esemplificativo, è a E. MARTINEZ BASTIDA, *El enemigo en el Derechos penal tributario*, in J.A. CELORIO VELA, P.J. CARRASCO PARRILLA (a cura di), *Temas actuales sobre fraude fiscal y cuestiones conexas*, vol. II, Ciuded de Mexico, 2016, 281 ss.

[11] Una deriva del diritto penale tributario verso forme di diritto penale del nemico è indicata da G. FLORA, *Le recenti modifiche in materia penale tributaria: nuove sperimentazioni del "diritto penale del nemico"?*, in *Dir. pen. proc.*, 2012, 16 e D. TERRACINA, *Riflessi penali dell'evasione fiscale. Ricchezza nascosta e regime del dichiarato*, Roma, 2013, 37 ss. Sulla nozione di diritto penale del nemico, G. JAKOBS, *Das Selbstverständnis der Strafrechtswissenschaft vor den Herausforderungen der Gegenwart*, in A. ESER, W. HASSEMER, B. BURKHARDT (a cura di), *Die deutsche Strafrechtswissenschaft vor der Jahrtausendwende*, Monaco, 2000, 47 ss.; per un'ampia analisi critica, M. DONINI, M. PAPA (a cura di), *Diritto penale del nemico. Un dibattito internazionale*, Milano, 2007 e T. PADOVANI, *Diritto penale del nemico*, Pisa, 2015.

[12] Oggi probabilmente le armi più micidiali del Vecchio Gendarme.

[13] Per un quadro, A. LANZI, P. ALDROVANDI, *op. cit.*, 71 ss.

dipendere da una percezione radicalmente divisiva nella collettività del reale disvalore dei fatti di evasione fiscale: su posizioni inconciliabili e antitetiche si trovano coloro che giudicano l'evasore un 'parassita' [14], un '*ladro'* [15], meritevole del carcere, e chi, esattamente all'opposto, vede nell'evasione uno strumento di sopravvivenza, la via di salvezza per i cittadini, vittime di una '*estorsione fiscale'* [16], che li rende '*schiavi fiscali'* [17]. Nel mezzo si colloca una '*maggioranza indifferente*', che non riconosce nell'evasione fiscale una minaccia grave per la convivenza sociale.

L'eterogeneità e in parte la radicalità delle posizioni estreme appena descritte, si può osservare icasticamente espressa nelle opere di carattere divulgativo sul tema dell'evasione, nella comunicazione sociale e, soprattutto, sembra emergere nelle indagini di psicologia fiscale.

Di più, proprio la netta divisione ideologica rende il tema particolarmente rilevante sul piano politico, tanto che un programma e un'azione di governo tollerante verso l'evasione fiscale – nei fatti e non necessariamente nei proclami – o, all'opposto, '*battagliera'* – almeno nei proclami, se non anche nei fatti – sembrerebbe consentire ai partiti la conservazione o anche l'ampliamento della propria base elettorale, come emergerebbe dalle analisi politologiche sulle scelte di voto e sui flussi elettorali.

In questa prospettiva – ed è *la terza e conclusiva tesi* che si vuole esporre – interventi di matrice soggettivista, alla '*manette agli evasori*', risponderebbero alle richieste – in parte anche moralizzatrici [18] – dell'elettorato, che vede nell'evasore un nemico della collettività da combattere e, dunque, spinge sull'acceleratore dell'*effettività* [19]; al contrario, interventi di carattere oggettivista, tesi a dosare lo strumento sanzionatorio al *principale* fine di

---

[14] P. Di Nicola, I. Pitoni, A. Proietti, *Parassiti. Ladri e complici: così gli italiani evadono (da sempre) il fisco*, Roma, 2021.

[15] S. Livadiotti, *Ladri. Gli evasori e i politici che li proteggono*, Milano, 2014.

[16] L'espressione è di V. Carchidi, *Estorsione fiscale: Prima li derubano, poi li chiamano "evasori". Ecco come il fisco umilia e raggira i lavoratori autonomi e le imprese*, 2021.

[17] Definizione proposta da L. Facco, *Schiavi fiscali. 2009-2019 dall'elogio alla lode di chi si difende dalle tasse*, Firenze, 2019.

[18] Lo evidenzia in particolare D. Terracina, *op. cit.*, 37 ss. In generale, sulle crociate moralizzatrici, C.E. Paliero, *Consenso sociale e diritto penale*, in *Riv. it. dir. proc. pen.*, 1992, 879 ss. e C. De Maglie, *Alle radici del bisogno di criminalizzazione. Riflessioni in tema di moralità, immoralità e diritto penale*, in *Crim.*, 2017, 21 ss.

[19] Sulla capacità del consenso sociale di veicolare, a seconda dei casi, istanze di garanzia o di effettività a seconda del meccanismo di identificazione che porta differenti attori sociali ad indentificarsi, rispettivamente, nel ruolo di autore o di vittima del reato, fondamentale. C.E. Paliero, *Consenso sociale*, cit., 872-876.

recuperare gettito tributario più che a punire l'autore dell'illecito, premono sul freno della *garanzia* e sembrerebbero soddisfare le attese non solo di coloro che percepiscono l'evasione come strumento di '*legittima difesa*' dalle '*pretese esose*' del fisco, ma anche di chi '*sta nel mezzo*' e non riconosce nella sottrazione di risorse all'erario un danno grave per la collettività.

2. Prima tesi*: la* bipolarità legislativa *tra riforme di matrice oggettivista e soggettivista (orientata sul tipo normativo di autore)*

Per esporre compiutamente la *prima tesi*, appare utile compiere due passi indietro: (i) il primo per tracciare i tratti idealtipici dei due paradigmi a cui si ritiene di poter ricondurre le novelle riformatrici del d.lgs. 74/2000, ovvero il modello oggettivista e soggettivista orientato sul tipo normativo d'autore[20] (a seguire, solo per comodità espositiva, espresso in sintesi come soggettivista), (ii) il secondo per descrivere l'originaria matrice – oggettivista *vs* soggettivista – del '*codice penale-tributario*'.

(i) I tratti fondamentali dei paradigmi idealtipici oggettivista e soggettivista sono noti e ampiamente analizzati dalla dottrina[21]: essi potranno essere qui solamente stilizzati in alcuni loro tratti, utili per l'ulteriore sviluppo dell'indagine.

In breve, richiamando alla lettera le parole di Paliero, «secondo il modello oggettivistico puro, il fulcro del disvalore del reato è costituito dal disvalore d'evento»[22], che «ruota attorno al concetto di evento materiale del reato, inteso come lesione del bene tutelato»[23]. Il disvalore di condotta è «essen-

---

[20] Il riferimento è la dicotomia all'interno del diritto penale d'autore tra autore criminologico e autore normativo su cui A. Calvi, *Tipo criminologico e tipo normativo d'autore*, Padova, 1967.

[21] La letteratura sul tema è sterminata. Senza alcuna pretesa di completezza, oltre alla fondamentale sintesi delle lezioni di C.E. Paliero, *Oggettivismo e soggettivismo nel diritto penale italiano. Lezioni del corso di diritto penale progredito*, a cura di Perini, Consulich, Milano, 2006, *passim*, si vedano A. Cavaliere, *Riflessioni intorno ad oggettivismo e soggettivismo nella teoria del reato*, in E. Dolcini, C.E. Paliero (a cura di), *Studi*, cit., 1446 ss.; M. Donini, *Illecito e colpevolezza nell'imputazione del reato*, Milano, 1991, *passim*; Id., *Illecito umanistico e colpevolezza personale*, in Id., *Il volto attuale dell'illecito penale*, Milano, 2004, 199 ss.; A. Manna, *La giustizia penale fra Otto e Novecento: la disputa tra soggettivismo e oggettivismo*, in *Ind. pen.*, 2008, 508 ss.; G. Marinucci, *Soggettivismo e oggettivismo nel diritto penale. Uno schizzo dogmatico e politico-criminale*, in *Riv. it. dir. proc. pen.*, 2011, 1 ss.; N. Mazzacuva, *Il disvalore d'evento nell'illecito penale. L'illecito commissivo doloso e colposo*, Milano, 1983, *passim*.

[22] C.E. Paliero, *Oggettivismo*, cit., 142.

[23] *Ibidem*.

zialmente orientato sull'evento, giacché il tratto che anzitutto qualifica la condotta è l'idoneità della stessa a causare l'evento»[24]. Il disvalore di intenzione assume un peso nell'economia del complessivo disvalore del reato ove si «traduca in una maggiore idoneità causale della condotta alla realizzazione dell'evento lesivo»[25], come avviene nel caso di delitto a dolo intenzionale.

Sotto un profilo funzionalistico «la norma penale e la sua inosservanza sono elementi del tutto strumentali rispetto all'obiettivo primario del sistema, che si identifica con la tutela effettiva del bene»[26]; di conseguenza, «il rimprovero che il sistema indirizza al reo non risponde a una finalità di autotutela del sistema stesso, mirante ad affermare la propria validità normativa, ma piuttosto ad una funzione conservativa delle condizioni di esistenza del bene tutelato, precedenti al fatto di reato»[27].

Agli antipodi si colloca il modello soggettivista, orientato sul tipo normativo d'autore, per la cui sintesi giunge in soccorso l'inarrivabile '*schizzo dogmatico e politico-criminale*' di Marinucci[28]. In questo paradigma «il fondamento della pena non [risiede] in "quel che uno fa" (*So-Tun*), bensì in "quel che uno è" (*So-Sein*)»[29]. La peculiarità della declinazione soggettivista qui richiamata, che la distingue da quella criminologica[30], è che «la figura normativa dell'autore non si lascia intendere naturalisticamente, bensì sul piano dei rapporti tra individuo e comunità o Stato: l'illecito penale come espressione della "crisi della coscienza civica dell'agente", "caduta del suo atteggiamento interiore" verso la comunità o lo Stato, "assenza di fedeltà e di onore del suo atteggiamento interiore", "violazione dei doveri", "membro personale della comunità con coscienza giuridica decaduta"»[31], fino alla radicalizzazione nella legislazione di guerra del «"nemico" del popolo e dello Stato»[32].

(ii) Segnate le coordinate fondamentali dell'alternativa, il d.lgs. 74/2000

---

[24] C.E. Paliero, *Oggettivismo*, cit., 143.

[25] *Ibidem*.

[26] Paliero, *Oggettivismo*, cit., 144.

[27] Paliero, *Oggettivismo*, cit., 144-145

[28] Marinucci, *Soggettivismo*, cit.

[29] Marinucci, *Soggettivismo*, cit., 5.

[30] Per un'ampia trattazione delle differenze, A. Calvi, *op. cit.*, *passim*.

[31] Così G. Marinucci, *Soggettivismo*, cit., 5, che richiama alla lettera le espressioni contenute nello studio fondamentale di P. Bockelmann. *Studien zum Täterstrafrecht*, I. Berlino, 1939; per le differenze tra il paradigma dell'autore normativo di Bockelmann e quello di Calvi si veda A. Calvi, *op. cit.*, in particolare 60 ss.

[32] Il riferimento, compiuto da Marinucci, è a E. Mezger, W. Gallas, *Tatstrafe und Täterstrafe, inbesondere im Kriegstrafrecht*, in *ZStW*, 1941, 353 ss.

nella sua originaria formulazione aveva senza dubbio una matrice – anche per ragioni storiche – tendenzialmente oggettivista[33]: in risposta al fallimento della disciplina del 1982, c.d. *manette agli evasori*, caratterizzata da un'anticipazione dell'intervento penale a condotte solo prodromiche all'evasione fiscale, la legge del Duemila concentrava l'*enforcement* criminale quasi esclusivamente sul momento dichiarativo[34], lasciando un'unica fattispecie a presidio dell'esecuzione coattiva.

Comune a tutti gli illeciti era la correlazione tra disvalore di evento e bene giuridico finale (i.e. il gettito tributario) e disvalore di condotta e bene giuridico strumentale (i.e. la trasparenza nei confronti delle agenzie di controllo)[35]. Sul piano della descrizione del tipo il campo era equamente diviso tra reati a condotta vincolata di evento di danno a dolo intenzionale e reati di pericolo concreto, con condotta fraudolenta e c.d. dolo specifico. L'orientamento tendenzialmente oggettivista emergeva anche dalla scelta di campo di escludere la punibilità del tentativo nei delitti dichiarativi[36]. Nel caso di reintegrazione del bene giuridico leso era prevista esclusivamente un'attenuante[37]; nell'ipotesi contraria, ove cioè il debito tributario non fosse stato estinto, non vi erano ripercussioni quali preclusioni processuali all'accesso a riti alternativi[38], né era tipizzata alcuna forma speciale di confisca[39].

---

[33] Per una fotografia delle diversità tra le scelte legislative del 1982 e del 2000, tra gli altri, P. Aldrovandi, *I profili evolutivi dell'illecito tributario*, Padova, 2005, 94 ss.; V. Napoleoni, *I fondamenti del nuovo diritto penale tributario nel d.lgs. 10 marzo 2000, n. 74*, Assago, 2000, *passim*.

[34] Se è pacifico il legame tra l'emissione di fatture per operazioni inesistenti e delitti dichiarativi, meno riconosciuto è quello tra i delitti di autoliquidazione e il reato di occultamento o distruzione di scritture contabili: rispetto al quale si consenta il rinvio a A. Ingrassia, *L'occultamento e la distruzione di documenti contabili*, in R. Bricchetti, P. Veneziani (a cura di), *I reati tributari*, Torino, 2017, in particolare 310 ss.

[35] Per la dicotomia tra bene strumentale e bene finale si veda A. Fiorella, *Reato in generale (voce)*, in *Enc. dir.*, XXXVIII, Milano, 1987, 791; per la messa a terra di tale bipartizione nel diritto penale tributario si conceda il rinvio a A. Ingrassia, *La fedeltà (del contribuente) più importante dell'offesa (al gettito tributario)?*, in *Riv. dir. trib.*, III, 2019, 30 ss.

[36] Il tentativo è oggi punito, limitatamente ad un novero ristretto di ipotesi, a seguito dell'adempimento della direttiva PIF con il d.lgs. n. 75/2020.

[37] Con la revisione del 2015 (d.lgs. n. 158/2015) e la novella del 2019 (d.l. n. 124/2019) a determinate condizioni e in relazione ai soli delitti dichiarativi e di omesso pagamento (eccezion fatta per l'indebita compensazione con crediti inesistenti) l'estinzione del debito tributario (ricomprendente l'imposta dovuta, le sanzioni e i relativi interessi) può comportare l'estinzione del reato.

[38] A partire dalla c.d. mini-riforma del 2011 (art. 2, comma 36-*vicies semel*, d.l. n. 138/2011 conv. l. n. 148/2011) è prevista una preclusione (dai confini controversi in giurisprudenza) all'accesso all'applicazione della pena su richiesta delle parti, ove il debito tributario (comprensivo dell'imposta dovuta, i relativi interessi e le sanzioni) non sia stato adempiuto.

Posta questa duplice premessa, ciò che qui si ipotizza con la *prima tesi* è che il volto originale del d.lgs. 74/2000 (i.e. del sistema penale tributario) sia stato ampiamente stravolto dalle successive e continue novelle, segnate da un assoluto *bipolarismo di intenti*, tra interventi di matrice quasi idealtipicamente oggettivista o soggettivista.

Per argomentare la proposta interpretativa – in misura compatibile con gli spazi di questo scritto – la via più efficace – non certamente esaustiva o definitiva – è parsa quella di muoversi in due *step*.

Il primo passaggio è l'individuazione di '*terreni di scontro*' tra i due paradigmi[40], scelti tra i profili della materia penale tributaria in cui l'adozione di un approccio oggettivista o soggettivista è più evidente nei suoi riflessi di disciplina rispetto ai singoli istituti: i tre *indicatori* scelti sono le soglie di punibilità, la (tipologia di) confisca e le cornici edittali.

In seconda battuta i *markers* saranno lo strumento per valorizzare la matrice oggettivista o soggettivista del d.lgs. 158/2015 e del successivo d.l. 124/2019. Non potendo analizzare partitamente ogni modifica normativa occorsa a partire dal Duemila, la scelta è ricaduta sulle due recenti novelle, in quanto l'una direttamente successiva all'altra (*verifica del potenziale pendolarismo*), e, soprattutto, per la radicale difformità di '*scopi*' che hanno acceso il *desiderio di cambiamento* del legislatore nel volgere di un lustro.

Seguendo le indicazioni contenute nella Relazione al d.lgs. 158/2015, si tratterebbe di un intervento di revisione, avente come criteri orientativi «i principi di effettività, sussidiarietà e certezza della risposta sanzionatoria», che mira a garantire «stabilità del quadro giuridico di riferimento», «trasparenza e semplificazione del rapporto fiscale», «certezza della misura sanzionatoria» e, *dulcis in fundo*, «percezione della pena come risposta adeguata non vessatoria né di carattere espropriativo»[41]. In chiave prospettica una disciplina penale tributaria certa, con violazioni dai confini chiari

---

[39] La confisca, anche per equivalente, per i reati tributari è stata introdotta solo con l'art. 1, comma 143, l. n. 244/2007 e ampiamente modificata con il d.lgs. n. 158/2015; in seguito il d.l. n. 124/2019 ha previsto la confisca c.d. allargata o per sproporzione per alcuni delitti fiscali ritenuti più gravi (*infra*, par. 2.2).

[40] Non si pretende in nessun modo che gli indicatori selezionati siano gli unici utili alla causa; al contrario, altri potenziali *markers* avrebbero meritato un'analisi partita in quanto potenzialmente profittevoli per la comprensione del sistema: si pensi, ad esempio, alla tipizzazione del reato in relazione al bene giuridico protetto (*finale vs strumentale*), alle scelte di incriminazione rispetto al tentativo, così come alle opzioni in materia di cause sopravvenute di non punibilità. Si è compiuta una scelta per ragioni di spazio che ci si augura non appaia eccessivamente arbitraria al lettore.

[41] Tutte le espressioni riportate sono contenute nella Relazione al d.lgs. n. 158/2015, 1.

e sanzioni contenute dovrebbe condurre, sempre secondo l'esecutivo, al «rafforzamento della competitività del Paese a livello internazionale»[42].

Nella Relazione al d.l. 124/2019, pur in estrema sintesi, il Governo sceglie una diversa strada ed esprime una chiara soluzione di continuità nei propri scopi: la novella «è funzionale all'introduzione di strumenti volti a rafforzare e a razionalizzare la risposta sanzionatoria che l'ordinamento prefigura in rapporto ai reati tributari»[43]. La "*razionalizzazione*" passerebbe da «un complessivo inasprimento delle pene principali e in una riduzione delle soglie di rilevanza penale delle violazioni fiscale»[44], dall'introduzione della responsabilità *ex* d.lgs. 231/2001 per "i più gravi reati" «al fine di colmare un vuoto di tutela degli interessi erariali»[45] e, *last but not least*, la previsione della confisca allargata, sempre per "i reati tributari più gravi", definita «strumento di contrasto di particolare rilievo»[46].

In virtù delle premesse ideologiche dei due decreti, questi appaiono, dunque, costituire un osservatorio privilegiato per testare i tre indicatori individuati e verificare la matrice oggettivista o soggettivista degli interventi stessi.

2.1. *Le soglie di punibilità: la matrice oggettivista e la misura contesa*

Il ricorso alle soglie di punibilità rappresenta un tratto caratterizzante il sistema penale tributario[47]. Esse sono tipizzate nelle fattispecie dichiarative (eccezion fatta solo per la dichiarazione fraudolenta mediante fatture per operazioni inesistenti), nei delitti di omesso pagamento e nelle fattispecie di sottrazione fraudolenta al pagamento delle imposte: per tutti tali delitti il legislatore ha previsto una misura quantitativa di offesa al gettito tributario al di sotto della quale il fatto non merita la sanzione criminale. Le dichiarazioni fraudolenta mediante altri artifici e infedele presentano anche una *soglia qualitativa*, che riduce ulteriormente gli spazi di *enforcement* pe-

---

[42] *Ibidem*.

[43] Così la Relazione al d.l. n. 124/2019, *sub* art. 39.

[44] *Ibidem*.

[45] *Ibidem*.

[46] *Ibidem*.

[47] Per un'ampia e perspicua analisi del ruolo delle soglie di punibilità nel diritto penale tributario si rinvia a M. Caputo, In limine. *Natura e funzioni politico-criminali delle soglie di punibilità nei reati tributari*, in R. Borsari (a cura di), *Profili critici del diritto penale tributario*, Padova, 2013, 27 ss.

nale, ammettendo un arretramento del *vecchio gendarme* ove il contribuente dichiari minori elementi attivi di quelli effettivi, anche attraverso il ricorso ad elementi passivi rispettivamente fittizi o inesistenti, entro una determinata percentuale sul totale del dichiarato e, in ogni caso, entro un certo limite fissato numericamente, che funge da *correttivo quantitativo*.

La funzione delle soglie è di degradazione della fattispecie[48]: «fissata per ogni illecito la 'soglia x', al di sopra si attiva l'opzione penale, al di sotto la sanzione amministrativa *sufficit*", secondo le cadenze tipiche del "meccanismo della sussidiarietà in azione»[49].

La matrice delle soglie è certamente oggettivista: valga quale dimostrazione inequivocabile che il legislatore delegato del Duemila le ha inquadrate nella propria Relazione *apertis verbis* quali elementi costitutivi del reato[50], esprimendo l'inequivocabile «necessità di riferire il marchio penale unicamente a offese misurabili e che attingano quote di rimarchevole intensità lesiva»[51]. Da tale scelta di campo deriva la ricostruzione dogmatica dei delitti in cui è tipizzata una soglia come reati di evento di danno a protezione del gettito tributario, bene giuridico finale delle fattispecie.

Marcatamente più soggettivista sarebbe stata la qualificazione delle soglie come condizioni obiettive di punibilità, giacché in questa prospettiva l'intero disvalore si sarebbe radicato nell'intenzione di evadere le imposte e nella modalità di aggressione, spostando il baricentro della tutela dal bene finale al bene strumentale della trasparenza del contribuente nei rapporti con l'erario, con il rischio di derive verso un diritto penale dell'infedeltà[52].

La misura delle soglie è forse l'indicatore più evidente e di semplice lettura dell'orientamento ideologico della singola novella: ove il legislatore intenda comunicare ai consociati la volontà di implementare il contrasto all'evasione fiscale (i.e. *spingere sull'effettività*)[53] il valore numerico delle soglie quantitativa e qualitativa con correttivo quantitativo viene ridotto, con ampliamento dell'area del penalmente rilevante; al contrario, la scelta

---

[48] Il riferimento è a M. Donini, *Le tecniche di degradazione fra sussidiarietà e non punibilità*, in Id., *Alla ricerca di un disegno. Scritti sulle riforme penali in Italia*, Padova, 2003, 398.

[49] Alla lettera, C.E. Paliero, *Il Mercato*, cit., 90. Per una critica al ricorso alle soglie di punibilità nel sistema penale tributario, F. Consulich, *Il diritto*, cit., 1378-1379.

[50] Si confronti il par. 3.1.2. della Relazione al d.lgs. n. 74/2000.

[51] In questi esatti termini, M. Caputo, *op. cit.*, 35.

[52] Si conceda sul punto il rinvio ad A. Ingrassia, *La fedeltà*, cit.

[53] Sul ruolo del consenso nella dicotomia effettività *vs* garanzia, C.E. Paliero, *Consenso sociale*, cit., 862 ss.

di ritoccare al rialzo il *quantum* oltre il quale si attiva la risposta penale, rimette al centro la *garanzia*[54] e l'*Extrema-Ratio-Klausel*[55], per cui le modeste risorse del sistema penale meritano di essere convogliate verso condotte che offendano in misura rilevante il gettito tributario e non per una lotta a tutto campo (specie se motivata da *finalità promozionali*), potenzialmente anche meno fruttuosa in termini funzionalistici.

Ebbene, guardando alle disposizioni oggetto di analisi, il d.lgs. 158/2015 ha previsto un generale ritocco al rialzo delle soglie di punibilità[56], al fine dichiarato[57] di ridurre l'*enforcement* penale solo alle offese ritenute più gravi sulla base del parametro oggettivista per eccellenza: il danno al gettito tributario.

Al contrario il d.l. 124/2019 prevedeva una riduzione delle soglie in parola[58], come si è visto[59], al fine di razionalizzare (i.e. rendere drasticamente più severo) il sistema penale tributario, attraverso un generale ampliamento degli spazi di incriminazione: si badi, nella legge di conversione solo la soglia quantitativa della dichiarazione infedele è stata diminuita di un terzo, a seguito dell'attività di mitigazione complessiva della novella compiuta dal Parlamento.

2.2. *Le confische nella dicotomia oggettivismo-soggettivismo: dal recupero del* **quantum** *evaso all'apprensione del patrimonio (sproporzionato e non giustificato) dell'evasore*

La dicotomia tra la confisca del profitto da reato (diretta o per equivalente)[60], oggetto di profonda revisione con il d.lgs. 158/2015, e la confisca

---

[54] *Ibidem.*

[55] Fondamentale C.E. Paliero, *Pragmatica e paradigmatica della clausola di* 'extrema ratio', in *Riv. it. dir. proc. pen.*, 2018, 1447 ss. che riferisce la *Extrema-Ratio-Klausel* ad A. Kaufmann, *Subsidiaritätsprinzip und Strafrecht*, in *Festschrift Henkel*, Berlin-New York, 1974, 89 ss.

[56] Il d.lgs. n. 158/2015 ha elevato le soglie di punibilità di tutti i delitti dichiarativi (con l'unica ovvia eccezione della dichiarazione fraudolenta mediante fatture per operazioni inesistenti in quanto reato di pericolo concreto) e dei delitti di omesso pagamento delle ritenute certificate e dell'IVA.

[57] *Supra*, par. 2.

[58] Il d.l. n. 124/2019 prevedeva la riduzione delle soglie di punibilità quantitative dei delitti di dichiarazione infedele e di omesso pagamento delle ritenute certificate e dell'IVA.

[59] *Supra*, par. 2.

[60] Si veda per tutti, anche per ulteriori riferimenti bibliografici, P. Veneziani, *La confisca obbligatoria nel settore penale tributario*, in *Cass. pen.*, 2017, 1694 ss.

allargata[61], introdotta per i reati tributari dal d.l. 124/2019, può costituire un ulteriore punto di osservazione delle diversità tra paradigma oggettivista e soggettivista.

In chiave oggettivista lo scopo fondamentale della confisca (e in generale del ricorso al diritto penale) è quello di ripristinare il bene giuridico (i.e. azzerare il *tax gap* cagionato dal singolo reato): di conseguenza, la sua disciplina dovrà essere massimamente funzionale a recuperare il profitto del reato e sarà, specularmente, costruita in modo da ritrarsi una volta ottenuto tale scopo senza procedere oltre.

Esattamente tale logica funzionalistica è stata tradotta nell'art. 12-*bis* d.lgs. 74/2000, opera del d.lgs. 158/20015, che disciplina la confisca diretta e per equivalente del profitto del reato tributario: in estrema sintesi, la sanzione è obbligatoria in caso di condanna, trova la propria misura nell'imposta sottratta al fisco accertata in sede penale, può prescindere dal nesso pertinenziale tra reato e beni confiscati nella sua declinazione di valore e non opera ove il reo o il contribuente si siano impegnati ad adempiere il debito tributario con l'erario. Dunque, una misura tutta orientata da ragioni funzionalistiche-oggettiviste.

Al contrario, la confisca allargata o per sproporzione, introdotta all'art. 12-*ter* d.lgs. 74/2000 dal d.l. 124/2019, presentata mediaticamente dall'esecutivo come strumento chiave per colpire gli evasori sulla falsa riga di quanto già realizzato con la c.d. *spazzacorrotti*[62], consente, in estrema sintesi, di confiscare i beni di cui un soggetto condannato per alcuni reati tributari ritenuti più gravi abbia disponibilità, in misura sproporzionata rispetto ai redditi dichiarati e alla propria attività economica, e di cui non possa giustificare l'acquisto.

Si è sostenuto trattarsi di una «misura ablatoria non orientata al fatto

---

[61] Per un ampio quadro dell'istituto, *ex pluribus*, A.M. MAUGERI, *La riforma della confisca (d.lgs. 202/2014). Lo statuto della confisca allargata* ex *art. 240*-bis *c.p.: spada di Damocle* sine die *sottratta alla prescrizione (dalla l. 161/2017 al d.lgs. n. 21/2018*, in *Arch. pen.*, 2018, 235 ss. Per un'analisi della misura ablatoria, per come ambientata nel sistema penale tributario, per tutti, M. BONTEMPELLI, *La confisca o le confische da illecito (penale) tributario?*, in *Sist. pen.*, 4 dicembre 2019.

[62] Il legame è esplicitato dagli esponenti dell'esecutivo autori del d.l. n. 124/2019: si veda "*Decreto fisco, M5s: "Ci sarà la stretta sui grandi evasori. Pene fino a 8 anni". Nel testo anche la confisca per chi compie reati tributari*", pubblicato sul sito de "*Il Fatto Quotidiano*" il 10 ottobre 2019. Nella dogmatica penalistica il legame – di matrice populistica – del d.l. n. 124/2019 con la c.d. spazzacorrotti (l. n. 3/2019) è evidenziato da G. FLORA, *Dalla "spazza corrotti" alla "spazza evasori". Brevi note critiche sulle recenti innovazioni legislative in materia di reati tributari*, in *Rass. trib.*, 2020, 252 ss. Peraltro, anche in relazione alla legge 'spazzacorrotti' si è sottolineata una deriva verso forme di diritto penale d'autore: V. MONGILLO, *Il contrasto alla corruzione tra suggestioni del "tipo di autore" e derive emergenziali*, in *Riv. it. dir. proc. pen.*, 2020, 967 ss.

ma all'autore»[63], fondata su una duplice presunzione, ovvero che «il soggetto abbia commesso altri reati, oltre quello oggetto di condanna, e che da questi abbia tratto profitto»[64].

Tale duplice presunzione sostituisce il nesso di pertinenzialità tra il fatto di reato e la misura della confisca, a favore di un'ablazione orientata sull'autore normativo, che trova nell'accertamento del delitto fiscale esclusivamente il proprio innesco, il meccanismo identificativo dell'autore, da cui far scaturire una presunzione complessiva di illiceità del patrimonio giudicato sproporzionato, presunzione che il condannato è chiamato a vincere per preservare i propri beni.

In sintesi: l'art. 12-*bis*, emblema dell'idea di confisca propria del d.lgs. 158/2015, è una misura di "*stampo patrimoniale oggettivo*"[65], cui si contrappone l'art. 12-*ter*, epitome dell'opzione di politica criminale del d.l. 124/2019, che è misura di "*stampo soggettivo-personalistico*"[66].

2.3. *L'aggravamento delle cornici edittali: maggior bisogno o più intensa meritevolezza di pena?*

Indicazioni sulla caratura oggettivista o soggettivista di una novella potrebbero essere, infine, acquisite anche osservando le scelte compiute sulle cornici edittali degli illeciti.

Rispetto alla primigenia versione del sistema penale tributario del Duemila la misura della detenzione minacciata ha registrato esclusivamente incrementi[67], peraltro in misura spesso assai rilevante: paradigmatico il minimo edittale di tutti i delitti dichiarativi, oggi previsto in misura almeno raddoppiata rispetto alla disposizione originaria.

Tuttavia, il dato isolato dell'innalzamento dei limiti edittali resta di per sé anodino ai nostri fini, potendo dipendere tanto da una valutazione di matrice oggettivista, come nel caso in cui si affaccino nuove modalità di aggressione al bene giuridico o un momento di particolare tensione per le risorse erariali,

---

[63] Il rilievo è di E. SQUILLACI, *La confisca "allargata" quale fronte avanzato di neutralizzazione dell'allarme criminalità*, in *Dir. pen. proc.*, 2009, 1535.

[64] Così, A.M. MAUGERI, *op. cit.*, 247.

[65] Sulla dicotomia, qui ampiamente ripresa e pienamente condivisa, tra confisca del profitto quale misura di stampo patrimoniale-oggettivo e confisca allargata di stampo soggettivo-personalistico, fondamentale F. SGUBBI, *Nuova prescrizione e nuova confisca penale tributaria (un connubio che inquieta)*, in *Discrimen*, 10 gennaio 2020, 2.

[66] *Ibidem*.

[67] Per un giudizio – condivisibilmente – critico F. CONSULICH, *Il diritto*, cit., 1355, per cui «si affastellano da anni ripetute modifiche che incrudeliscono la disciplina».

eventi che importano un incremento della meritevolezza di pena[68], o, al contrario soggettivista, ove l'obiettivo sia quello di punire – forse, più realisticamente, con intervento simbolico[69], di minacciare – ancor più severamente l'evasore fiscale, nella prospettiva più volte richiamata delle *manette agli evasori*, sulla base di un – reale o indotto[70] – aumento della domanda di penalità[71].

Tanto il d.lgs. 158/2015 quanto il d.l. 124/2019 hanno previsto un inasprimento della risposta sanzionatoria, con un aumento delle cornici edittali di alcuni delitti. Tuttavia, diversa è la *ratio,* esplicitata dal legislatore.

Segnatamente, rispetto alla revisione del 2015, due argomenti confermano la matrice oggettivista del decreto: in generale, la prima riprova proviene dalla preoccupazione di evitare sanzioni draconiane, espressa dell'esecutivo in premessa nella propria Relazione[72], unitamente al richiamo al principio di proporzionalità, tanto che la maggiore severità riguarda solo tre incriminazioni[73]; quanto ai singoli reati modificati *in malam partem*, la divisione in due fattispecie dell'indebita compensazione, con la previsione di una pena decisamente più severa ove il contribuente ricorra a crediti inesistenti rispetto a quella inizialmente prevista, è l'unica innovazione specificamente giustificata nella Relazione e trova le sue ragioni nel carattere "estremamente offensivo" delle modalità di aggressione del bene giuridico[74].

Diversamente, quanto al d.l. 124/2019, che ha incrementato le pene minime e massime ad ampio raggio[75], la Relazione[76] ha chiarito che la fun-

---

[68] La nozione di meritevolezza di pena, *sub specie* di meritevolezza formale di pena, cui qui si fa riferimento è quella elaborata in C.E. Paliero, *Il Mercato*, cit., 30 ss.

[69] Nel presente scritto non si affronta il tema della resa in termini di effettività dei due paradigmi, su cui il giudizio è qui complessivamente sospeso. Nondimeno, non ci si può sottrarre dal segnalare che riforme, che rappresentino un aumento di pena quale strumento principe per la repressione di un fenomeno endemico come l'evasione fiscale, vanno ricondotte alle leggi penali simboliche alibi (*Alibigesetze*), su cui resta fondamentale C.E. Paliero, *Il principio di effettività nel diritto penale*, in *Riv. it. dir. proc. pen.*, 1990, 539.

[70] Come si proverà a dimostrare oltre (par. 3 ss.), una parte dell'opinione pubblica e alcuni partiti politici alimentano in una causalità circolare la domanda di penalità in materia, con un meccanismo di «*auto-mistificazione* del consenso da parte dell'"*attore-comunità*"» individuato da C.E. Paliero, *Consenso*, cit., 893.

[71] Valga, ovviamente, anche sul punto il richiamo a Paliero, *Il Mercato*, cit., *passim*.

[72] Relazione al d.lgs. n. 158/2015, 1.

[73] In particolare, si tratta dell'omessa dichiarazione dei redditi e dell'IVA; dell'occultamento o distruzione dei documenti fiscali e dell'indebita compensazione con crediti inesistenti.

[74] Relazione al d.lgs. n. 158/2015, 9.

[75] L'inasprimento delle cornici edittali ha riguardato tutti i delitti dichiarativi, l'emissione di fatture per operazioni inesistenti e l'occultamento e la distruzione di documenti fiscali.

[76] Relazione al d.l. n. 124/2019 *sub* art. 39.

zione degli aumenti sanzionatori è finalizzata al "rafforzamento complessivo" del sistema penale tributario, da intendersi in chiave eminentemente soggettivista, in linea con il *battage* mediatico che ha ribattezzato l'intero provvedimento "*carcere agli evasori*".

Il peso del disvalore di personalità si percepisce poi chiaramente confrontando la risposta sanzionatoria[77] del reato di dichiarazione fraudolenta mediante fatture per operazioni inesistenti, elevata con il d.l. 124/2019 da un minimo di quattro anni di reclusione ad un massimo di otto, con quella del delitto di truffa ai danni dello Stato, punito con la detenzione da uno a cinque anni[78]. Entrambi gli illeciti si caratterizzano per una condotta vincolata, ma la truffa ai danni dello Stato è delitto d'evento, mentre la fattispecie penale tributaria è reato di pericolo concreto, non richiedendo si verifichi effettivamente un'evasione d'imposta, che è, invece, oggetto del c.d. dolo specifico.

Ragionando sulla relazione tra disvalore del tipo criminoso e pena comminata[79], la dichiarazione fraudolenta presenta una quota criminale decisamente più elevata di quella della truffa, un disvalore di condotta sostanzialmente equivalente, ma manca completamente del disvalore d'evento: per 'giustificare'[80] il *surplus* di pena possono soccorrere solo i disvalori tipici dei modelli soggettivisti, ovvero il disvalore di intenzione (i.e. il dolo specifico) e il disvalore di personalità, per cui l'*evasore* meriterebbe una sanzione più grave del *generico truffatore*.

Ancora una volta appare emergere una netta dicotomia di approcci tra i due decreti, confermando il pendolarismo tra interventi di matrice oggettivista e soggettivista.

---

[77] Preziosa l'analisi compiuta da A. Perini, *Brevi note sui profili penali tributari del d.l. 124/2019 (decreto fiscale)*, in *Sist. pen.*, 3 dicembre 2019, in particolare 8 ss., che confronta le cornici edittali delle fattispecie penali tributarie con altri illeciti assimilabili (per condotta o bene giuridico) del diritto penale comune o dell'economia, con l'intento di mostrare l'assoluta severità, difficile da giustificare, delle incriminazioni fiscali.

[78] La multa da 309 euro a 1549 euro può essere messa tra parentesi ai nostri fini.

[79] Ci si riferisce all'analisi delle fattispecie criminali fondata sui disvalori e sulla quota criminale descritta in C.E. Paliero, *Oggettivismo*, cit., 53 ss.; Id., *Il Mercato*, cit., 38 ss.

[80] In senso per così dire matematico, non certo in prospettiva di rispetto del volto costituzionale del diritto penale.

2.4. *Una sintesi degli opposti modelli:* diritto penale riscossivo vs manette agli evasori

Dalla necessariamente succinta analisi fin qui condotta emerge una netta bipartizione della possibile risposta legislativa all'illecito penale tributario, tra approccio oggettivista e soggettivista.

Il primo modello, fortemente oggettivista, definito '*diritto penale riscossivo*' ha il baricentro sul disvalore d'evento (i.e. evasione fiscale), pur riconoscendo un peso di rilievo al disvalore di condotta (i.e. le condotte *lato sensu* fraudolente che impediscono l'accertamento o la riscossione) e d'intenzione orientato sull'evento (i.e. il fine di evadere le imposte). Ruolo centrale è assunto dalla dimensione negoziale: se l'obiettivo del ricorso alla pena, tanto detentiva quanto ablatoria-patrimoniale, è la riduzione del *tax gap*, allora ad essa si può rinunciare, in tutto o in parte, se il bene giuridico viene reintegrato.

Al contrario, il paradigma definito "*manette agli evasori*" o "*carcere agli evasori*", riprendendo lo *slogan* utilizzato dalla stampa e dai partiti che lo hanno patrocinato, che già nel nome si connota per una forte dimensione simbolica, fa perno su disvalori marcatamente soggettivisti, come quelli di intenzione (i.e. volontà di evadere quale rottura del patto sociale) e di personalità (i.e. qualità normativa di evasore) per sorreggere una risposta penale che afferma, *apertis verbis*, di dover essere particolarmente grave per acquisire razionalità ed efficacia nella lotta all'evasione fiscale e, soprattutto, all'evasore.

Se tali valutazioni possono offrire una fotografia dei due approcci, adottati in modo alternato e alternativo dal legislatore, per la spiegazione del pendolarismo tra le due opzioni radicali serve cambiare prospettiva.

3. Seconda tesi*: la compresenza di una eterogeneità di giudizi sull'evasione e sull'evasore fiscale nell'opinione pubblica come spiegazione della* bipolarità legislativa

Per illustrare la *seconda tesi*, il *focus* va spostato sulla collettività, attore in entrata del consenso sociale sulla norma penale[81], e, in particolare, sulla domanda di pena che l'opinione pubblica esprime in merito all'evasione fiscale.

---

[81] Come illustrato da C.E. PALIERO, *Consenso sociale*, cit., 872.

Paliero ne "*Il Mercato della Penalità*" offre un fondamentale abbrivio: nel nostro ordinamento «gli illeciti fiscali hanno rappresentato un perspicuo esempio di tendenziale *indifferenze* di Ω [opinione pubblica] al richiamo di esigenze punitive per contenere i comportamenti inosservanti»[82]. Prosegue Paliero: «in questi casi appare determinante il fattore *identità*, segnatamente l'identificazione dei consociati nel potenziale *autore*, piuttosto che nella vittima dell'eventuale reato che formalizzi l'inosservanza fiscale»[83].

Partendo da tale assunto, la tesi che qui si propone, si sviluppa su due piani.

(i) *Il fattore identità è tendenzialmente a favore dell'autore, non senza posizioni radicalmente antitetiche*: nell'opinione pubblica ci sono due posizioni minoritarie e radicali agli antipodi, tra chi riconosce nell'evasione un fenomeno grave e da combattere e, soprattutto, vede nell'evasore una minaccia per la collettività, un '*ladro*' e un '*parassita*' (*identità da vittima*), e chi, al contrario, giustifica pienamente la sottrazione di risorse ad un erario esoso e sprecone (*identità da autore*); a metà strada si colloca una "*maggioranza indifferente*", che non riconosce nell'evasione un fenomeno di particolare gravità e ha atteggiamenti ambigui nei confronti di chi evade *(identità se non* tout court *da autore, certamente non da vittima)*.

Tale ipotesi di lavoro pare trovare una prima conferma nella letteratura divulgativa in materia di evasione fiscale: le opere, distinguibili per stile e contenuto in tre gruppi, sembrano avere un univoco pubblico di riferimento, individuato alternativamente nella maggioranza indifferente, in chi si identifica nell'autore e in chi nella vittima. Anche la comunicazione sociale pare muoversi nella medesima direzione selettiva del proprio destinatario *stereotipato*. Infine, le indagini di psicologia fiscale offrono una conferma alla ipotizzata tripartizione presente nell'opinione pubblica.

(ii) *Le politiche fiscali sono influenzate e influenzano significativamente l'elettorato*: l'opinione pubblica – *rectius* una parte di essa – è fortemente influenzata nelle proprie decisioni di voto dai programmi elettorali e dalle concrete scelte di governo, compiute dai partiti della maggioranza, in materia fiscale. Tale assunto – che servirà per chiudere il cerchio tra consenso sociale e pendolarismo tra oggettivismo e soggettivismo del legislatore penale tributario – troverebbe conferma nelle analisi compiute dai politologi sui risultati elettorali.

---

[82] Alla lettera, C.E. PALIERO, *Il Mercato*, cit., 90.

[83] *Ibidem*.

3.1. *Disprezzare, nobilitare o persuadere l'evasore? Rileggere l'opinione pubblica a partire dai libri divulgativi e dalla comunicazione sociale sull'evasione fiscale*

L'idea di un'opinione pubblica divisa su due frange radicali e opposte, separate da una maggioranza indifferente, sembra affacciarsi nella letteratura divulgativa in materia di evasione fiscale [84]. Si possono, in questa prospettiva, identificare tre distinte tipologie di opere, indirizzate a tre diversi gruppi di destinatari.

Un primo nucleo di scritti [85] è orientato non solo – e non tanto – a descrivere il fenomeno dell'evasione fiscale in termini disvaloriali e disfunzionali per la collettività, quanto a riconoscere ed alimentare una profonda stigmatizzazione nei confronti dell'evasore, identificato solitamente nel c.d. popolo delle partite IVA. I titoli dei libri costituiscono altrettanti *epiteti formulari* – *iper-disvaloriali* – degli evasori: "*ladri*" [86], "*scrocconi*" [87], "*parassiti*" [88].

L'immagine dell'*evasore-parassita*, in particolare, è stata utilizzata anche dall'Agenzia delle Entrate e dal MEF in una campagna di comunicazione sociale del 2011 [89]: uno *spot* composto da una serie di foto scientifiche di diverse forme di parassiti, che scorre fino all'immagine di un uomo con una camicia stropicciata, la barba incolta e uno sguardo inquietante con la didascalia "*Parassita della società. Evasore fiscale*". Lo *spot* si conclude con lo *slogan*, tecnicamente un *payoff* in gergo pubblicitario: "*chi vive a spese degli altri danneggia tutti. Battere l'evasione fiscale è tuo interesse*".

Lo *spot* e le reazioni degli utenti sul *social-media YouTube* sono stati oggetto di analisi semiotica [90].

---

[84] L'analisi qui compiuta non mira in alcun modo ad essere esaustiva, né a catalogare ogni libro dedicato al tema pubblicato in seguito alla riforma dei reati tributari del Duemila, ma, piuttosto, a tracciare dei modelli, richiamando dei libri esemplificativi.

[85] A questo primo nucleo di opere si possono ricondursi F. Delzio, *Lotta di tasse. Idee e provocazioni per una giustizia fiscale*, Soveria Mannelli, 2012; P. Di Nicola, I. Pitoni, A. Proietti, *Parassiti*, cit.; S. Livadiotti, *Ladri*, cit.; F. Vecchi, *Gli scrocconi. Per ogni italiano che lavora, dieci vivono sulle sue spalle*, Milano, 2021; Ippolito, *Evasori: chi, come, quanto. L'inchiesta sull'evasione fiscale*, Milano, 2008.

[86] S. Livadiotti, *Ladri*, cit.

[87] F. Vecchi, *Gli scrocconi*, cit.

[88] P. Di Nicola, I. Pitoni, A. Proietti, *Parassiti*, cit.

[89] Lo *spot* è, al momento in cui si scrive, visibile sul *social-media YouTube*, al *link https://www.youtube.com/watch?v=uY5ivH0ThP8&ab_channel=CrashBangbooom*.

[90] Il riferimento è alla preziosa analisi di E. Lozza, D. Compagno, G. Ferri, *La comunicazione sociale contro l'evasione fiscale: un contributo nella prospettiva della psicologia fiscale*, in *Giornale italiano di psicologia*, 2014, 321 ss.

Nel contenuto «lo *spot* mette in scena un esemplare di 'evasore' su cui concentra una carica emotiva negativa, degradandolo violentemente a uno *status* non-umano (parassita) dannoso da combattere»[91].

La metafora fondante è stata individuata «in un vero e proprio conflitto rappresentato nel video, che costruisce un soggetto collettivo coeso 'Chi combatte l'evasione' e lo contrappone agli evasori all'interno di un'opposizione semantica del tipo 'umano' *vs* 'non umano'»[92].

Declinando ulteriormente l'orizzonte semantico, la premessa diffusa nell'opinione pubblica "*chi evade non danneggia nessuno*", viene trasformata in «"*chi evade danneggia tutti*" con l'argomento retorico "*tassare è normale*", "*sano*", evadere è *anormale*, "*malato*"»[93].

Quanto alle reazioni sul *social* registrate dai ricercatori, esse sono per buona parte critiche. Per ciò che qui interessa, due meritano di essere ricordate, proprio nella prospettiva dell'identificazione alternativa *autore-vittima* dell'opinione pubblica.

La prima attiene alla rappresentazione dell'evasore proposta nello *spot*: un maschio adulto con barba incolta, lunghe basette e sguardo bellicoso diretto verso la telecamera, in sintesi un soggetto non abbiente e violento, è una inverosimile icona di chi si arricchisce alle spalle della collettività[94].

La seconda critica, individuata dai ricercatori nelle risposte pubblicate su *YouTube*, riguarda il *payoff* e si appunta sulla «legittimità di suggerire una strategia punitiva di questo tipo delegando ai cittadini il compito di combattere in prima persona gli evasori – che lo *spot* costruisce come socialmente dannosi – e non il fenomeno dell'evasione in senso più astratto»[95].

Così, se una parte dell'opinione pubblica riconosce l'identità *evasore-parassita* e addirittura l'Agenzia delle Entrate la fa propria e prova e veicolare la *de-umanizzazione*, altra parte, quasi per un meccanismo difensivo, reagisce, rifiutando o svalutando il messaggio.

Agli antipodi di una visione iper-disvaloriale dell'evasore-parassita, '*non-umano*', assai affine alla logica penalistica del nemico[96], si collocano le

---

[91] E. Lozza, D. Compagno, G. Ferri, *op. cit.*, 330.

[92] E. Lozza, D. Compagno, G. Ferri, *op. cit.*, 331.

[93] E. Lozza, D. Compagno, G. Ferri, *op. cit.*, 332, corsivi aggiunti.

[94] E. Lozza, D. Compagno, G. Ferri, *op. cit.*, 334.

[95] E. Lozza, D. Compagno, G. Ferri, *op. cit.*, 335.

[96] Coglie pienamente nel segno G. Flora, *Le recenti modifiche*, cit., 24, ove riconosce nello *spot* una manifestazione inequivocabile di una politica ispirata ai canoni del diritto penale del nemico.

opere[97] che, partendo dalle premesse di un'asfissiante tassazione e di una spesa pubblica spesso caratterizzata da imponenti sperperi, ridisegnano la figura dell'evasore e ribaltano il giudizio sull'evasione.

Anche questi scritti ricorrono ad immagini iperboliche, stereotipate, spesso prive di qualsiasi fondamento: la tassazione è una «*estorsione fiscale*»[98], lo Stato rende «*lo spreco come servizio*»[99], il contribuente è uno «*schiavo fiscale*»[100], mentre l'evasore merita di essere lodato quale intrepido *defensor libertatis*[101]. L'evasione fiscale, in particolare, non solo non deve essere stigmatizzata in quanto '*scriminata*' come forma di legittima difesa, ma, soprattutto, è condotta pregna di valore: «l'evasione fiscale ha salvato e salva l'Italia tutti i giorni. Senza l'evasione fiscale il sistema produttivo italiano sarebbe già saltato da un pezzo»[102].

In questo nucleo di opere – quale *nemesi-contrappasso* all'identità *evasore-parassita* – il c.d. popolo delle partite IVA è descritto come "il produttore di ricchezza" del Paese, mentre i *parassiti* sono «i percettori di stipendi, sussidi e finanziamenti pubblici»[103].

I termini utilizzati in questi scritti, spesso così estremi da essere diffamatori e oltraggiosi, sembrano dialogare e dar voce ad una parte dell'opinione pubblica che si ritiene vessata dalle tasse e giustificata nelle eventuali condotte di evasione fiscale.

Infine, in un'ultima categoria[104] si collocano gli scritti che descrivono il fenomeno dell'evasione fiscale per offrirne una fotografia quanto più realistica possibile, cercando di prospettare soluzioni plausibili al problema e provando a fornire argomenti razionali per persuadere la *maggioranza in-*

---

[97] Questo secondo gruppo include V. Carchidi, *Estorsione fiscale*, cit.; L. Facco, *Schiavi fiscali*, cit.; L. Fressoia, *Elogio dell'evasione fiscale con anche elogio della ricchezza e altri magisteri*, Milano, 2007.

[98] V. Carchidi, *Estorsione fiscale*, cit.

[99] L. Facco, *Schiavi fiscali*, cit., 70.

[100] L. Facco, *Schiavi fiscali*, cit.

[101] L. Facco, *loc. cit.*

[102] L. Fressoia, *op. cit.*, 29.

[103] L. Facco, *Schiavi fiscali*, cit., 7.

[104] In questo terzo nucleo possono includersi E.M. Ruffini, *L'evasione spiegata ad un evasore. Anche a quello dentro di noi*, Roma, 2013; A. Santoro, *L'evasione fiscale. Quanto, come e perché*, Bologna, 2010; V. Visco, *Colpevoli evasioni. Le tasse come questione non solo tecnica*, Milano, 2017. Da segnalare anche F. Fichera, *Le belle tasse. Ciò che i bambini ci insegnano sul bene comune*, Torino, 2011, che illustra un *role playing* svolto con dei bambini per consentire loro di comprendere le ragioni e i modi di funzionamento della tassazione e della spesa pubblica.

differente degli effetti negativi sulla collettività dell'illecita sottrazione di risorse all'erario.

Il destinatario delle opere pare un soggetto che non si colloca su posizioni radicali, ma che, tuttavia, deve essere persuaso della necessità e utilità di partecipare alla spesa pubblica secondo le proprie possibilità (non autonomamente valutate, ma stabilite dalla legge dello Stato). Paradigmatica di questa terza tipologia di scritto divulgativo è l'opera di Ruffini, emblematica già nel titolo: "*l'evasione spiegata a un evasore. Anche a quello dentro di noi*". Si tratta di un dialogo immaginario tra un avvocato tributarista e un commerciante restio a rilasciare lo scontrino fiscale, in cui il primo prova a persuadere il secondo del disvalore della condotta di evasione, attraverso un parziale riconoscimento e una critica delle varie ragioni solitamente addotte per giustificare il mancato pagamento delle imposte.

Questo terzo nucleo di opere si distingue nettamente dai primi due perché non pone al centro l'evasore, *parassita* o *intrepido* che sia, ma, più laicamente [105], il fenomeno dell'evasione fiscale, di cui prova a illustrare il disvalore, non sempre pienamente compreso dalla collettività.

Tirando le fila del discorso, le tre tipologie di opere sembrano dialogare con tre gruppi di destinatari eterogenei, con giudizi sull'evasione e sugli evasori chiaramente distinguibili.

3.2. *Cosa pensano gli italiani dell'evasione e degli evasori fiscali? Il contributo della psicologia fiscale*

Ferrari, autore di uno studio monografico [106] che offre un'ampia visione panoramica sullo stato dell'arte della psicologia fiscale [107], sintetizza la per-

---

[105] Metodologicamente laica, proprio perché non guarda all'evasore con le lenti moraleggianti delle antitetiche stilizzazioni dell'*evasore-parassita* o dell'*evasore-intrepido*, facendo propria una crociata o l'altra, quindi con approccio ideocratico, ma pone l'attenzione sull'evasione, come fenomeno dannoso per la convivenza sociale: sulla laicità come metodo e sulla dicotomia *ideocraticità vs laicità*, C.E. Paliero, *La laicità penale alla sfida del "secolo delle paure"*, in *Riv. it. dir. proc. pen.*, 2016, 1154.

[106] Si tratta di L. Ferrari, S. Randisi, *Psicologia fiscale. Illusioni e decisioni dei contribuenti*, Milano, 2011.

[107] La bibliografia in materia è ormai sterminata. Si possono qui ricordare solo alcune opere fondamentali, senza alcuna pretesa di completezza, tra cui il pionieristico M.G. Allingham, A. Sandmo, *Income tax evasion. A theoretical analysis*, in *Journal of Public Economics*, 1972, 323 ss., che prova a spiegare le decisioni dei contribuenti in materia di evasione partendo dal modello di G.S. Becker, *Crime and punishment: an economic approach*, in *Journal of Political Economy*, 1968 (ripreso anche nel fondamentale C.E. Paliero, *L'economia della pena. Un* work in pro-

cezione collettiva dell'illecito penale tributario, emergente dalle ricerche empiriche, in termini in tutto sovrapponibile a quelli espressi da Paliero: «la latitudine di variabilità dell'attribuzione di gravità – si può dire da sempre – è molto ampia, tanto da far convivere, magari nella stessa popolazione, giudizi così opposti, come quello di delitto infamante, colpa lieve o virtù civica» [108]. Prosegue Ferrari: «il reato tributario è forse l'unico crimine o infrazione della legge che non ha una corrispondenza certa e condivisa con una sicura riprovazione morale e con valori civici condivisi» [109].

La tesi di Ferrari, comune a Paliero, sembra trovare valide conferme nelle ricerche empiriche.

Ai nostri fini, un primo fondamentale studio [110] è stato condotto in Italia su 260 soggetti, variamente divisi tra imprenditori, liberi professionisti, dipendenti privati e pubblici e studenti: per comprendere la percezione sociale del sistema tributario e dell'evasore. è stato richiesto ai partecipanti: (i) di formulare libere associazioni di pensiero in relazione alla parola stimolo "tasse" e (ii) di scegliere un aggettivo per ciascuna coppia proposta (modesto/presuntuoso, ammirevole/spregevole, sicuro/insicuro, per fare degli esempi) al fine di delineare i lineamenti di tre figure modello, ovvero "*il contribuente tipico*", "*il contribuente onesto*" e "*l'evasore*".

Quanto alle associazioni alla parola stimolo "tasse", la maggior parte degli intervistati ha richiamato il termine "ingiustizia" [111]; pure frequente, rilevano gli studiosi, è l'associazione con "necessità", che si presta ad una duplice chiave di lettura: essa «allude al contributo dovuto da ciascuno affinché lo Stato garantisca i servizi e le funzioni necessarie», ma evoca anche «un atteggiamento di resa di fronte ad un'imposizione che non può essere messa in discussione» [112].

---

gress, in E. DOLCINI, C.E. PALIERO (a cura di), *Studi*, cit., 539 ss.). Più di recente, merita di essere ricordato E. KIRCHELER, *The economic psychology of tax behaviour*, Cambridge, 2007, che sviluppa il modello di comprensione delle condotte di evasione oggi più diffuso noto come "*slippery slope framework*".

[108] Alla lettera, L. FERRARI, *Il reato fiscale: delitto infamante, colpa lieve, o virtù civica nella prospettiva della storia della mente collettiva*, in R. BORSARI, L. SAMMICHELI, C. SARRA (a cura di), Homo Oeconomicus. *Neuroscienze, razionalità decisionale ed elemento soggettivo nei reati economici*, Padova, 2015, 88.

[109] *Ibidem*.

[110] Si tratta dello studio di C. BERTI, E. KIRCHLER, *Contributi e contribuenti: una ricerca sulle rappresentazioni del sistema fiscale*, in *Giornale italiano di psicologia*, 2001, 593 ss.

[111] C. BERTI, E. KIRCHLER, *Contributi*, cit., 599.

[112] C. BERTI, E. KIRCHLER, *loc. cit.*

In ordine alla seconda parte della ricerca particolarmente interessante è il giudizio degli intervistati sulla '*figura dell'evasore*', che conferma plasticamente l'ipotesi di un giudizio per nulla uniforme sulla sottrazione di risorse al fisco. In particolare, emerge dalle scelte espresse che «gli '*evasori*' sono privi di spirito di cooperazione, presuntuosi, diffidenti, ma anche persone sicure, intrepide, pratiche e indipendenti» [113].

I ricercatori concludono, così, che «lo studio ha evidenziato la presenza di atteggiamenti negativi nei confronti del fisco e una certa tolleranza nei confronti dell'evasione»; di più, «l'evasore suscita sentimenti "misti" di approvazione e disapprovazione» [114].

Ulteriori conferme in ordine ad una generale indulgenza e tolleranza nei confronti dell'evasione si possono trarre da un'indagine [115] con un campione di intervistati esclusivamente appartenenti alle categorie degli imprenditori e dei liberi professionisti: il dato più interessante, sottolineato anche dagli autori, è il modesto accordo espresso nei questionari con le affermazioni "l'evasione fiscale costituisce un danno per la collettività" e "chi evade le tasse si comporta scorrettamente nei confronti di coloro che le pagano". Tali risposte, secondo i ricercatori, sarebbero «indicative di una scarsa comprensione della rilevanza sociale dell'evasione fiscale, percepita evidentemente in chiave di scelta individuale priva di conseguenze sulla collettività o quantomeno su di sé» [116] .

Infine, merita di essere ricordato uno studio più recente di Banca d'Italia, dal titolo assai perspicuo "*What do Italians think about tax evasion?*" [117], da cui possono trarsi ulteriori spunti sui giudizi (assai polarizzati) sull'equità del sistema fiscale e sul disvalore delle condotte di evasione.

Se da un canto addirittura il 91,7% degli intervistati ritiene un dovere fondamentale del cittadino pagare le tasse, nondimeno, poi, l'evasione è giustificata per il 61,1 % del campione se serve a mantenere sul mercato un soggetto che altrimenti dovrebbe cessare l'attività; di più, secondo il 57,1% del campione le persone non pagano le tasse perché le aliquote sono troppo elevate [118].

---

[113] C. Berti, E. Kirchler, *Contributi*, cit., 604.

[114] C. Berti, E. Kirchler, *Contributi*, cit., 606.

[115] Si fa riferimento a C. Berti, E. Kirchler, *La reattanza verso il sistema fiscale: una ricercar sugli atteggiamenti di imprenditori e professionisti*, in *Giornale italiano di Psicologia*, 2002, 307 ss.

[116] C. Berti, E. Kirchler, *La reattanza*, cit., 404.

[117] Precisamente, G. D'Alessio, *What do Italians think about tax evasion?*, Roma, 2021.

[118] I dati riportati sono contenuti in G. D'Alessio, *op. cit.*, 11.

Il dato che, però, appare offrire la migliore conferma dell'ipotesi di partenza, si rinviene nel giudizio di maggiore o minore adesione o addirittura di dissenso espresso dagli intervistati rispetto all'affermazione "*è giusto non pagare le tasse se si ritiene siano ingiuste*".

Il 31,4% del campione si dice per nulla d'accordo con l'affermazione, un dato in netta crescita rispetto a quello riscontrato in precedenti ricerche di Banca d'Italia [119]. All'opposto, gli intervistati che si dicono pienamente o parecchio d'accordo con l'idea, che ci si possa sottrarre all'obbligo fiscale se ritenuto iniquo, sono rispettivamente il 9,3% e il 15,1% del totale. A mezza via, il restante 44,1% del campione ammette che, almeno in parte, sia corretto non pagare tasse che non si ritengano eque.

Si manifesta così quella tripartizione, tra due posizioni – statisticamente minoritarie – più radicali e la '*maggioranza indifferente*', che giustifica almeno in parte l'evasione e non la percepisce come una condotta particolarmente grave.

3.3. *La* **'lotta all'evasione fiscale'***: da costo a potenziale dividendo elettorale?*

Il secondo nucleo della tesi proposta attiene alla reattività dell'elettorato rispetto ai programmi dei partiti e alle azioni di governo in materia fiscale (dalle aliquote fiscali applicate, ai poteri attribuiti alle agenzie di controllo in punto di accertamento e riscossione, solo per richiamare due temi classici).

Non può certo essere questa la sede per valutare e discutere di flussi elettorali, né certamente lo scrivente ne avrebbe le competenze. Nondimeno, alcuni dati evidenziati dagli studiosi di scienze politiche potrebbero offrire delle conferme di ciò a cui si era giunti intuitivamente [120], ovvero che un tema al contempo così divisivo e incisivo sulla vita della collettività come il fisco possa rappresentare una leva elettorale per le forze politiche.

Procedendo *per exempla* si è sostenuto che nelle tornate elettorali a partire dal 1994 e, in particolare, in quelle del 2006 e del 2008, «le differenze di punti di vista e programmi, ma soprattutto di *slogan* e di obiettivi propagandistici, tra i due schieramenti (centrodestra e centrosinistra) in mate-

---

[119] Lo scritto di G. D'Alessio, *op. cit.*, *passim*, confronta quattro diverse ricerche compiute nel 1992, 1995, 2004 e 2013.

[120] L'intuizione, espressa in termini di rimprovero al legislatore penale tributario del 2019, si deve a F. Sgubbi, *Nuova prescrizione*, cit., 2: «probabilmente i fautori di queste riforme confidano di riscuotere consenso, incuranti del monito di Seneca: l'applauso delle folle è la dimostrazione dell'empietà della causa e delle opere».

ria fiscale sono state determinanti degli esiti finali del voto»[121]. Si è argomentato[122] che in un voto orientato ancora per classe, politiche fiscali più liberiste e una meno univoca "lotta all'evasione" (si pensi paradigmaticamente al ricorso ai condoni tributari) abbiano consentito al centrodestra di guadagnare un ampio consenso tra gli imprenditori, gli artigiani e i professionisti (i.e. i soggetti cui si rimprovera la quota preponderante di evasione fiscale). In questa prospettiva, si è affermato, quasi come una conseguenza ineluttabile, che «solo chi promette di chiudere un occhio sul fronte delle imposte riceve di solito un'immediata remunerazione da parte dell'elettore»[123].

A partire dalle elezioni del 2013, lo scenario è cambiato[124]: «con le appartenenze ideologiche che si allentano, le strategie dei partiti puntano sempre meno su grandi visioni e ogni partito invece, grazie anche alla propria posizione e/o credibilità, si concentra su un piccolo pacchetto di temi su cui far valere un vantaggio competitivo rispetto agli altri»[125]. In questo quadro emerge una forte domanda di moralizzazione della politica e del vivere sociale, che si alimenta ed esplode con le consultazioni del 2018[126]: la fotografia la offre un'indagine del CISE[127] sulle priorità dei cittadini e sulle scelte di voto, compiuta poco prima della tornata elettorale del 2018, in cui tra le urgenze dei votanti, oltre ai temi posti dai morsi della crisi economica come la ricerca di risposte alla povertà e alla disoccupazione, capeggiano, quali obiettivi che dovrebbero qualificare la futura attività di governo, la riduzione dei costi della politica, la lotta alla corruzione e l'intensificazione del contrasto all'evasione fiscale.

Come noto, le elezioni hanno condotto al 'governo del cambiamento' Lega-M5S, «primo caso di esecutivo in Europa sostenuto interamente da partiti populisti *anti-establishment*»[128]. L'approccio legislativo al tema del-

---

[121] Alla lettera, A. SANTORO, *op. cit.*, 32.

[122] La tesi è esposta da S. LIVADIOTTI, *op. cit.*, 179 ss.

[123] La considerazione è espressa da R. PRODI, *Prefazione*, in E.M. RUFFINI, *L'evasione*, cit., 14.

[124] Per un'analisi politologica degli esiti dell'elezioni 2013, per tutti, A. CHIARAMONTE, L. DE SIO (a cura di), *Terremoto elettorale. Le elezioni politiche del 2013*, Bologna, 2014.

[125] In questi termini L. DE SIO, *Lavoro, lotta all'evasione e limiti all'accoglienza: le priorità degli italiani e i partiti*, in V. EMANUELE, A. PAPARO (a cura di), *Gli sfidanti al Governo. Disincanto, nuovi conflitti e diverse strategie dietro il voto del 4 marzo 2018*, Roma, 2018, 17.

[126] Il dato, pacifico tra i politologi, è espresso, tra gli altri, da V. EMANUELE, L. DE SIO, *Il sondaggio CISE: priorità dei cittadini e strategie dei partiti verso il voto*, in V. EMANUELE, A. PAPARO, *op. cit.*, 22.

[127] Il sondaggio è presentato in V. EMANUELE, L. DE SIO, *op. cit.*

[128] L. DE SIO, *Lavoro*, cit., 12.

l'evasione fiscale, ambientato in un clima "populista *anti-establishment*", non poteva che mutare di segno: un punto caratterizzante l'attività della maggioranza è l'introduzione del «"carcere vero" per i grandi evasori» [129], in perfetta consonanza con le attese dell'elettorato.

In sintesi: nell'arco di vigenza del d.lgs. 74/2000 le scelte programmatiche e d'azione dei partiti nel contrasto all'evasione fiscale hanno assunto un ruolo tutt'altro che marginale sulle decisioni degli elettori e sugli esiti delle elezioni, sia che andassero nella direzione di un approccio esclusivamente pragmatico – per alcuni commentatori finanche lassista e tollerante – nel recupero del *tax gap* sia, più di recente, ove si orientassero a colpire direttamente l'evasore, quale *campione del malcostume*.

4. **Terza tesi***: il* **pas de deux** *tra un legislatore alla ricerca di consenso ed un elettorato diviso*

La terza tesi vuole essere il *trait d'union* tra le prime due e costituire la spiegazione del desiderio insaziabile di cambiamento del legislatore penale tributario.

Come si è visto, le novelle hanno assunto un andamento pendolare, passando da approcci radicalmente oggettivisti ad altri soggettivisti, sintetizzabili nei due paradigmi del *diritto penale tributario riscossivo* e del *carcere-manette agli evasori*.

Tali diversi paradigmi sembrano soddisfare i *desiderata* di un elettorato fortemente diviso sul giudizio in ordine all'evasione fiscale e, nelle posizioni più radicali, addirittura sulla figura antropologica dell'evasore fiscale.

Così, si può concludere che un legislatore alla ricerca dell'acquisizione o del mantenimento del consenso, ottenuto attraverso i voti della *maggioranza indifferente* e di chi riconosce nell'evasore addirittura un *intrepido* (*identificazione principale o totale nell'autore del delitto tributario*), opterà per un approccio oggettivista, meno caratterizzato sul piano della stigmatizzazione e più orientato in chiave pragmatico-funzionalistica, ponendo al centro il *gap* tributario e il suo recupero e utilizzando l'arma penale come uno strumento negoziale, con la minaccia di pena e la proposta di una rinuncia parziale o totale alla stessa a fronte di contro-azioni compensative da chiunque tenute.

All'opposto, il radicale desiderio di lotta all'evasione e, ancor più,

---

[129] Così si esprimeva il "*Programma del Governo del cambiamento*", 21.

all'evasore di una parte dell'elettorato (*identificazione nella vittima dei reati tributari*) viene assecondato dal legislatore attraverso modifiche di matrice soggettivista, fortemente orientate sull'*autore-evasore*, e che hanno il loro strumento classico nella minaccia fortemente simbolica di una pena detentiva sempre più elevata, di un '*carcere vero*' per coloro che si sottraggono *egoisticamente* agli obblighi di compartecipazione alla spesa pubblica e di solidarietà sociale.

In questa prospettiva, per il lessico utilizzato nelle opere divulgative e nella comunicazione sociale, che evoca l'evasore come un nemico della società, degradato a *parassita non-uomo*, e considerate le valutazioni dei politologi sulle scelte di voto *anti-establishment* dei cittadini, non si fatica a vedere quel filo [130] che lega le istanze populiste, il diritto penale del nemico e il ricorso al modello del tipo d'autore normativo nelle scelte di politica criminale del legislatore.

Dunque, l'idea è che le novelle riformiste del sistema penale tributario, rapidamente succedutesi nel volgere di pochi anni, spesso con segno antitetico, non dipendano dal capriccio di un legislatore lunatico, ma rappresentino, al contrario, la *coerente* risposta alle attese dell'elettorato di riferimento delle diverse maggioranze susseguitesi nell'alternanza politica.

Sia chiaro: la *coerenza* è da intendersi in termini schiettamente elettorali, non certo con l'alto modello di legislatore, assiomaticamente definito da Paliero come "Attore razionale" [131], chiamato ad agire quale camera di compensazione delle istanze della collettività, sia ove l'opinione pubblica non riconosca una meritevolezza di pena certamente esistente, sia ove pretenda, all'opposto, il ricorso alla pena quale strumento di promozione della moralità.

In definitiva, parafrasando il titolo del Convegno, in materia penale tributaria ogni riforma è stata, da un canto, nel segno della *disruption* in punto di politica-criminale e di razionalità di sistema, e, dall'altro, caratterizzata dal tentativo di garantirsi un'*accelerazione* nella raccolta e nel consolidamento del consenso sociale per fini elettorali.

---

[130] Il *fil rouge* è descritto da E. AMATI, *L'enigma penale. L'affermazione politica dei populismi nelle democrazie liberali*, Torino, 2020, 90 ss., anche per i necessari riferimenti bibliografici in materia di '*populismo penale*'.

[131] C.E. PALIERO, *Il Mercato*, cit., 26.

Finito di stampare nel mese di maggio 2024
nella Stampatre s.r.l. di Torino – Via Bologna, 220

UNIVERSITÀ DEGLI STUDI DI MILANO

FACOLTÀ DI GIURISPRUDENZA

PUBBLICAZIONI DEL DIPARTIMENTO DI SCIENZE GIURIDICHE "CESARE BECCARIA"

Serie di diritto ecclesiastico e canonico

Per i tipi di Giuffrè

1. VITALI E.G., *Profili dell'impedimentum criminis* (1979), 8°, p. VIII-356.
2. ALBISETTI A., *Contributo allo studio del matrimonio putativo in diritto canonico* (1980), p. XIV-306.
3. ALBISETTI A., *Giurisprudenza costituzionale e diritto ecclesiastico* (1983), 8°, p. 132.
4. JASONNI M., *Contributo allo studio della «ignorantia juris» nel diritto penale canonico* (1983), 8°, p. IV-192.
5. VITALI E., CASUSCELLI G. (a cura di), *La disciplina del matrimonio concordatario dopo gli Accordi di Villa Madama*, atti del convegno (Milano-Bergamo 10-12 ottobre 1985) (1988), 8°, p. X-436.
6. CONSORZIO EUROPEO DI RICERCA SUI RAPPORTI TRA STATI E CONFESSIONI RELIGIOSE, *L'obiezione di Coscienza nei paesi della comunità europea*, atti dell'incontro (Bruxelles-Lovanio 7-8 dicembre 1990) (1992), 8°, p. VI-306.
7. CONSORZIO EUROPEO DI RICERCA SUI RAPPORTI TRA STATI E CONFESSIONI RELIGIOSE, *Stati e Confessioni religiose in Europa, modelli di finanziamento pubblico, scuola e fattore religioso*, Atti dell'incontro (Milano-Parma 20-21 ottobre 1989) (1992), 8°, p. VIII-214.
8. EUROPEAN CONSORTIUM FOR CHURCH-STATE RESEARCH, *Marriage and religion in Europe*, Proceedings of the meeting (Augsburg 28-29 november 1991) (1993), 8°, p. VI-252.
9. EUROPEAN CONSORTIUM FOR CHURCH-STATE RESEARCH, *Churches and labour law in the EC countries*, proceedings of the meeting (Madrid 27-28 november 1992) (1993), 8°, p. 282.
10. EUROPEAN CONSORTIUM FOR CHURCH-STATE RESEARCH, *The legal status of the religious minorities in the countries of the european union*, proceedings of the meeting (Thessaloniki 10-20 november 1993) (1994), 8°, p. 380.
11. CONSORTIUM EUROPEEN: RAPPORTS RELIGIONS-ETAT, *Le statut constitutionnel des cultes dans les pays de l'union européenne*, Actes du colloque (Université de Paris XI, 18-19 novembre 1994) (1995), 8°, p. 234.
12. BARDI M., *Il dolo nel matrimonio canonico* (1996), 8°, p. VIII-274.
13. EUROPEAN CONSORTIUM FOR CHURCH-STATE RESEARCH, *Religions in european union law*, proceedings of the colloquium (Luxembourg/Trier 21-22 november 1996) (1998), 8°, p. VI-196.
14. EUROPEAN CONSORTIUM FOR CHURCH-STATE RESEARCH, *"New liberties" and church and state relationships in Europe*, proceedings of the meeting (Tilburg 17-18 november 1995) (1998), 8°, p. VIII-470.
15. EUROPEAN CONSORTIUM FOR CHURCH-STATE RESEARCH, *New religious movements and the law in the European union*, proceedings of the meeting (Lisbon, Universidade Moderna 8-9 november 1997) (1999), 8°, p. VIII-392.
16. CONSORZIO EUROPEO DI RICERCA SUI RAPPORTI TRA STATI E CONFESSIONI RELIGIOSE, *Cittadini e fedeli nei paesi dell'unione europea, una doppia appartenenza alla prova della secolarizzazione e della Mondializzazione*, atti del colloquio (Università per stranieri, Reggio Calabria 12-15 novembre 1998) (1999), 8°, p. VI-428.

17. Consortium europeen pour l'etude des relations eglises-etat, *Le statut des confessions religieuses des états candidats à l'union européenne, sous la direction de Francis Messner*, actes du Colloque (Université Robert Schuman - CNRS, Strasbourg, 17-18 novembre 2000) (2002), 8°, p. VIII-276.
18. European consortium for church-state research, *Social welfare, religious organizations and the State*, editors Inger Dübeck and Frands Ole Overgaard, proceedings of the meeting (Sandjerg, 18-20 November 1999) (2003), 8°, p. VIII-232.
19. Pacillo V., *Contributo allo studio del diritto di libertà religiosa nel rapporto di lavoro subordinato* (2003), 8°, p. XII-380.
20. Dieni E., Ferrari A., Pacillo V. (a cura di), *I simboli religiosi tra diritto e culture* (2006), 8°, p. XII-402.
21. Pasquali Cerioli J., *L'indipendenza dello stato e delle confessioni religiose, contributo allo studio del principio di distinzione degli ordini nell'ordinamento italiano* (2006), 8°, p. VIII-206.
22. Finocchiaro F., *Saggi (1973-1978)*, a cura di Alessandro Albisetti (2008), 8°, p. XVI-730.
23. Vitali E., *Scritti di diritto ecclesiastico e canonico* (2012), 8°, p. XXII-524.

Serie diritto penale

1. Maiani G., *Fondamento e valore dell'esimente prevista dall'art. 598 c.p.* (1970), p. XVIII-120.

Serie diritto processuale penale

1. Amodio E., *La motivazione della sentenza penale e il suo controllo in Cassazione* (1967), p. 221.
2. Dominioni O., *Improcedibilità e proscioglimento nel sistema processuale penale* (1974), p. VIII-376.
3. Amodio E., *Le cautele patrimoniali nel processo penale* (1971), p. VIII-312.
4. Dominioni O., *La testimonianza della parte civile* (1974), p. IV-152.

Serie unificata di diritto penale e diritto processuale penale

6. Ubertis G., *Fatto e valore nel sistema probatorio penale* (1979), p. IV-152.
7. Palmieri R., *Il delitto di avvelenamento di acque (art. 439 c.p.)* (1979), p. IV-170.
8. Presutti A., *La declaratoria delle nullità nel regime delle impugnazioni penali* (1982), p. IV-284.
9. Prosdocimi S., *Profili penali del postfatto* (1982), p. XII-344.
10. G. Ubertis, *Dibattimento senza imputato e tutela del diritto di difesa* (1984), p. IV-256.

11[1]. *Studi in memoria di Giacomo Delitala* (1984), I, p. IV-724.

11[2]. *Studi in memoria di Giacomo Delitala* (1984), II, p. VIII-725-1446.

11[3]. *Studi in memoria di Giacomo Delitala* (1984), III, p. VIII-1447-2166.

12. Presutti A., *Profili premiali dell'ordinamento penitenziario* (1986), p. IV-164.
13. Comucci P., *Nuovi profili del trattamento penitenziario* (1988), p. IV-164.
14. Barone G., *Enti collettivi e processo penale* (1989), p. VI-258.
15. *Studi in memoria di Pietro Nuvolone* (1991), I, p. VIII-792.
16. *Studi in memoria di Pietro Nuvolone* (1991), II, p. VI-706.
17. *Studi in memoria di Pietro Nuvolone* (1991), III, p. VI-698.
18. De Maglie C., *L'agente provocatore* (1991), p. XVI-456.
19. Peroni F., *Le misure interdittive nel sistema delle cautele penali* (1992), p. VI-270.
20. Bernasconi A., *La collaborazione processuale* (1995), p. VI-378.
21. Ruggieri F., *La giurisdizione di garanzia nelle indagini preliminari* (1996), p. VIII-326.
22. Catalano E.M., *La prova d'alibi* (1998), p. VIII-166.
23. Vigoni D., *L'applicazione della pena su richiesta delle parti* (2000), p. XIV-624.
24. *Studi in ricordo di Giandomenico Pisapia* (2000), I - Diritto penale, p. XII-942.

25. *Studi in ricordo di Giandomenico Pisapia* (2000), II - Procedura penale, p. VI-780.
26. *Studi in ricordo di Giandomenico Pisapia* (2000), III - Criminologia, p. VI-1056.
27. CATALANO E.M., *L'accordo sui motivi di appello* (2001), p. VI-182.
28. CAPITTA A.M., *Ricognizioni e individuazioni di persone nel diritto delle prove penali* (2001), p. X-344.
29. RUGA RIVA C., *Il premio per la collaborazione processuale* (2002), p. XVI-616.
30. BONETTI M., *Riservatezza e processo penale* (2003), p. XIV-358.
31. PEDRAZZI C., *Diritto penale* (2003), I - scritti di parte generale, p. X-576.
32. PEDRAZZI C., *Diritto penale* (2003), II - scritti di parte speciale. Reati contro il patrimonio - delitti contro la pubblica amministrazione - varia, p. VI-520.
33. PEDRAZZI C., *Diritto penale* (2003), III - scritti di diritto penale dell'economia. Problemi generali - diritto penale societario, p. VI-848.
34. PEDRAZZI C., *Diritto penale* (2003), IV - scritti di diritto penale dell'economia. Disciplina penale dei mercati - diritto penale bancario - diritto penale industriale - diritto penale fallimentare - varia, p. VI-1096.
35. BASILE F., *La colpa in attività illecita. Un'indagine di diritto comparato sul superamento della responsabilità oggettiva* (2005), p. XX-928.
36. LUPÁRIA L., *La confessione dell'imputato nel sistema processuale penale* (2006), p. VIII-222.
37. *Studi in onore di Giorgio Marinucci*, tre volumi, a cura di E. DOLCINI e C.E. PALIERO (2006), p. XVI-2996.
38. C. SOTIS, *Il diritto senza codice. Uno studio sul sistema penale europeo vigente* (2007), p. XX-360.
39. VASSALLI G., FERRARI V., DOLCINI E., FIORE C., PADOA SCHIOPPA A., PALIERO C.E., *Presentazione degli studi in onore di Giorgio Marinucci* (2007), p. VI-48.
40. GATTA G.L., *Abolitio criminis e successione di norme "integratrici": teoria e prassi* (2008), p. XXVI-976.
41. BASILE F., *Il delitto di abbandono di persone minori o incapaci (art. 591 c.p.). Teoria e Prassi* (2008), p. X-180.
42. BENUSSI C., *Infedeltà patrimoniale e gruppi di società* (2009), p. XVI-454.
43. VIGONI D., *Relatività del giudicato ed esecuzione della pena detentiva* (2009), p. X-336.
44. BONTEMPELLI M., *L'accertamento amministrativo nel sistema processuale penale* (2009), p. X-354.
45. BASILE F., *Immigrazione e reati culturalmente motivati. Il diritto penale nelle società multiculturali* (2010), p. XVI-496.
46. CAPITTA A.M., *La declaratoria immediata delle cause di non punibilità* (2010), p. XIV-274.
47. MIUCCI C., *La testimonianza tecnica nel processo penale* (2011), p. X-198.
48. FRIONI I., *L'esame dell'imputato* (2011), p. X-214.
49. VIGONI D., *La metamorfosi della pena nella dinamica dell'ordinamento* (2011), p. X-370.
50. G. MARINUCCI, *La colpa. Studi* (2013), p. XXX-480.
51. *Europa e diritto penale*, a cura di C.E. PALIERO e F. VIGANÒ (2013), p. XIV-316.

Nuova serie (dal 2015)

1. ALBISETTI A., *Dieci saggi* (2015), p. VI-148.
2. CASUSCELLI G., *Scritti giovanili*, a cura di N. MARCHEI e J. PASQUALI CERIOLI (2015), p. XXII-290.
3. PISANI M., *Cesare Beccaria*. Studi (2015), p. X-154.
4. RAGUCCI G. (a cura di), *Il contributo di Enrico Allorio allo studio del diritto tributario*, Atti del convegno tenutosi presso l'università degli studi di Milano 12 giugno 2015 (2015), p. XVIII-216.
5. CATALANO E.M., *Ragionevole dubbio e logica della decisione. Alle radici del giusnaturalismo processuale* (2016), p. VIII-208.
6. DELLA BELLA A., *Il "carcere duro" tra esigenze di prevenzione e tutela dei diritti fondamentali. Presente e futuro del regime deten-*

tivo speciale ex art. 41 bis o.p. (2016), p. XVIII-460.

7. BONTEMPELLI M., *La litispendenza penale* (2017), p. X-322.

8. RAGUCCI G. (a cura di), *Ezio Vanoni - giurista ed economista*, atti del convegno tenutosi presso l'Università degli Studi di Milano 16 giugno 2016 (2017), p. XIV-262.

9. LUGLI M., TOSCANO M. (a cura di), *Il matrimonio tra diritto ecclesiastico e diritto canonico* (2018), p. VIII-264.

10. ZIRULIA S., *Esposizione a sostanze tossiche e responsabilità penale* (2018), p. XVIII-484.

11. BIANCHETTI R., *La paura del crimine. Un'indagine criminologica in tema di mass media e politica criminale ai tempi dell'insicurezza* (2018), p. XXVIII-688.

12. PALIERO C.E., VIGANÒ F., BASILE F., GATTA G.L. (a cura di), *La pena, ancora: fra attualità e tradizione. Studi in onore di Emilio Dolcini* (2018), tomo I, p. XII-498 - tomo II, p. 499-1200.

13. TIRA A., *Alle origini del diritto ecclesiastico italiano. Prolusioni e manuali tra istanze politiche e tecnica giuridica (1870-1915)* (2018), p. XX-394.

14. BELLUCCI L., *La sindrome ungherese in Europa. Media, diritto e democrazia in un'analisi di Law and politics* (2018), p. XII-188.

15. RAGUCCI G., ALBERTINI F.V. (a cura di), *Costituzione, legge, tributi. Scritti in Onore di Gianfranco Gaffuri* (2018), p. X-646.

16. CHIARAVIGLIO P., *Il favoreggiamento del creditore nel diritto penale concorsuale* (2020), p. XII-616.

17. MAZZOLA R., *Componere. Offesa e riconciliazione nell'ordinamento vendicatorio* (2020), p. XII-170.

18. GALLUCCIO A., *Punire la parola pericolosa? Pubblica istigazione, discorso d'odio e libertà di espressione nell'era di internet* (2020), p. X-442.

19. UBIALI M.C., *Attività politica e corruzione. Sull'opportunità di uno statuto penale differenziato* (2020), p. XII-404.

20. DOLCINI E., DELLA BELLA A. (a cura di), *Le misure sospensivo-probatorie. Itinerari verso una riforma* (2020), p. XII-364.

21. FEBBAJO A., PALIERO C.E., FITTIPALDI E., MAZZOLA R., *L'eredità di Theodor geiger per le scienze giuridiche* (2020), p. VIII-424.

22. DELLA BELLA A., ZORZETTO S. (a cura di), *Whistleblowing e prevenzione dell'illegalità*, Atti del I convegno annuale del dipartimento di scienze giuridiche "Cesare Beccaria" Milano, 18-19 novembre 2019 (2020), p. XII-598.

23. MARIANI E., *Prevenire è meglio che punire. Le misure di prevenzione personali tra accertamento della pericolosità e bilanciamenti di interessi* (2021), p. XVI-532.

24. POLI P.F., *La colpa grave. I gradi della colpa tra esigenze di extrema ratio ed effettività della tutela penale* (2021), p. XII-514.

25. BIASI M., FERRARO F., GRIECO D., ZIRULIA S. (a cura di), *L'emergenza Covid nel quadro giuridico, economico e sociale*. Atti del II convegno annuale del dipartimento di Scienze giuridiche "Cesare Beccaria", 15-18 marzo 2021 (2021), p. XII-320.

26. FINOCCHIARO S., *Confisca di prevenzione e civil forfeiture. Alla ricerca di un modello sostenibile di confisca senza condanna* (2022), p. XXII-474.

27. RAGUCCI G., *La legge generale tedesca del processo tributario. Finanzge- richtsordnung (FGO), testo e studi* (2022).

28. MARINO G., *Corporate tax governance, il rischio fiscale nei modelli di gestione d'impresa* (2022).

29. ZUFFADA E., *Homo OEconomicus periculosus. Le misure di prevenzione come strumento di contrasto della criminalità economica. Uno studio della prassi milanese* (2022).

30. BIASI M., *Studio sulla polifunzionalità del risarcimento del danno nel diritto del lavoro: compensazione, sanzione, deterrenza* (2022).

31. PIERGALLINI C., MANNOZZI G., SOTIS C., PERINI C., SCOLETTA M., CONSULICH F. (a cura di), *Studi in onore di Carlo Enrico Paliero* (2022).

32. MANCINI L., MILANI D. (cura di), *Pluralismo religioso e localismo dei diritti* (2022).
33. RUFFINI R., INGAGGIATI M., *Evoluzione dei concorsi pubblici in Italia: la valorizzazione delle competenze* (2023).

Per i tipi di Giappichelli

34. RAGUCCI G. (cura di), *Fisco, responsabilità, sanzioni. Una prospettiva multidisciplinare: accelerazione o* disruption? (2024).

Serie: Corso di dottorato in Scienze giuridiche "Cesare Beccaria"

1. FERRARO F. (a cura di), *Diritto simbolico, simboli nel diritto* (2022).
2. BONOMELLI S., *L'editing genetico germinale umano, tra problemi etici e questioni di governance* (2023).